Der gläserne Sarg

Willi Jasper

Der gläserne Sarg

*Erinnerungen an 1968
und die deutsche
»Kulturrevolution«*

Matthes & Seitz Berlin

Inhalt

Etwas anderes als »Maschinen« 7
Sphären der »Kälte und Wärme« 11
Verlorene Söhne? 17
Vietnam und Pol Pots Lächeln 21
»Rote Fahnen – Rote Lippen« 29

Anfänge der Empörung 34
Der Tod des Demonstranten 34
Gegen die »eindimensionale« Menschheit 39
Der Robbespierre von Bockenheim 46

Die roten Bibliotheken 53
Gedichte nach Auschwitz? 53
Dekonstruktionen 63
Brecht und die »Märzstürme« 73

»Dem Volke dienen« 91
Radikalisierung 91
Der »Geist der Sorbonne« 96
Der »heiße Herbst« 1969 102

»Gegen die politische Unterdrückung in West und Ost« . . . 119
»Staatsschutz« und »Berufsverbote« 119
Richter Somoskeoy, »der Schrecken vom
 Appellhofplatz« 122
Jörg Immendorff und das »Café Deutschland« 126

Dialektik der Aufklärung 132
   Piscator oder Mao? 132
   Hegel und die Gegenöffentlichkeit 140
   Propaganda als Waffe 145

Der gläserne Sarg 149
   Biografische Heilserwartungen 149
   Putsch gegen die »Maotsetung-Ideen«? 168
   Die Kultur der Kulturrevolution 183
   Fußball in Peking 194
   Schanghai – Träume und Alpträume 203
   Von Datjing lernen? 214

Stichworte zur geistigen Situation der Zeit 224
   Rudolf Bahros »Alternative« 224
   »Partei kaputt« – und die Krise der Linken 229
   Kulturrevolution und Kulturreform 232
   Faust oder Mephisto? Verfallsform der
      Intellektuellenbewegung 235

Quellen und Literatur 239
Bildnachweise 249
Namensregister 250

Etwas anderes als »Maschinen«

Ein Märchen der Gebrüder Grimm, das von einem tapferen Schneiderlein und der Erlösung handelt, heißt »Der gläserne Sarg«. Als ich im Oktober 1977 mit einer Delegation der maoistischen »KPD« am Glassarg des verstorbenen »Großen Vorsitzenden« in Peking einen Kranz niederlegte, fühlte ich mich zwar wie ein tapferer Gesell – dachte aber nicht an Erlösung. Dabei hätten meine »Genossen« und ich ihrer dringend bedurft, denn wir glaubten an die Propagandamärchen von Maos »Kulturrevolution«. Was wir nicht wussten (oder nicht wahrhaben wollten): Zwischen 1966 und 1976 wurden in China Millionen Menschen öffentlich gedemütigt, gefoltert, ermordet oder in den Selbstmord getrieben und zahllose kulturhistorisch bedeutsame Bauten und religiöse Stätten zerstört. Nach einem halben Jahrhundert sind diese schrecklichen Ereignisse weitgehend bekannt und analysiert, obwohl immer noch Tabus und Traumatisierungen aus dieser Zeit existieren. Eine Freud'sche »Seelenrevolution« hat es in China nicht gegeben. Aber auch die Entwicklungsgeschichte der kulturrevolutionären Protestbewegung von 1968 im Westen, die, wie es dann oft zu hören war, »in den rigiden Autoritarismus der K-Gruppen umschlug«, ist noch erklärungsbedürftig.

Die Beiträge über »1968« in Deutschland sind zahlreich und widersprüchlich. Sie handeln meist von Siegen und Niederlagen, es sind »Befreiungsnarrative« oder Verurteilungen eines »linken Totalitarismus«. Aufschlussreich sind vor allem jene Erinnerungen, die eine »kulturrevolutionäre« Kontinuität der sechziger und siebziger Jahre dokumentieren. Eine solche Interpretation fand sich schon in den Reflexionen von Jürgen Habermas nach dem Tod von Rudi Dutschke. Er fragte sich im Januar 1980 in der *Zeit*, ob »die Kugel des Attentäters« aus der Vergangenheit ihr Ziel nun doch noch erreicht habe, nachdem es ihm nach dem Attentat 1968 doch gelungen sei, »mit großer Energie seine Vitalität« wiederzugewinnen. Doch war es die alte Radikalität? Waren es die alten Überzeugungen, die Habermas 1967 noch als »sozialfaschistisch« bezeichnet hatte? In seinem Nachruf trauerte er nun um den Verlust »der leidenschaftlichen Existenz eines wahren, wahrhaftigen Sozialisten«, dessen Weg von der »Subversiven Aktion« bis zur »grünen Basisdemokratie« geführt habe. Dutschkes Sympathie für die »kulturrevolutionären« Ideen Mao Zedongs fand keine Erwähnung, wohl aber die Vermutung, dass »der Dutschke der späten siebziger Jahre« vielleicht doch derjenige geblieben sein könnte, der er »in den späten sechziger Jahren« gewesen sei. »Vielleicht«, so schloss Habermas, »hat sich dieses letzte dumpfe Jahrzehnt von den Antrieben der Protestgeneration nur scheinbar entfernt; vielleicht ist es dasselbe Unbehagen, das sich inzwischen nur unter anderen und keineswegs erhellenderen Definitionen ausgebreitet hat«.

Viele von uns damaligen Protagonisten blicken zu diesem Zeitpunkt auf ein »dumpfes Jahrzehnt zurück«, doch scheuten wir uns lange, darüber im großen Stil zu berichten, da uns die Geschichte zu peinlich war und »subjektive« Zeitzeugen als »geborene Feinde« der »objektiven« Historiker galten. Dennoch führten wir »Ehemaligen« (Karl Schlögel, Bernd Ziesemer und ich) bereits im Sommer 1980 mit dem Verleger Ulf Wolter eine ausführliche Diskussion über »das Scheitern der KPD und die Krise der Linken«, deren Druckfassung *(Partei kaputt)* selbst die *Frankfurter Allgemeine* die Mühe eines »zähe[n] Aufarbeitungsprozess[es]« attestierte. Nach dem Blick auf die Trümmer des maoistischen Parteiaufbaus und linksradikaler Totalitätsansprüche wollten wir vor allem vor neuen Heilserwartungen bei der

Gründung einer grünen Partei warnen. So konstatierte die *FAZ* in ihrer Rezension, dass »im szenischen Vordergrund dieser Auseinandersetzung [...] die früheren Führer der KPD weithin wie Leute erscheinen, die nach einem längeren Marsch durch die leninistischen Wüsten ungläubig innehalten – als stünden sie nicht vor den versprochenen grünen Ebenen, sondern vor neuen Wüsten, die den alten beängstigend ähneln.«

Einen materialreichen »Großversuch« eines (selbst-)kritischen Rückblicks auf unser »rotes Jahrzehnt« wagte erst zwanzig Jahre später der Historiker und ehemalige »KBW«-Funktionär Gerd Koenen. Es komme »längst nicht mehr darauf an«, so die Motivbegründung, »diese Geschichte zu verteidigen oder zu denunzieren, sondern darauf, sie endlich einmal zusammenhängend zu erzählen«. Der Autor wollte nicht »zum Historiker der eigenen Lebensgeschichte« werden, sondern analysierte in erster Linie die Traditionen der gespenstischen deutschen Tiefenschichten. Es ging ihm um die Darstellung einer »sozialpsychologischen Verkettung von Kriegs- und Nachkriegsgenerationen« – aber auch um die Erkenntnis, dass das scheinbar »romantische« 68 nicht von den folgenden »militanten« siebziger Jahren getrennt werden könne, denn in beiden Phasen habe eine bis ins Privateste gehende Gemengelage aus Generationenkampf, revolutionärer Identitätssuche und deutscher Schuld geherrscht. Das gefiel den meisten Rezensenten. So lobte die *Süddeutsche Zeitung*, dass das Buch sich kritisch mit dem »Zusammenspiel von demonstrativer Selbstzerstörung, Erpressung und missgeleitetem Schuldgefühl« der politischen Linken der siebziger Jahre befasse.

Was ich an dem Buch vermisste, war die Beschreibung des sozialen und subkulturellen Milieus der siebziger Jahre mit der Sehnsucht nach »authentischen« Erlebnissen und konkreten Veränderungen – also genau jenes Miteinander von kritischem Unbehagen und dumpfem Aktivismus, von dem Habermas gesprochen hatte. Das wurde auch von anderen, ehemaligen Mitstreitern als Manko empfunden. So fragte der ehemalige »KPD«-Führer Christian Semler in der *Tageszeitung*: »Warum ist Gerd Koenen eigentlich zum Maoisten geworden? Wir erfahren es nicht. Was hat er damals aus Maos Schriften gelernt, war er fasziniert vom Denken in Widersprüchen, von dem reichen intellektuellen Hintergrund? Schreckte ihn die große Vision und der menschenverachtende Zynismus, der sie begleitete, ab oder verfiel er ihr?« Diese Fragen blieben auch bei jenen »maoistischen« Weggefährten offen, die sich wie Peter Schneider oder auch Hans Magnus Enzensberger seit den Siebzigerjahren in erster Linie als Schriftsteller präsentierten. Ihre Aufarbeitungen der eigenen Geschichte dokumentieren vor allem den mit demonstrativer Eitelkeit geschilderten individuellen Widerstreit zwischen politischem Aktivismus, Künstlerehrgeiz und hedonistischem Lebensanspruch. Obwohl er ein wichtiger Zeitzeuge war, kokettierte Enzensberger später mit seiner Erinnerungslosigkeit. Er habe von den kulturrevolutionären Ideen »das meiste vergessen und das wichtigste nicht verstanden«, heißt es in seinem Buch *Tumult*. Meine Erinnerung ist deutlicher. Zusammen mit Tausenden damaligen Aktivisten war ich fasziniert von Maos vermeintlich »produktiver« Denkschule der Widersprüche und erfüllt von der utopischen Hoffnung, die sozialen Ungerechtigkeiten des Kapitalismus und die globale Ausbeutungssituation aufheben zu können. In diesem Sinne wollten wir »dem Volke dienen« und rebellierten gegen die bürgerliche deutsche Kulturtradition.

Inzwischen wird der Anspruch auf Deutungshoheit weitgehend durch das Qualifikationsmerkmal bestimmt, »nicht dabei gewesen« zu sein. Einige der Nachgeborenen erklären den »langen Sommer der Theorie« ohne Praxis zur erfolgreichen »Wissenschaftsrevolution« oder zur alternativen Chiffre von »Pop, Grammatologie und Politik«. Und für andere sind die Linksradikalen der siebziger Jahre zu Menschen »wie Maschinen« mutiert, die »ihre Elterngeneration in den Disziplinen Härte und Durchhalten bis zuletzt übertrumpfen wollten«. Wenig Beachtung wurde und wird in der Abrechnungsliteratur der Frage zuteil, ob und wie diese politische Bewegung im Bewusstsein ihrer Akteure auch als moralische »Selbstzivilisierung« verstanden wurde, gewissermaßen als radikale Abkehr vom katastrophalen historischen »Sonderweg« der deutschen Kultur. Zweifellos fand der Protest in anderen westlichen Ländern schneller Anschluss an den »zivilgesellschaftlichen Diskurs«, wobei vor allem der Pariser Mai 68 direkt an die republikanischen Traditionen des eigenen Landes anknüpfen konnte.

Authentische Beispiele der erzählenden und reflektierenden Erinnerung an den kulturrevolutionären Neuanfang in Deutschland gibt es nach wie vor nur wenige. Eine Ausnahme bilden die sich inzwischen häufenden Nekrologe. Als ich mich aufmachte, die Erlebnisse und Erfahrungen zusammenzuführen und zu verstehen, welche Ideen und Hoffnungen uns damals beseelten, musste ich bei meinen Recherchen mehrfach erleben, dass aus Interviewterminen mit alten »Kampfgefährten« Beileidsgespräche mit Angehörigen wurden. Auch wenn Trauerreden seit der Antike ein wichtiges Instrument unterschiedlicher politischer Interessen sind, entziehen sie sich meist einer seriellen Produktion und strukturellen Gleichförmigkeit. Sie erzählen Geschichte und individuelle Geschichten von ihrem Ende her und scheinen mit den Verstorbenen auch über die Gegenwart zu sprechen. In der lebendigen Erinnerung geht es nicht um Menschen »wie Maschinen«, sondern eher um Verzweifelte.

Sphären der »Kälte und Wärme«

Auch Frantz Morelli ist ein Verzweifelter. »Sich aus dem Staub machen«, lautet sein Motto. »Er stürzt seine Matratze aus dem Fenster, zusammen mit Bündeln alter Manuskripte: biographische Skizzen, Wutausbrüche, Verwünschungen. Wer, fragt er, schüttet Treibstoff in die Watte, mit der die Wortführer auf der anderen Seite sich umgeben? Wer zündet sie an? Wer sorgt dafür, dass sie verschwinden? Ungeschrieben bleibt die Autobiographie, für die ihm ein gewisser Gregor Hellmann, ein Barpianist, dreitausend als Anzahlung bezahlt hat. Ungeschrieben, denn Morelli ist nicht mehr erreichbar.« So heißt es im Klappentext eines ungewöhnlichen Buches, das im Frühjahr 2015 erschien. Der Autor, Peter Neitzke, hatte mit dem Roman *Morelli verschwindet* gewissermaßen seinen eigenen Nachruf verfasst, denn er starb selbst wenige Tage vor dem Erscheinen des Buches. Morelli wird als ein aus der Zeit gefallener Architekt und von Schreibblockaden geplagter Autor dargestellt, der die vermeintlichen Segnungen des Informationszeitalters ablehnt. Mit ihm verschwinden auch Geschichte und Geschichten, ihre Interpretationen und ebenso die Verhältnisse, die sie hervorgebracht haben.

Auch der 1938 geborene Peter Neitzke war Architekt. Er hatte noch bei Oswald Mathias Ungers an der Technischen Universität Berlin studiert, das Positionspapier »Architektur und Gesellschaft« für die »Kritische Universität« verfasst und seit 1963 die Taschenbuchreihe »Bauwelt Fundamente« mit herausgegeben. Seit Mitte der sechziger Jahre wurde er vornehmlich als politischer Aktivist wahrgenommen – als Mitglied des Sozialistischen Deutschen Studentenbundes (SDS) und später als Mitbegründer unserer maoistischen Partei. Neitzke war dem studentischen Milieu früher als andere entwachsen, hatte da schon Ehefrau und Kind und lebte in einer stilvoll eingerichteten, geräumigen Charlottenburger Altbauwohnung. Seine Sympathie galt nicht nur den Maoisten Italiens, sondern generell dem Design, der Literatur, den Landschaften, Speisen und Weinen des Südens. Er zelebrierte das Zigarrenrauchen nach dem von Thomas Mann im *Zauberberg* vorgeschriebenen Maria-Mancini-Ritual und brachte mich einmal Anfang der siebziger Jahre mit einem kostbaren Geburtstagsgeschenk in Verlegenheit. Es war eine edle Tabakspfeife der irischen Firma Kapp & Peterson, aus Walnussholz gefertigt und mit einem handgearbeiteten Silberdeckel verziert. Ich habe es nicht gewagt, das luxuriöse Stück in Anwesenheit von »proletarischen« Genossen zu benutzen. Ganz offensichtlich waren Neitzkes Individualismus und sein bürgerlicher Habitus (die nichts mit seiner Herkunft zu tun hatten) entscheidender für seinen Ausschluss aus der »KPD« als politische Differenzen. Noch im April 1977 versuchte er in den *Berliner Heften – Zeitschrift für Kultur und Politik* am Mao-Kult festzuhalten: »Erst die Kulturrevolution beseitigte, was das Leben Chinas bis dahin mitgeprägt hatte: die schlechten Erfahrungen und Lehren der Sowjetunion. Die politische Mobilisierung der Massen gegen die Gefahr des kapitalistischen Weges ist die angewandte Stalin-Kritik Mao Tsetungs und der Kommunistischen Partei Chinas.« Doch das Bild des maoistischen »Kulturrevolutionärs« passte nicht wirklich zu Peter Neitzke. »Stand er in seiner Rolle als Architektur-Experte nicht immer schon im Verdacht, ein verlorener Sohn der Großbourgeoisie zu sein?«, fragten sich viele seiner Mitstreiter. Aber auch die Kategorie des »Großbürgertums« ließ sich schlecht mit dem verordneten dogmatischen Raster vereinbaren. Neitzke selbst berichtete 1979 in einem *Kursbuch*-Beitrag (»Parteiliche Bestechlichkeit«), dass man ihm den Vorwurf des »kleinbürgerlichen Moralismus« gemacht habe: »Ich also Kleinbürgertum, aber gab es eine politische Moral der deutschen Arbeiterklasse? Eine, die die Kommunistische Partei als beispielhaft hätte bezeichnen und auf die sie sich, gegebenenfalls, hätte stützen können? Ich zweifelte …«

Der Germanist Helmut Lethen, dem als Ex-Genosse ähnliche Zweifel nicht fremd waren, führt solche moralischen Identitätskonstruktionen auf »Verhaltenslehren der Kälte« zurück. In einer autobiografischen Skizze kommt er zu der Erkenntnis, dass politisch und geistig so unterschiedliche Autoren wie Ernst Jünger und Bertolt Brecht – ebenso wie er selbst nach 1968 – in als unsicher empfundenen Zeiten auf der Suche nach Orientierungsmustern waren. Man wollte Verhaltenssicherheit zurückgewinnen. Das Zurechtfinden in der Welt werde nun einmal einfacher, wenn man sie »in Sphären der Kälte und Wärme, der Nähe und Distanz« aufteile.

Zu solch einer vereinfachenden Dialektik war Peter Neitzke in seinem letzten Text nicht mehr fähig. In seinem Roman existiert nur die Sphäre der Kälte, der Süden ist bereits exkommuniziert, es bliebt nur eine alte Limousine, um einmal noch das Weite zu suchen: »Noch fährt der Schlitten. Der Schnee hat seinen Umriss weich gemacht, fast konturlos. Man müsste die schwere, nasse Masse mit bloßen Händen vom Wagendach schieben, von der Motorhaube, von der Windschutzscheibe, die kalte Zigarette zwischen die blauen Lippen gepresst, man müsste die Wagentür öffnen und sich in den durchgesessenen Sitz fallen lassen und die Tür zuschlagen, frierend zusammengekrümmt in dieser dünnen Jacke, den Motor starten, Gas geben und abhauen. Einfach abhauen. Ohne einen Blick zurück.«

Das letzte Mal traf ich Peter Neitzke im März 2013 bei der Beerdigung von Christian Semler auf dem Georgen-Parochial-Friedhof in Friedrichshain. Er war aus Zürich angereist, wo er seit etlichen Jahren lebte und wirkte schon gesundheitlich angegriffen. Seine Freundschaft mit dem Verstorbenen reichte in die fünfziger Jahre zurück, als sie in Berlin für einige Monate die gleiche Schulbank teilten. Das ehemalige SDS-Beiratsmitglied Christian Semler, Sohn der Kabarettistin Ursula Herking und des CSU-Mitbegründers Johannes Semler, war von der Gründung bis zur Auflösung der maoistischen »KPD« ihr unangefochtener Vorsitzender. Danach engagierte er sich mit seiner Frau und Ex-Genossin Ruth für demokratische Bewegungen in Mittel- und Osteuropa und wurde Redakteur der *tageszeitung (taz)*, der er als Autor bis zuletzt treu blieb. Der ungarische Schriftsteller und Historiker György Dalos erinnerte sich, »dass es 68er wie Christian Semler waren, die uns in unseren armseligen Dissidentenküchen besuchten«, lange bevor offizielle westliche Politiker die Bürgerrechtler im Ostblock wahrzunehmen begannen. 2010 erhielten Christian Semler, Ruth Henning, Reinhold Vetter und Elisabeth Weber vom polnischen Staatspräsidenten Bronislaw Komorowski die Dankesmedaille des Europäischen Zentrums der Solidarność.

Es gab eine bewegende Abschiedsfeier auf dem Friedhof und anschließend in der Volksbühne am Rosa-Luxemburg-Platz. Der Trauerzug von einigen Hundert Menschen wurde angeführt von dem bereits in APO-Zeiten gegründeten Blasorchester IG Blech, und die Sängerin Gina Pietsch trug das Lied von der »Seeräuber-Jenny« aus Brechts *Dreigroschenoper* vor. Als dann Peter Neitzke die Trauerrede hielt, war sogar der Himmel blau und die Sonne lachte. Ihm war es am wichtigsten zu betonen, dass Christian und er Freunde waren, bevor sie Genossen wurden. Es folgte eine Bestandsaufnahme der gemeinsamen politischen Weggemeinschaft, so die Erinnerung an die Empörung über den skandalösen Freispruch des ehemaligen Nazi-Richters Hans Joachim Rehse im Dezember 1968. Die Vorbereitung einer Protestkundgebung vor dem Schöneberger Rathaus in Berlin sollte zu einem entscheidenden Einschnitt werden: »Unsere Rede mündete in die unglaubliche Forderung nach der ideologischen und organisatorischen Zerschlagung der Sozialdemokratie – wir hatten uns auf den Weg einer Radikalisierung unseres politischen Denkens begeben, dessen fehlende Realitätsnähe uns nicht aufging. Ein Jahr später, im Herbst 1969, hielten wir die Gründung einer Aufbauorganisation der Kommunistischen Partei«, der KPD-AO, die später den Namenszusatz verlor, »*ohne* eine Analyse der sozialen, ökonomischen und politischen Bedingungen des Landes für das zwingende Gebot der Stunde. Später wussten wir: Nicht jede einfache oder einfach erscheinende Antwort auf schwierige Fragen ist die richtige Antwort.« Ein nachtragender Hinweis auf die Divergenzen, die in gemeinsamen Parteizeiten entstanden waren, fehlte –

stattdessen die Betonung, dass Christian Semler »als jemand geschätzt wurde, der drängenden Fragen nicht ausweicht«. Und über den Schluss des Nachrufs legte sich – ganz anders als in Neitzkes eigenem Abschiedsroman – ein Schleier der Wärme und Melancholie: »Christian liebte das südliche Meer. Er war ein ausgezeichneter Schwimmer. Einmal sah ich ihm nach, wie er durch die Brandung hinausschwamm. Irgendwann konnte ich ihn nicht mehr sehen. Nach einer Stunde tauchte er wieder auf. Meeresungeheuern war er nicht begegnet. Er war nicht erschöpft, es ging ihm gut. Und er blinzelte in die Sonne über dem südlichen Meer.« Die *taz* hatte in dem Abschiedsartikel für ihren Kollegen einen anderen Schluss gefunden. Dem Autor war in der Nähe des Friedhofsausganges, am Berliner Haus für Demokratie und Menschenrechte, ein Transparent mit dem Text »Keine Revolution ist auch keine Lösung« aufgefallen, und er vermutete wohl nicht zu Unrecht: »Das hätte Christian Semler bestimmt gefallen.« In der Volksbühne kam er dann in einem Filminterview auch noch einmal selbst zu Wort und kommentierte mit vergnügtem Blick den Radikalisierungsprozess der Westberliner Linken. Man habe nicht immer von der Polizei verprügelt werden wollen, sondern »mal den Spieß rumgedreht«. Eine verblüffende Erklärung hatte Semler auch für die dogmatische Phase, in der er die theatralischen Auftritte seiner »bolschewistischen Partei« inszenierte: »Wir wollten mit den Toten sprechen!« Auch wenn die sozialistische Wirklichkeit seine Jugendträume in schreckliche Alpträume verwandelt hatte, wollte Christian Semler im herrschenden Kapitalismus nicht das Ende der Geschichte sehen. Einer seiner Texte befasst sich daher auch zustimmend mit dem dialektischen Religionsverständnis von Karl Barth: »Wir dürfen uns Gott nicht als verhimmelten Menschen vorstellen. Die Beziehung läuft von oben nach unten, eine Klammer bietet nur die Gnade. Und die ist unerforschlich.«

Verlorene Söhne?

Ein wirklicher »verlorener Sohn der Großbourgeoisie« war Gaston Salvatore, der im Dezember 2015 in Venedig im Alter von 74 Jahren gestorben ist. Der Neffe des durch einen Putsch ums Leben gekommenen Präsidenten Salvador Allende stammte aus einem reichen chilenisch-italienischen Elternhaus und galt in seiner Berliner Studienzeit als schönster und leidenschaftlichster Mann unter den 68er-Aktivisten. Auch er verstand sich als Maoist und sympathisierte mit der chilenischen Guerilla. Meist agitierte er gemeinsam mit Rudi Dutschke und wurde 1969 wegen »schweren Landfriedensbruchs« zu neun Monaten Gefängnis verurteilt. Er flüchtete nach Italien, London und Chile und betätigte sich als »Exilschriftsteller«. Sein Mentor Hans Magnus Enzensberger überredete ihn, seine dramatischen Texte in deutscher Sprache zu verfassen. Und in einer »nicht offiziellen« Mission unterstützten Mitglieder unserer Partei und der »Roten Hilfe« die Initiative, Salvatores Stück *Büchners Tod* trotz einer ihm drohenden Verhaftung in Deutschland uraufführen zu lassen. So kam es 1972 zum Theaterdebüt in Darmstadt, und im Zuge der Premiere verfügte Bundespräsident Gustav Heinemann die Aufhebung des Haftbefehls. Auch wenn er als Dramatiker wenig Erfolg hatte, blieb Salvatore bei seinen Themen, die sich um Tyrannei, Widerstand und Umsturz drehten. »An seinem Charisma«, so Enzensberger im *Zeit*-Nachruf, »haben weder seine wenigen Triumphe noch die politischen Grabenkämpfe etwas ändern können, die seinerzeit in den vielen kommunistischen Zwergparteien Berlins üblich waren.« Doch in Deutschland ist Gaston Salvatore nicht mehr heimisch geworden, weder in der linken Szene noch im Salon des Feuilletons. Mitte der siebziger Jahre zog er sich nach Venedig zurück, in eine großzügige Wohnung mit herrlichem Blick auf die Laguneninsel San Giorgio Maggiore. »Seine Besucher aus Deutschland konnten seine Lebensweise nicht begreifen«, konstatierte Enzensberger und: »In dem, was Gaston geschrieben hat, war er der deutscheste aller Ausländer. Den guten Genossen war er immer verdächtig. Nur sich selbst und seinen Freunden ist er treu geblieben. Sein Grab liegt auf der Friedhofsinsel von San Michele.«

Am 10. Dezember 2015 – einen Tag früher als Gaston Salvatore – starb auch Kurt Holl, ebenfalls ein Rebell und »Lebemann«, dessen »Charisma viele Frauen erlagen«, wie es in einem Nachruf hieß. Doch Kurt geriet nie in Verdacht, ein »Salonlinker« geworden zu sein und in luxuriösen Verhältnissen zu leben. Solange ich ihn kannte, seit vierzig Jahren, wohnte er am Kölner Friesenwall in einer kleinen anderthalb Zimmerwohnung, deren Wände komplett mit Bücherregalen zugestellt waren. Doch Kurt Holl, der mit seiner drahtigen Gestalt, den scharf geschnittenen Gesichtszügen und den langen pechschwarzen Haaren wie ein Südländer wirkte, war kein bibliophiler Stubenhocker, sondern immer ein öffentlicher Aktivist und Wortführer. Eine gewisse Ähnlichkeit mit der Medienikone Che Guevara unterstrich er dadurch, dass er sich bei bestimmten Anlässen auch mit einer rotbesternten Baskenmütze schmückte. Dass sein Tod auf den »Tag der Menschenrechte« fiel, ist von höchst symbolischer Bedeutung. Denn der Kampf für diese Rechte, verbunden mit radikalen Forderungen nach gesellschaftlichen Veränderungen, war seine Lebensaufgabe. Kurt Holl hat zwar keinen Nachruf in der *Zeit* erhalten, aber Hedwig Neven DuMont, die schon in den letzten Jahren seine Roma-Projekte unterstützt hatte, sorgte dafür, dass Regionalzeitungen wie der *Kölner Stadt-Anzeiger* (»Auf die Bäume, auf die Barrikaden«) den Rebellen posthum zum *local hero* erklärten:

»In Köln fühlte sich der Reyoluzzer gut aufgehoben«, heißt es da. »Die klerikale Hochburg« bot der Studentenbewegung »reichlich Angriffsfläche« und eine »kulturelle Szene, die provokant zu protestieren wusste«. 1968 waren Kurt Holls Studien der Theologie, Philosophie und Romanistik bereits abgeschlossen, doch seine Protestaktionen hatten – wie der Nachruf ausführlich beschreibt – schon früher begonnen. »Mit dem Auschwitz-Prozess, der ›Spiegel-Affäre‹ und den Notstandsgesetzen wurde ihm die BRD fremd.« Er protestierte gegen den Vietnam-Krieg, kettete sich an Gleise, als die Verkehrsbetriebe die Fahrpreise erhöhen wollten, und musste sich immer wieder vor Gericht verantworten. »Holl galt als potenziell verfassungsfeindlich«. Wegen des »Radikalenerlasses« erhielt er für fünf Jahre Berufsverbot und wurde als Lehrer nie verbeamtet, doch er ließ sich nicht einschüchtern. Die im Nachruf angeführten Beispiele für seinen Einsatz als Menschenrechtler sind zahlreich. Es ging ihm aber auch um die Aufarbeitung der Nazivergangenheit. So initiierte er Ende der siebziger Jahre die Errichtung einer Gedenkstätte am Ort des ehemaligen Kölner Gestapo-Kellers und entwickelte später zusammen mit dem Bildhauer Gunter Demnig die Idee der Stolpersteine. 1985 übernachtete der unstete Rebell am Kaiser-Wilhelm-Ring auf einer Platane, um mit anderen Demonstranten den Bau eines Parkhauses und die damit verbundene Fällung der Bäume zu verhindern. Für die Grünen wurde er Fraktionsmitglied im Stadtrat, kündigte seine Mitgliedschaft doch bald enttäuscht wieder auf. 1986 gehörte er zu den Mitbegründern eines Vereins zur Integration von Sinti- und Roma-Migranten in Deutschland und war dort bis zu seinem Tod als Ehrenvorsitzender aktiv. »Die Kölner Willkommenskultur für Flüchtlinge war eine Entwicklung«, so der Nachruf, »die dem zuletzt von den Folgen einer Krebserkrankung gezeichneten Kurt Holl (noch einmal) Hoffnung gegeben hat.«

Doch der Nachruf unterschlägt, dass Kurt Holl ursprünglich als »Kulturrevolutionär« auch Anhänger Mao Zedongs war und Aktionen unserer Partei und der »Liga gegen den Imperialismus« als »Sympathisant« aktiv unterstützte. Seine »Nähe zu einer ›K-Gruppe‹«, (so der Justizjargon) war dann auch der ausschlaggebende Grund für sein Berufsverbot. Ich lernte Kurt Holl im Frühjahr 1975 persönlich kennen, als uns meine damalige Freundin Ulrike, eine Juristin der »Roten Hilfe«, auf eine kollektive Prozessstrategie gegen den berüchtigten Kölner Richter Henry de Somoskeoy vorbereitete. Kurt und ich wurden enge Freunde. Ein Jahr später organisierten wir in Brüssel gemeinsam eine »Aufklärungskampagne« gegen die »politische Unterdrückung in der BRD und Westberlin«. Belgien und der Nordseestrand blieben auch weiter das Ziel gemeinsamer Ausflüge. Für solche Reisen schaffte Kurt es stets, sich privat (meist von Frauen) ein Auto auszuleihen. 1983 war es häufiger ein schwarzer VW-Käfer. Als ich ihn bat, auch mich mit der Besitzerin des Fahrzeuges bekannt zu machen, lernte ich die Kunstpädagogin und Journalistin Renate kennen. Wir sind bis heute zusammen – und auch Kurt Holl blieb immer unser Freund. Zuletzt haben wir ihn im September 2015 in Berlin getroffen. Er wirkte schon angegriffen, berichtete von der Arbeit an seiner Autobiografie und erwähnte beiläufig den Beginn einer neuen Chemotherapie. Der Anlass seines Berlin-Besuchs war ihm sichtlich peinlich, denn als Repräsentant von Rom e.V. war er einer Einladung Daniela Schadts zum »Bürgerfest« des Bundespräsidenten Gauck gefolgt, den er persönlich für einen eitlen Heuchler hielt. Auf Gaucks Empfang sollten »ehrenamtliche« Sozialprojekte vorgestellt und gelobt werden. Kurt Holls Abneigung gegenüber dem Präsidenten scheint auf Gegenseitigkeit beruht zu haben, denn auf der offiziellen Gästeliste findet man zwar Uschi Glas und ihr »Lidl«-Projekt, nicht aber Kurt Holl und seine Roma-Initiative. Dafür war die Trauerfeier in der bis zur letzten Reihe vollbesetzten Kölner Lutherkirche so, wie er es sich gewünscht hätte. Zu den Gästen gehörten Oberbürgermeisterin Henriette Reker, der ehemalige Bundesinnenminister Gerhart Baum und Düsseldorfs Regierungspräsidentin Anne Lütkes. Neben einer Lesung aus Kurts autobiografischen Notizen und persönlichen Worten von Angehörigen und Freunden erwiesen ihm auch Roma-Aktivisten die letzte Ehre. Das abschließende Fest mit Hammelfleisch und Kölsch wurde musikalisch begleitet von Klaus dem Geiger und dem Drago Riter Ensemble. Vor der Kirche lagen Unterschriftenlisten gegen die Abschiebung langjährig geduldeter Flüchtlinge aus sogenannten sicheren Staaten aus.

Vietnam und Pol Pots Lächeln

»Nur Herumlabern über die Ungerechtigkeiten des Kapitalismus, wie so mancher bohemienhafte Vertreter der Außerparlamentarischen Opposition (APO), war seine Sache nicht. Schon als Soziologiestudent, der bei Max Horkheimer und Theodor W. Adorno hörte, war der führende Kopf des Sozialistischen Deutschen Studentenbundes (SDS) als Organisator bekannt, der stets still vor sich hinarbeitete und den größten Teil der Demonstrationen vorbereitete. Mit Peter Neitzke und Christian Semler gründete Horlemann 1970 die ›Aufbauorganisation für die Kommunistische Partei Deutschlands‹, die von ihren Mitgliedern vor allem straffe Disziplin und bedingungslose Unterordnung des Einzelnen unter die Partei erwartete. Die internationale Solidarität, die er sich damals auf die Fahne geschrieben hatte, versuchte er auch praktisch umzusetzen. So unterstützte er koreanische Bergleute und organisierte Sprachkurse für ausländische Studenten. 1990 gründete er einen eigenen Verlag, der vor allem asiatische Autoren förderte. Jürgen Horlemann starb in Linz bei Bonn an Krebs.«

Dieser relativ wohlwollende Nachruf des *Spiegels* unterscheidet sich deutlich von der vernichtenden Charakterisierung aus dem Jahr 1973. Damals unterstützte das Magazin einen Haftbefehl gegen Horlemann als führendes Mitglied einer »kriminellen Vereinigung« und wusste zu berichten, dass der »Fabrikantensohn«

sich den Nachdruck der Werke Kim Il-sungs von »den koreanischen Ziehvätern mit monatlichen Alimenten bis zu 3000 Mark honorieren« ließ.

Jürgen Horlemann war weder Adorno-Schüler noch Agent Kim Il-sungs – sondern Indochinaspezialist im SDS – und ist heute kaum noch jemandem bekannt. Sein 1967 zusammen mit Peter Gäng veröffentlichtes Buch *Vietnam. Genesis eines Konfliktes* erreichte mehrere Auflagen und gilt als eine der wichtigsten Aufklärungs- und Mobilisierungsschriften der Studentenbewegung. Was fand sich darin? Nach der Spaltung des Landes in einen kommunistischen Norden und einen mit der USA verbündeten Süden, entspann sich vonseiten des Vietcong ein Guerillakrieg, der von den USA mit der Entsendung von Bodentruppen und dem Einsatz von chemischen Vernichtungsmitteln und Napalmbomben beantwortet wurde, die hauptsächlich Opfer unter der Zivilbevölkerung forderten. Bilder von napalmverbrannten Kindern und verwüsteten Dörfern ließen den Vietnamkriegsprotest in den USA zu einer machtvollen Bewegung anwachsen. Am 21. Oktober 1967 marschierten 100 000 Demonstranten zum Pentagon. Provozierende Parolen gegen den Vietnamkrieg ertönten aber auch schon im Dezember 1966 auf dem Berliner Kurfürstendamm, als einige Mitglieder des SDS und des Kritikerzirkels Subversive Aktion, angeführt von Jürgen Horlemann und Rudi Dutschke, ein Happening mit Sprechchören wie »An toten Vietnamesen soll die freie Welt genesen« veranstalteten. Der Name des nordvietnamesischen Präsidenten wurde fortan zum revolutionären Symbol – in Ketten untergehakt skandierten die Demonstranten: »Ho-Ho-Ho-Chi-Minh«. Am 17. und 18. Februar 1968 fand im Audimax der Technischen Universität Berlin ein vom SDS und verschiedenen sozialistischen Organisationen veranstalteter »Internationaler Vietnam-Kongress« mit rund 5000 Teilnehmern statt. Auch hier war Horlemann einer der organisatorischen Strategen. Die vorgesehene Abschlussdemonstration wurde zunächst vom sozialdemokratischen Innensenator verboten. Erst nach dem Protest prominenter europäischer Intellektueller wie Michelangelo Antonioni, Eric J. Hobsbawm, Herbert Marcuse, Alberto Moravia, Luigi Nono, Pier Paolo Pasolini, Bertrand Russell, Jean-Paul Sartre oder Luchino Visconti hob ein Verwaltungsgerichtsbeschluss (erstritten von Horst Mahler) das Verbot auf. Mehr als 10 000 Demonstranten zogen daraufhin mit roten Fahnen und Ho-Chi-Minh-Portraits durch die City von Westberlin – ganz vorn auch eine Gruppe von Sozialdemokraten mit Schildern, auf denen zu lesen war: »Ich protestiere gegen den Krieg der Amerikaner in Vietnam. Ich bin SPD-Mitglied«. Bewusst nahmen sie die zu erwartenden Parteiausschlussverfahren in Kauf. Wenige Tage später veranstaltete der Berliner Senat dann eine zentrale Gegenkundgebung der »schweigenden Mehrheit«, für die viele Beschäftigte des Öffentlichen Dienstes und aus der Privatwirtschaft zur Teilnahme von der Arbeit befreit wurden, um so auf dem Kennedy-Platz ihre Unterstützung der USA-Politik zu bekunden. Wer vorbeischlenderte und nicht ins Bild des ordentlichen Bürgers passte, weil er lange Haare trug oder »studentisch« aussah, wurde aus der Masse heraus angegriffen. Die einseitige Medienhetze steigerte sich und schuf so das Klima für das Attentat auf Rudi Dutschke im April 1968.

Andererseits steigerte die Radikalisierung der Vietnam-Demonstrationen auch das Interesse der Kunstschaffenden. So erkannte der deutsch-schwedische Schriftsteller, Dramatiker, Maler und Filmemacher Peter Weiss im Vietnam-Protest die Chance, dem zeitgenössischen Theater eine neue gesellschaftliche Brisanz und künstlerische Ausdruckskraft zu verleihen. Er engagierte Jürgen Horlemann als Mitarbeiter für die Anfertigung eines Stückes mit dem umständlich-agitatorischen Titel *Diskurs über die Vorgeschichte und den Verlauf des lang andauernden Befreiungskrieges in Viet Nam als Beispiel für die Notwendigkeit des bewaffneten Kampfes der Unterdrückten gegen ihre Unterdrücker sowie über*

Solidaritätsaktion im Jahr 1967 für den Vietcong vor der Mensa der FU Berlin. Mit dabei ist der Kommunarde Rainer Langhans.

die Versuche der Vereinigten Staaten von Amerika, die Grundlagen der Revolution zu vernichten. Bei der Premiere des Dramas mit dem Kurztitel *Viet Nam Diskurs* (Regie: Peter Stein) am 5. Juli 1968 im Werkraum der Münchner Kammerspiele kam es zu einem Eklat. Der Schauspieler Wolfgang Neuss trat während des Schlussapplauses an den Bühnenrand und forderte das Publikum zu Waffenspenden für den Vietcong auf. Das Stück wurde vorzeitig abgesetzt, und der Intendant August Everding entließ den Regisseur. Ähnlich erging es im Dezember 1968 der Uraufführung von Hans Werner Henzes Oratorium *Das Floß der Medusa* in Hamburg. Der Komponist hatte vorgesehen, eine rote Fahne auf der Bühne zu drapieren und von der Podiumsmitte während des Stückes den Ruf »Ho-Ho-Ho Chi Minh« ertönen zu lassen. Der Rundfunkchor weigerte sich, unter einer roten Fahne zu singen, und der Programmdirektor ließ die Vorstellung abbrechen.

Der Vietnam-Krieg sollte noch sieben Jahre andauern und

drei bis vier Millionen Vietnamesen das Leben kosten. Das amerikanische Militär verzeichnete mehr als 50 000 Tote, und Zehntausende Soldaten kehrten traumatisiert in die USA zurück. Der Höhepunkt der Solidaritätsbewegung war aber bereits zu Beginn der siebziger Jahre überschritten. Peter Gäng, der Mitautor des Buches *Vietnam. Genesis eines Konflikts*, konzentrierte sich fortan auf die Indologie und schrieb eine Dissertation über buddhistische Mystik. Peter Weiss und der »Weiss-Gardist« Horlemann (so eine spöttische Bezeichnung) bewahrten zwar ihre Sympathie für revolutionäre Bewegungen, widmeten sich aber ebenfalls neuen Projekten. Die ganzen siebziger Jahre hindurch arbeitete Weiss an der *Ästhetik des Widerstands*, einer Romantrilogie über den kommunistischen Widerstand gegen den Faschismus, über die Arbeiterbewegung und ihren widersprüchlichen, zerrissenen Verlauf – ein monumentales, insgesamt über eintausend Seiten umfassendes Werk geschichtlicher Trauer- und Erinnerungsarbeit. Damit knüpfte er an die Radikalität seiner autobiografischen Prosa aus den frühen sechziger Jahren an, die mit Texten wie *Abschied von den Eltern* und *Fluchtpunkt* versucht hatte, seine deutsch-jüdische Familiengeschichte zu erkunden. Um dem Überleben im Exil einen Sinn zu geben, kam nun eine politische und ästhetische Selbstverständigung hinzu.

Jürgen Horlemann ging es ebenfalls um die »Aufarbeitung« der Geschichte der kommunistischen Arbeiterbewegung – doch für ihn standen die Lehren schon im Vorhinein fest: Neuaufbau einer Kaderpartei nach fernöstlichem Vorbild. Ich lernte ihn erst nach Auflösung des SDS näher kennen, als er als stiller Beobachter im Berliner Debattenforum des APO-Organs *Rote Presse Korrespondenz* auftauchte. Obwohl er sich seiner Autorität bewusst war, trat er sehr bescheiden auf. Seine Zurückhaltung passte zu der blassen, asketisch wirkenden Gestalt. Als er erfuhr, dass ich als Mitglied der »Roten Zelle Germanistik« auch Kontakte zum »Sozialistischen Arbeiter- und Lehrlingszentrum« unterhielt, interessierte er sich sehr für unsere Schulungsmaterialien und empfahl dringlich das Studium der soeben erschienenen deutschen Fassung (März 1969) von Edgar Snows Mao-Biografie *Roter Stern über China*. Allerdings sollte 1969 zu einem Wendejahr werden. Mit dem Tod von Ho Chi Minh verloren wir in politischer und sozialpsychologischer Hinsicht eine »wegweisende« Vaterfigur. Dieser Verlust traf vor allem Jürgen Horlemann, wobei für ihn der wachsende Einfluss der Sowjetunion in Vietnam eine besondere, zusätzliche Enttäuschung war. Neue radikale »Befreiungs«-Bewegungen wie die prochinesischen Roten Khmer in Kambodscha und das neostalinistische Nordkorea boten sich als alternative Identifikationsobjekte an. Der kambodschanische Radikalkommunismus Pol Pots wirkte wie ein »kurzer Marsch«, der den »Großen Sprung« und die »Kulturrevolution« des Vorbildes Chinas in einer Aktion zusammenzufassen schien. Zum Solidarisierungseffekt trugen maßgeblich die Amerikaner bei, die im März 1970 nicht nur den Lon-Nol-Putsch gegen den Staatschef Sihanouk unterstützten, sondern unter der Präsidentschaft Richard Nixons ihren Krieg gegen Nordvietnam auf das kambodschanische Territorium ausdehnten. Die amerikanischen Flächenbombardements im östlichen Teil des Landes forderten Hunderttausende von zivilen Opfern. Allein 1973 wurden von den B-52-Flugzeugen über Kambodscha doppelt so viel Bomben abgeworfen wie über Japan während des gesamten Zweiten Weltkrieges.

Die Verlagerung des Indochinakriegs durch die Amerikaner und Vietnamesen nach Kambodscha mag eine der Ursachen für die fanatische Brutalisierung der Roten Khmer gewesen sein, erklärt aber nicht das massenmörderische System Pol Pots und noch weniger unser blindes »Verständnis« für diese Entwicklung. Der Führer der Roten Khmer, der in Paris studiert hatte, verkündete die Doktrin eines radikalen »Agrarkommunismus«, der sich vor allem gegen die eigene Stadtbevölkerung und die Intellektuellen richtete. Während der vierjährigen Schreckensherrschaft vom April 1975 bis Ende 1978 wurden mehr als zwei Millionen Menschen in Todeslagern umgebracht oder kamen bei der Zwangsarbeit auf den Reisfeldern ums Leben. Die Gedenkstätte Tuol Sleng erinnert heute mit schrecklichen Bildern an die Massaker auf den »Killing Fields«. Berichte über die Gräueltaten der Roten Khmer wie das Buch *Cambodge – année zéro* von Pater François Ponchaud sorgten schon 1977 für heftige Diskussionen im Westen, aber leider nicht bei uns. Wir waren damals der *Spiegel*-Redaktion dankbar, dass sie dem kambodschanischen Vizepremier und Außenminister Ieng Sary in einem Exklusivinterview die Gelegenheit zum »Widerspruch« gab. Auf die Frage, was er denn zu dem Buch Ponchauds und anderen Berichten sage, in denen »die Zahl der seit April 1975 liquidierten Kambodschaner auf mindestens eine Million geschätzt« würde, entgegnete Ieng Sary unverfroren: »Diese Leute sind verrückt. Nur die Schwerstverbrecher sind abgeurteilt worden.« Und wir teilten auch die Ansicht der amerikanischen Medienkritiker Noam Chomsky und Edward S. Herman, dass die Aufmerksamkeit, die die Presse den aus Kambodscha berichteten Menschenrechtsverletzungen zukommen lasse, im Vergleich zu ihrer Reaktion auf die Gräueltaten der Amerikaner unverhältnismäßig sei. Auch linke »Touristen«-Gruppen berichteten überaus enthusiastisch über ihre Erfahrungen im »Demokratischen Kambodscha«. So wunderte sich der schwedische Journalist Peter Fröberg Idling noch Jahrzehnte später in seinem Essay *Pol Pots Lächeln* darüber, dass im August 1978 eine Gruppe schwedischer Intellektueller, zu denen der bekannte Autor Jan Myrdal zählte, nach Kambodscha reiste und dort mit Pol Pot Austern schlürfte, während der Rest des Landes dem Hungertod nahe war. Auch ich muss gestehen, an einer gemeinsamen Speisetafel mit Pol Pot gesessen zu haben. Es war am 7. Oktober 1977 – nicht in Kambodscha, sondern in Peking, wo aus Anlass des 28. Jahrestages der Gründung der Volksrepublik China ein international besetztes Staatsbankett stattfand. Wie ich mich damals gefühlt habe? Eher befangen als stolz. Intensiveren Kontakt zu den Roten Khmer als wir pflegte die maoistische Konkurrenzorganisation »Kommunistischer Bund Westdeutschland« (KBW), zu deren Führern nicht nur Joscha Schmierer (später außenpolitischer Berater der rot-grünen Regierung Schröder/Fischer) gehörte, sondern auch der heutige grün-katholische Ministerpräsident Baden-Württembergs, Winfried Kretschmann. Und der Historiker Gerd Koenen übersetzte 1979 für den KBW-Verlag die als »Aufklärungsschrift« angepriesene Dissertation des von Pol Pot eingesetzten Staatspräsidenten Khieu Samphan (*Die Wirtschaft Kambodschas und die Probleme seiner Industrialisierung*). Aber auch das *Kursbuch* ließ Khieu Samphan im gleichen Jahr mit einem Auszug aus seiner Dissertation zu Wort kommen, ergänzt um einen Beitrag von David Bogett, der »die Behauptungen von schwersten Menschenrechtsverletzungen« in Kambodscha als »vietnamesische Propaganda« abtat.

In unserer Partei war zweifellos Jürgen Horlemann dem Lächeln Pol Pots am nächsten. Ganz offensichtlich war er nach Auflösung der »KPD« bemüht, sich von diesem unseligen Vermächtnis zu trennen. Die Ära Pol Pot sollte aus der Geschichte und dem Gedächtnis gestrichen werden. Nach dem Sturz seines Regimes durch die Vietnamesen war der Diktator 1979 untergetaucht. Jürgen Horlemann reiste noch einmal in die umkämpften Gebiete und suchte nach Spuren. Glaubt man seinem ausführlichen Bericht in der *Zeit* vom 24. Juli 1981, dann schienen sich die Kambodschaner nicht mehr für ihren mörderischen Despoten zu interessieren. »Von Pol Pot reden sie nicht mehr« lautete die Überschrift des Artikels. Ob ehemalige Regierungsmitglieder wie Ieng Sary oder einfache Dorfbewohner – alle schienen sich einig: »Das Wort Sozialismus ist in den Augen unserer Bevölkerung diskreditiert, dank dem, was in den Jahren nach 1975 geschah. Wir wollten eine ganze Epoche überspringen, das mußte scheitern.« Keiner sprach über die Verantwortlichen, nur von der »Politik zwischen 1975 und 1979« – aber »niemals von Pol Pot«. Was die Zukunft einer »neuen Politik« betraf, waren die meisten Gesprächspartner »optimistisch«. Doch Pol Pot war nicht verschwunden, bereits ein Jahr später, im Juni 1982, brachte er sich mit einer neuen Exilregierung wieder ins Gespräch – und er sollte auch Jürgen Horlemann überleben.

»Rote Fahnen – Rote Lippen«

Mit diesem flotten Titel führt ein autobiografisch geprägter Roman von Marianne Brentzel zurück in die siebziger Jahre. Ihre Heldin Hannah, Tochter aus bürgerlich-liberalem Haus in der Provinz, sucht die Freiheit und den eigenen Lebensentwurf als Studentin in Berlin. Sie erlebt die Wirren der Studentenunruhen, die zunehmende Gewalt sowie die Spaltung der linken Bewegung und glaubt schließlich, dass ihre emanzipatorischen und internationalistischen Ideen am besten bei einer maoistischen Kaderpartei aufgehoben seien. Doch mit dem Aufstieg in der Organisationshierarchie (geforderte Übersiedlung ins Ruhrgebiet) werden die Widersprüche zwischen politischem Engagement und privater Existenz nahezu unerträglich. Hinzu kommt eine wachsende Enttäuschung über die »kommunistische« Politik Chinas. Verzweifelt versucht Hannah/Marianne ihrer Liebesbeziehung, den Wünschen und Anforderungen ihres Kindes und der Verpflichtung als Funktionärin mit immer größerem persönlichen Einsatz gerecht zu werden. Eindringlich kritisiert die Autorin auch konkrete Beispiele der sektiererischen »KPD«-Linie in Emanzipationsfragen, die zum Gespött wurden:

»Erstaunlich viele Frauen aus Dortmund waren nach Bonn zur Demonstration gegen den Abtreibungsparagrafen gefahren. Mit einigen Genossinnen hatte sie am Bus gestanden und Zettel verteilt. Die Frauen lasen mit ironisch verzerrter Stimme daraus einige Passagen vor. KAMPF DER HAUSSKLAVEREI! FRAUEN FÜR DEN KOMMUNISMUS! IM SOZIALISMUS WIRD ES KEINE ABTREIBUNG MEHR GEBEN! [...] Eine sagte ihr: Ihr habt keine Ahnung. Es geht um die Abschaffung des Paragrafen, nicht um irgendeinen Sanktnimmerleinstag und euer Sozialismus-Paradies. [...] Hannah fühlte sich ertappt, weil sie wegen der Parteikonferenz nicht mitfahren konnte. Im Grunde hatten die Frauen Recht. Die stiegen winkend in den Bus und riefen zum Abschied flotte Sprüche. Einer gefiel ihr besonders: HÄTT MARIA ABGETRIEBEN WÄR UNS DER PAPST ERSPART GEBLIEBEN. Den Frauen macht Politik richtig Spaß, dachte sie, als der Bus losfuhr.«

Spaß hatten aber auch schon Studentinnen des SDS, als sie in dessen Endphase »diese männerbündische Eliteeinheit ›von sich selbst‹ befreiten«, wie die ehemalige SDS-Funktionärin Ines Lehmann sich erinnert. Es waren die Manifeste und Tomaten einiger Berliner Genossinnen sowie das militante Auftreten des Frankfurter »Weiberrates«, durch die die letzten ordentlichen Delegiertenkonferenzen im Herbst 1968 folgenreich gestört wurden. Noch vierzig Jahre später stellte Ines Lehmann mit Bedauern fest: »Leider habe ich an diesen Aufständen nicht teilgenommen, weil mir das Schicksal des SDS, mit dem ich mich damals völlig kritiklos identifizierte, wichtiger war als der Befreiungskampf der Frauen.«

Es gab auch junge Frauen, die sich mit einer revolutionären Organisation identifizierten, nur weil sie sich in einen Revolutionär verliebten. Zu ihnen gehörte Yvonne Stangos. In den siebziger Jahren diente sie aufopferungsbereit dem »proletarischen Internationalismus« als Emissärin zwischen Deutschland und Griechenland. Sie starb kurz vor ihrem 60. Geburtstag in großer Einsamkeit. In einem einfühlsamen Nachruf heißt es:

»Yvonne Stangos war schön. Rote Haare, grüne Augen, schlank und groß. Sie war immer elegant, trug Leder, Seide und Kaschmir«,

»die Konventionen saßen tief im Mädchen aus gutbürgerlichem Haus, und sie haben einen ständigen Kampf in ihr geführt gegen das Anderssseinwollen. Den Ausbruch hat sie nie ganz geschafft, aber da waren ja die Freunde, die das Leben mitbrachten. Revolutionäre und Linke aus der ›Roten Zelle Germanistik‹«. Yvonne war »weder Hippie noch Kommunistin« – politisch wurde sie nur »aus Liebe«. Im linken Charlottenburger Kultrestaurant »Terzo Mondo« lernte sie Petros Stangos kennen, einen scharfsinnigen und gut aussehenden Griechen, der sein Land von der Militärdiktatur befreien wollte, notfalls mit Gewalt. Yvonne verliebte sich in ihn und heiratete ihn auch. Petros hatte die maoistisch orientierte EKKE mitbegründet, doch »es war nicht leicht für Yvonne, sich an Kadergehorsam und Dogmatismus zu gewöhnen« – aber »sie machte Petros' Welt zu ihrer«, las Marx und Lenin und half beim Verteilen von Propagandamaterial. Dann traf sie ein harter Schicksalsschlag. Petros wurde vom griechischen Militär verhaftet, und sie konnte ihm nicht helfen. »Doch als er endlich entlassen wurde, und sie losfuhr, um ihn abzuholen, da hatte er sich schon in eine andere Frau verliebt. Für Yvonne war das der Absturz.«

Wie ich wenig später von griechischen Genossen in Athen erfahren habe, gab es aber noch einen anderen, tragischen Grund für die Trennung. Petros Stangos stand unter Verdacht, im Gefängnis durch Folter und Erpressung zum »Verräter« geworden zu sein, sodass auch die EKKE den Kontakt zu ihm abgebrochen hatte.

»Abstürze« durch unglückliche Liebesverhältnisse kamen im K-Gruppen-Milieu häufiger vor. Als es zum Beispiel Karl-Heinz H. als gelernter Elektriker bis ins Politbüro der »KPD« geschafft hatte, wurde die evangelische Pastorentochter Antje Vollmer aus der »Liga gegen den Imperialismus« auf diesen interessanten »Proletarier« aufmerksam. Sie machte ihm schöne Augen und bat ihn, sich bei der Redaktion des Parteiblatts, der *Roten Fahne*, für den Abdruck eines dort eingereichten Artikels über Clara Zetkin zu verwenden. Karl-Heinz fühlte sich unglaublich geehrt und verliebte sich hoffnungslos in die Akademikerin. Doch das Verhältnis sollte nicht lange dauern. Als die zielstrebige Antje ihre Zetkin-Biografie unter einem Pseudonym im parteinahen Oberbaum Verlag herausgebracht und eine Dozentenstelle bei einer evangelischen Bildungseinrichtung erhalten hatte, verschwand sie schlagartig aus dem maoistischen Umfeld und mied fortan die Nähe von Karl-Heinz. Der trauerte seiner geliebten Theologin verzweifelt nach und blieb auch später, als sie eine steile Karriere als Grünen-Politikerin (bis hin zur Bundestagsvizepräsidentin) machte, ihr ergriffener Verehrer. Isoliert und arbeitslos verfolgte er jeden ihrer Fernsehauftritte und registrierte stolz alle ihre Orden und Ehrungen. Dass seine frühere Freundin schließlich sogar das Große Verdienstkreuz der Bundesrepublik Deutschland erhalten sollte, durfte Karl-Heinz nicht mehr erleben.

Es gab aber auch »Genossinnen«, die bis zuletzt zielstrebig an einer Karriere *innerhalb* der maoistischen Organisationen arbeiteten. Sie heirateten nicht, bekamen keine Kinder und wechselten ihre Liebesverhältnisse jeweils entsprechend den hierarchischen Bedürfnissen. Vorbild war offensichtlich Maos ehrgeizige (vierte) Ehefrau und Mitstreiterin Jiang Qing. An ihrem Beispiel ließ sich die chinesische Kulturrevolution auch als ein Akt der Selbstbefreiung der Frau darstellen. Jiang Qing stammte aus ärmlichen Verhältnissen, hatte nur einige Jahre die Volksschule besucht und sich später mit großer Anstrengung im Selbststudium weitergebildet. Als Schauspielerin im Schanghai der dreißiger Jahre bot sich ihr die Rolle von Ibsens Nora zur republikanischen Identifikationsfigur an. Mit ihr ließen sich viele »chinesische Noras« die Füße aufbinden und die Haare zum Bubikopf frisieren. Doch anders als die meisten von ihnen wollte sich Jiang Qing auch politisch engagieren und heiratete den Partisanen Mao. Lange sträubte der sich gegen eine selbständige Karriere seiner Frau, doch sie setzte sich durch und revolutionierte zunächst die Kunst, das heißt Theater, Oper, Ballett und Film. Und dann bei der Inszenierung der blutigen Großen Proletarischen Kulturrevolution in den sechziger Jahren erwies sie sich als eine der radikalsten Brandstifterinnen. Selbst ihren späteren Prozess verwandelte die 67-jährige Mao-Witwe noch in eine demonstrative TV-Show für ein Millionenpublikum.

Für mich und andere Beteiligte und Betroffene waren die Parteiauflösung und der Rückblick auf unsere deutsche »Kulturrevolution« kein Show-Ereignis, sondern ein Akt der kollektiven Ernüchterung. Auf die Frage, ob es eine »verlorene Zeit« war, erklärte ich 1980, dass ich mir natürlich vorstellen könnte, »die letzten zehn Jahre sinnvoller verbracht zu haben«. Aber ich konnte damals nicht beantworten, »durch welche Konstellation und ab welchem Punkt ich meine persönliche Entwicklung hätte in andere Bahnen leiten müssen«. Natürlich spürte ich ein Bedauern. Als besonders schwerwiegend empfand ich den Vorwurf, Verantwortung für die ›Verheizung‹ bzw. Zerstörung menschlicher und sozialer Existenzen getragen zu haben können. Doch ich glaubte (und glaube immer noch), dass man die »Schuld« der KPD-AO in eine »Gesamtbilanzierung« dessen einordnen muss, wie viel menschliche und soziale Existenz insgesamt in der linken Bewegung seit 1968 auf der Strecke geblieben ist.

Anfänge der Empörung

Der Tod des Demonstranten

Die 68er-Rebellion hat eine vielfältige Vor- und Nachgeschichte. Die Ikonografie der »deutschen Kulturrevolution« beginnt mit den blutigen Ereignissen vom 2. Juni 1967. Das Foto des sterbenden Demonstranten Benno Ohnesorg, über den sich eine verzweifelte Studentin beugt, sollte zum Symbol der politischen Moral einer Epoche werden. Ein Vierteljahrhundert später wurde an der Deutschen Oper in Berlin eine Gedenktafel mit einem Relief des Bildhauers Alfred Hrdlicka angebracht: »Der Tod des Demonstranten«. Und erst ein halbes Jahrhundert nach dem Polizeimord bat Berlins Justizsenator Dirk Behrendt um Entschuldigung – doch es war eine Geste ohne Namensnennung.

An jenem Abend im Jahr 1967 hatten wir politisch engagierten Westberliner Studenten uns zu Tausenden gegenüber der Deutschen Oper versammelt, um gegen den Besuch des Schahs von Persien und seine Gewaltherrschaft zu protestieren. Während die Boulevardpresse und große Teile der Bevölkerung den Staatsbesuch als Glamourereignis bejubelten, waren wir in der Freien Universität (FU) von dem persischen Exilpublizisten Bahman Nirumand über die grausamen Menschenrechtsverletzungen des Schah-Regimes aufgeklärt worden. Zu den Veranstaltungsteilnehmern gehörte auch der 26-jährige Germanistik- und Romanistikstudent Benno Ohnesorg. Wir wollten unsere Empörung in die Öffentlichkeit tragen und protestierten schon am Nachmittag vor dem Schöneberger Rathaus mit anklagenden Papiermasken des Schahs und seiner Frau und Parolen gegen den Berliner Empfang.

Am Vortag des Schah-Besuchs in Westberlin ruft Bahman Nirumand im Audimax der FU Berlin zu Protesten auf.

Daher wurden für den Opernabend der »Ehrengäste« besondere »Schutz«-Maßnahmen getroffen. Die Polizei hatte offensichtlich von Anfang an den Plan, gegen »Störungen« hart durchzugreifen. Als Schah Reza Pahlavi und seine Frau Farah Diba, begleitet vom Präsidentenpaar Lübke und dem Westberliner Bürgermeister Heinrich Albertz (SPD-Mitglied und evangelischer Pfarrer), sicher im Opernhaus Platz genommen hatten und die ersten Töne von Mozarts *Zauberflöte* erklangen, begann draußen eine wahre Prügelorgie. Zuvor waren bereits persische Geheimdienstagenten (die eingeflogenen »Jubelperser«) mit Holzlatten und Stahlrohren gegen friedliche Demonstranten vorgegangen. Dann kam die vom Polizeipräsidenten und ehemaligen NS-Generalstabsoffizier Erich Duensing ausgedachte »Leberwurst-Taktik« zur Anwendung. Er gab den Befehl, »in die Mitte« der Demonstration »hineinzustechen, damit sie an den Enden auseinanderplatzt«. So wurden wir durch den brutalen Einsatz von Schlagstöcken, Wasserwerfern und einer Reiterstaffel auseinandergetrieben und dann als Flüchtende von zivilen Spezialeinheiten attackiert. Selbst auf am Boden liegende Verletzte wurde noch eingeschlagen und eingetreten. Die blutige Gewalteskalation befördert hatte offenbar das von der Einsatzleitung gezielt verbreitete Gerücht, ein Polizist sei von Demonstranten erstochen worden. Während die meisten der aufgehetzten Anwohner uns Studenten als »marodierende Rabauken« betrachteten und die »Fuchsjagd« der Polizei begrüßten und unterstützten, hatte ich das Glück, zusammen mit einer kleineren Gruppe von Demonstranten Zuflucht in einem nicht verschlossenen Hausflur zu finden. Dieses Glück katte Benno Ohnesorg nicht. Für ihn sollte ein nahe gelegener Hinterhof der Krummen Straße zur tödlichen Falle werden. Seine Verfolger verwickelten ihn und seine Gruppe in ein Handgemenge. Dann schoss der Kriminalpolizist Karl-Heinz Kurras Benno Ohnesorg, der ein Stofftuch mit der Aufschrift »Autonomie für die Teheraner Universität« in der Hand hielt, aus kürzester Distanz in den Hinterkopf.

Wenig später entstand jenes symbolträchtige Foto, das zuerst in einer Universitätszeitung erschien. Friederike Hausmann, die in ihrer Verzweiflung abgebildete damalige Studentin, versuchte sich ein halbes Jahrhundert später in einem Gespräch mit der *Frankfurter Allgemeinen* zu erinnern. Auch sie war als Demonstrantin in den Hinterhof geflüchtet, zufällig und ohne Benno Ohnesorg zu kennen. Es sei alles »ganz schnell« gegangen: Den Schuss hatte sie nicht wahrgenommen, nur gesehen, dass ein junger Mann in rotem Hemd und Ledersandalen zu Boden gegangen war. Sie eilte zu Hilfe und bettete den Kopf des Getroffenen auf ihre Tasche. Er war offensichtlich nicht nur von der Kugel getroffen, sondern auch misshandelt worden. Ein Polizist wollte die Helferin verjagen, doch sie herrschte ihn an, er solle einen Krankenwagen rufen. Der Wagen kam zwar, aber zu spät, wie sie am nächsten Morgen aus dem Radio erfahren musste. Der Tat-

»Leberwurst-Taktik« in Anwendung: Die Berliner Polizei geht brutal gegen die Anti-Schah-Proteste an der Deutschen Oper in Berlin vor.

hergang wurde von offizieller Seite verschleiert und den Todesschützen sprach man von jeglicher Schuld frei. »Die Geduld der Stadt ist am Ende«, erklärte der Bürgermeister Heinrich Albertz noch kurz vor seinem reumütigen Rücktritt und machte für die blutigen Gewalttaten allein »einige Dutzend Demonstranten« verantwortlich. Sie hätten nicht nur »einen Gast der Bundesrepublik Deutschland beschimpft«, sondern auch »einen Toten und zahlreiche Verletzte – Polizeibeamte und Demonstranten« – auf dem Gewissen. »Wir haben etwas gegen diese SA-Methoden«, hieß es zustimmend in der *Bild*-Zeitung. Wie totalitär das obrigkeitsstaatliche Verlangen der Mehrheit der Berliner war, kam in Briefen an den AStA der FU zum Ausdruck. »Solche, die sich an Krawallen beteiligen«, hieß es da, »riskieren eben geschlagen, getreten und evtl. getötet zu werden, und das ist völlig rechtens!« Später hat man auch versucht, die Stasi für den Mord an Benno Ohnesorg verantwortlich zu machen. Für unmittelbare Zeitzeugen hatten die damaligen Erlebnisse zum Teil traumatisierende Folgen. »Das war ein Mechanismus bei mir, wohl aus Selbstschutz«, erklärt Friederike Hausmann. »Die Gefühle zurückzudrängen und stattdessen eine politische Analyse zu machen.« Schockiert war sie vor allem nach dem Freispruch für Kurras: Da zeigten sich »der überwunden geglaubte Faschismus und die rechte, politische Justiz«. Über das ikonenhafte Foto, das ihr zu einer unfreiwilligen Berühmtheit verhalf, spricht sie nicht mehr gern, obwohl sie an Jahrestagen immer wieder daran erinnert wird. Das Thema lasse sich eben nicht mehr »nur auf persönliches Erleben« reduzieren. Ein »Zusammenhang« bestehe höchstens insofern, dass sie ohne den 2. Juni vielleicht später nie Berufsverbot als Lehrerin bekommen hätte. Man kann diesen »Zusammenhang« auch so darstellen: Während der Mörder von Benno Ohnesorg bis zu seinem Lebensende im Jahr 2014 eine Beamtenpension erhielt, wurde diejenige, die das Opfer retten wollte, in den frühen Siebzigern durch den »Radikalenerlass« vom Staatsdienst ausgeschlossen. Zweifellos radikalisierte sich die Studentenbewegung im Jahr 1967. Doch der »2. Juni« war keine eindeutige Zäsur, die eine lineare Entwicklung zum RAF-Terrorismus eröffnete, wohl aber sorgte er bei vielen für einen einschneidenden Bewusstseinswandel. Dies zeigt sich auch anhand des politischen Engagements der Zeitzeugin Friederike Hausmann: »Ich trat in den SDS ein. Danach in die ›Liga gegen den Imperialismus‹ (eine Unterorganisation der KPD/AO), die sich mit Problemen der Dritten Welt befasste. Alles, was wir damals an Analysen erarbeitet haben, war sehr vernünftig. Es gab Kuba, Che Guevara und sehr viele Hoffnungen. Die sind alle enttäuscht worden. Ich war auch etwas zu naiv. Ich habe vehement Mao Zedongs Kulturrevolution verteidigt.«

Gegen die »eindimensionale« Menschheit

Diese Haltung, die auch ich mit vielen Tausenden 1967 und danach teilte, ist nicht nur als »naiv« zu betrachten, sondern hatte etwas mit Empörung und politischer Moral zu tun. Der damals neben seiner Tätigkeit an der Frankfurter Universität mit gewerkschaftlicher Bildungsarbeit befasste Sozialpsychologe Oskar Negt erklärte 1968 im *Kursbuch*, dass sich in der aktuellen Studentenbewegung unmittelbarer Protest mit einer hohen »Sensibilität für Unterdrückung, Ausbeutung und Gewalt« verbinde. Sie sei »Moral des politischen Verhaltens, des praktischen Widerstandes, der Leistungsverweigerung« – und das bedeute: »Moral im eigentlichen Sinne«. Und Adorno hatte schon 1966 in seiner *Negativen Dialektik* beschrieben, dass die gegenwärtige Welt unnötige und empörende Ungerechtigkeiten verursache und dass ein viel größeres Maß an Freiheit realisiert werden könne und müsse. Der Kern der Moralität lag für ihn in der empathischen Sensibilität für unnötiges Leiden. Radikaler als Adorno machte indes der deutsch-amerikanische Philosoph und Soziologe Herbert Marcuse die Begriffe »Emanzipation« und »Befreiung« zu revolutionären Schlagwörtern der Epoche. In seiner Erörterung des Verhältnisses von Ethik und Revolution ging es ihm um die Frage, ob »sich eine Revolution als angebracht, gut, vielleicht sogar als notwendig rechtfertigen« lasse, »und zwar nicht nur im politischen Sinne (als bestimmten Interessen dienlich), sondern auch im ethischen, das heißt rechtfertigen mit Rücksicht auf die menschliche Verfassung als solche, auf das Potential des Menschen, in einer gegebenen historischen Situation«. In diesem Zusammenhang wies er darauf hin, dass schon in der antiken griechischen Philosophie Revolutionen nicht als Brüche im historischen Kontinuum betrachtet wurden. Die menschliche Freiheit sei niemals ein statischer Zustand gewesen, sondern ein historischer Prozess, der die radikale Änderung, ja Negation der etablierten Lebensweisen einschließe. Marcuses Sprachrohr in der deutschen 68er-Bewegung wurde der SDS-Charismatiker Rudi Dutschke. Im Juli 1967 konnte ich ihn im Dialog mit Marcuse im überfüllten Audimax der FU erleben. Schon rein äußerlich wirkten der 27-jährige Student mit pechschwarzem Haar und der 69-jährige schlohweiße Professor wie eine dialektisch-alternative Generationenverbindung. Sie waren sich einig, wie Dutschke im gleichen Monat im *Spiegel* formulierte, »dass sich heute derjenige als Revolutionär begreifen muss, der durch intellektuelle Arbeit und sinnliche Erfahrungen zu der Erkenntnis kommt, diese Gesellschaft kann und soll verändert werden. Diese Gesellschaft ist unfähig, sich aus sich heraus qualitativ zu verändern«.

Die Begegnung mit Dutschke und die Reaktionen auf seinen Vortrag über »Das Ende der Utopie« waren für Marcuse überwältigend. Dem in Berkeley lehrenden Kollegen Leo Löwenthal berichtete er im August 1967 begeistert über »eine sehr aufregende Woche in Berlin, wo ich wie ein Messias empfangen wurde, ich sprach zu 5000 Studenten […]«. Löwenthal antwortete ein wenig ironisch, dass »die Bezeichnung ›Messias‹« ihm nun »ein weiteres ›M‹« beschert habe. »In einer deutschen Zeitung sah ich einen Artikel, der über die neue ›M-Tradition berichtete, nämlich Marx, Mao und Marcuse! Das macht mich zutiefst ehrfürchtig!« Aus der Begegnung Marcuses mit Dutschke sollte eine lebenslange Freundschaft entstehen und ein gemeinsames politisch-moralisches Programm im Sinne der »neuen ›M‹-Tradition«. Die Blaupause dafür bot Marcuses Schrift *Der eindimensionale Mensch. Studien zur Ideologie der fortgeschrittenen Industriegesellschaft*, die zunächst 1964 in den USA erschienen war.

Die Bedeutung, die dieses Buch für die weltweite 68er-Revolte einnehmen sollte, war zum Zeitpunkt der Veröffentlichung noch nicht abzusehen. Zwar hatte sich Herbert Marcuse in der amerikanischen Öffentlichkeit als Mitarbeiter des Exilinstituts von Max Horkheimer und Theodor W. Adorno und früher Gegner des Vi-

Kritiker des »eindimensionalen Menschen« und Theoretiker der 68er: der Philosoph Herbert Marcuse.

etnamkrieges bereits als oppositioneller Geist profiliert, doch in Deutschland war er noch so gut wie unbekannt und wurde meist mit seinem Namensvetter Ludwig verwechselt. Nur wenige kannten seine kritischen Aufsätze aus den dreißiger Jahren, bevor sie im Suhrkamp Verlag unter dem Titel *Kultur und Gesellschaft* nachgedruckt wurden. Erst 1967, als *Der eindimensionale Mensch* auf Deutsch erschien und Marcuse seine gesellschaftskritische Theorie auf »Teach-Ins« erläuterte, wurde das schlagartig anders. Nicht nur zu seinen Auftritten im Audimax der FU Berlin kamen Tausende – auch in Frankreich und Italien wurde er zu einem Kultautor. Selbst wenn zu den jungen Zuhörern meist nur Versatzstücke und Schlagwörter, wie »totale Manipulation des Individuums« oder »Gesellschaft ohne Opposition«, durchdrangen, lauschten sie gebannt und ließen sich faszinieren. Marcuse war dichter an den aktionistischen Bedürfnissen der radikalen Studentenbewegung als Adorno.

Ein wenig von dieser Aufbruchsstimmung war zu erahnen, als der Hamburger Publizist Thomas Ebermann, der Schauspieler Robert Stadlober und der Musiker Andreas Spechtl im Herbst 2014 mit einer furiosen Multimediakollage an das fünfzigjährige Jubiläum des *Eindimensionalen Menschen* erinnerten. Mit eigenen Songs und Originaltexten bekräftigten sie Marcuses »große Verweigerung« gegenüber der »Hölle einer Gesellschaft im Überfluß« und dem »Deal aus wachsendem Konsum und Unfreiheit«. Die Begeisterung des überwiegend jungen Publikums zeigte, dass

Begründer der Kritischen Theorie: Max Horkheimer und Theodor W. Adorno; im Hintergrund Jürgen Habermas.

keine dieser Fragen »veraltet« ist. Auch im Nachwort der im Jubiläumsjahr erschienenen Neuausgabe des Werkes wirft der Herausgeber Peter-Erwin Jansen die Frage nach der Aktualität auf. Dabei geht es nicht nur um die kritische Analyse der modernen digitalen Welt, sondern um die Freisetzung einer neuen Suchbewegung nach der Opposition außerhalb der Eindimensionalität: »Wo ist dieses Außen und wie komme ich dahin?« Diese Frage stand auch schon im Zentrum unserer damaligen Diskussionen. Eine Einladung zur Identifizierung mit Marcuse war für mich vor allem dessen demonstratives Walter-Benjamin-Zitat am Schluss des *Eindimensionalen Menschen*: »Nur um der Hoffnungslosen willen ist uns die Hoffnung gegeben.« Hoffnung entzündet sich hier allein an der Möglichkeit der radikalen Ablehnung einer gesellschaftlichen Ordnung, die von der Omnipräsenz einer technischen Ratio beherrscht ist. Auch in seinem Nachwort zu Benjamins Essay »Kritik der Gewalt« hatte Marcuse den Befreiungsbegriff als Notwendigkeit der »radikalen Negation des

Bestehenden« definiert, »weil unter der Macht des Bestehenden selbst das Gute ohnmächtig wird und mitschuldig«.

Anders als die Kritiker der kapitalistischen Ungleichheit, die wie Thomas Piketty in den letzten Jahren für Diskussionen gesorgt haben, glaubte Marcuse nicht daran, über Marktregulierung und steuerpolitische Ausgleiche soziale Gerechtigkeit herstellen zu können. Er ging über die ökonomische und systemimmanente Kritik der Gesellschaftsordnung hinaus, ein Marxist im herkömmlichen Sinn war aber auch Marcuse nicht. In seiner Beschreibung der modernen »eindimensionalen« Industriegesellschaft kommt das revolutionäre Proletariat nicht mehr vor. »Der Kampf um die Lösung ist über die traditionellen Tendenzen hinausgewachsen«, schrieb er 1964. Und: »Die totalitären Tendenzen der eindimensionalen Gesellschaft machen die traditionellen Mittel und Wege des Protests unwirksam – vielleicht sogar gefährlich, weil sie an der Illusion der Volkssouveränität festhalten.« Auf dem Höhepunkt des Kalten Krieges entzog sich Marcuse dem Lagerdenken, indem er mit der Kritik am »Sowjetmarxismus« und mit der Tendenzbeschreibung des entwickelten Kapitalismus die negativen Aspekte beider Herrschaftssysteme an ihren Fehlentwicklungen maß. Denn »totalitär« sei nicht nur eine »terroristische politische Gleichschaltung der Gesellschaft«, sondern auch eine »nicht-terroristische ökonomisch-technische Gleichschaltung«, die sich in der »Manipulation von Bedürfnissen durch althergebrachte Interessen« geltend mache. Sie beuge so »dem Aufkommen einer wirklichen Opposition gegen das Ganze« vor.

Der Autor hob einen vom traditionellen Marxismus noch nicht beachteten Aspekt der modernen Industriegesellschaften hervor: Die Manipulation des Individuums, seine Instrumentalisierung durch die »suggestive Kraft« der Konsumwerbung. Dem setzte Marcuse das Prinzip der »Negation« entgegen – einerseits die Verneinung durch Kritik, andererseits die Suche nach dem qualitativ Anderen. Dabei zeigte er sich relativ pessimistisch und betonte die stabilisierende, »affirmative« Kraft des »eindimensionalen Denkens«. Erst in den Schlussbetrachtungen seines Buches taucht das zentrale – und oft bemühte – Schlagwort der »Großen Verweigerung« auf. Bei seinem Appell für eine »Negation in der politisch ohnmächtigen Form der ›absoluten Weigerung‹«, stützte Marcuse sich explizit auf den französischen Autor und Literaturtheoretiker Maurice Blanchot. Er bemüht ihn aber nicht in jenem »poststrukturalistischen« Kontext, in den man ihn oft stellt, sondern als Mitglied der Résistance und als Initiator eines Manifestes, das französische Soldaten zur Gehorsamsverweigerung im Algerienkrieg aufrief. Marcuse zitiert aus Blanchots Aufsatz »Le refus«, der 1958 erschien: »Was wir ablehnen, ist nicht ohne Wert oder Bedeutung. Eben deshalb bedarf es der Weigerung. Es gibt eine Vernunft, die wir nicht mehr akzeptieren; es gibt eine Erscheinung von Weisheit, die uns in Schrecken versetzt; es gibt die Aufforderung zuzustimmen und sich zu versöhnen. Ein Bruch ist eingetreten. Wir sind zu einer Freimütigkeit angehalten, die das Mittun nicht mehr duldet.«

Über diese Fragen wurde in Westberlin aber auch schon im Juli 1967 heftig diskutiert. Es waren Fragen, auf die sich die erregten Studenten von Theodor W. Adorno kaum noch eine Antwort erhofften. Sein Ansehen war in Berlin stark beschädigt, weil er sich geweigert hatte, ein entlastendes Gutachten für die wegen »Aufrufs zu menschengefährdender Brandstiftung« angeklagten Kommunarden Rainer Langhans und Fritz Teufel zu erstellen. Als er Anfang Juli im Auditorium Maximum der Freien Universität auf Einladung der Germanisten einen Vortrag »Zur Klassizität von Goethes ›Iphigenie‹« hielt, gab es heftige Störungen. Viele Studenten waren unzufrieden mit der »unpolitischen« Behandlung des Themas. Die Zurücksetzung des Goethe-Dramas in den gesellschaftlichen und geschichtlichen Kontext der Aufklärung befriedigte nicht ihre aktuellen Protestwünsche. Das war ganz anders, als eine Woche später Herbert Marcuse am gleichen Ort über das »Ende der Utopie« sprach und dazu aufrief, »alle materiellen und intellektuellen Kräfte« zu mobilisieren, »die für die Realisierung einer freien Gesellschaft eingesetzt werden können«. Der wachsende Einfluss Herbert Marcuses auf die Studentenbewegung provozierte prominente Kritik, so auch die des Dramatikers Rolf Hochhuth. Er schien es dem »Ideologen« Marcuse persönlich übelzunehmen, dass die Uraufführung seines neuen Stückes *Soldaten* im Oktober 1967 an der Freien Volksbühne durch die Kommune I gestört werden sollte, um die Freilassung des inhaftierten Fritz Teufel zu fordern. Der Plan sah so aus: Um den Kommunarden Dieter Kunzelmann und Rainer Langhans sowie weiteren Sympathisanten Einlass in das Theater zu verschaffen, hatte der Schauspieler Wolfgang Neuss sich bereit erklärt, sein Garderobenfenster offen zu lassen. Eine Leuchtrakete sollte das Zeichen geben und zugleich den Polizeischutz ablenken. Dann wollte der Störertrupp von hinten die Bühne erobern und Flugblätter verteilen. Doch die Leuchtrakete konnte nicht gezündet werden und die Aktion scheiterte. Irgendwie war der Plan jedoch zu Hochhuth durchgedrungen, was seinen Missmut angesichts der negativen Kritiken des Stückes (das Churchills Bombenkrieg gegen die deutsche Zivilbevölkerung thematisierte) noch steigerte. So verabredete er mit Studentenvertretern der Freien Universität eine Podiumsdiskussion, die im Dezember stattfand. Sie begann vor eintausend Zuhörern im Audimax und endete im kleineren Kreis im Dahlemer »Alten Krug«. Die Vorwürfe blieben dieselben. Er habe das falsche Stück geschrieben. Was die Studenten interessiere, sei nicht das Luftkriegsrecht, sondern die Kriegsdienstverweigerung und die Solidarität mit Vietnam. Weil der Dramatiker in diesem Zusammenhang immer wieder glaubte, sich gegen den »Endziel-Optimismus« Herbert Marcuses wehren zu müssen, formulierte er für die Zeitschrift *Konkret* eine persönlich gegen diesen gerichtete Polemik über den »alten Mythos vom ›neuen‹ Menschen«. Aber mehr als Hochhuths Geschichtspessimismus brachten die Pariser Maiunruhen von 1968 Marcuses »Randgruppentheorie« in Bedrängnis. Unter dem Eindruck der französischen Streikbewegung kritisierte Daniel Cohn-Bendit öffentlich die These, dass eine revolutionäre Mobilisierung der Arbeiterschaft in den entwickelten Industriestaaten nicht mehr möglich sei. Weil Marcuses bisher wichtigster Fürsprecher Rudi Dutschke durch das Attentat vom April 1968 ausgeschaltet war, verteidigte ihn der Frankfurter SDS-Tribun Hans-Jürgen Krahl.

Der Robespierre von Bockenheim

Mit der ihm eigenen esoterischen Theoriesprache formulierte »der Robespierre von Bockenheim«, wie der *Spiegel* ihn nannte, »Fünf Thesen zu Herbert Marcuse als kritischer Theoretiker der Emanzipation«. »Die notwendige Hinwendung der Studentenbewegung zum Proletariat«, heißt es da, drohe »mit dem Versuch, die Revolution mit den überlieferten Kategorien des Klassenkampfes zu artikulieren, zugleich die Prinzipien der revolutionären Emanzipation« aufzugeben. »Das entscheidende Schicksal, das der revolutionäre Protest in den Metropolen bewusst zu vermeiden« habe, sei, »dass er mit der Einführung tradierter Klassenkampfkategorien und taktischer Realitätsprinzipien den kompromisslosen Impetus revolutionärer Negation« ersticke. Wie es scheint, wollte Krahl zwischen Marx und Marcuse vermitteln. Er selbst hatte bei Adorno eine Dissertation zum Thema *Naturgesetze der kapitalistischen Entwicklung bei Marx* angemeldet, geriet jedoch zusehends in Widerspruch zu Thema und Doktorvater. Krahl war anfangs wohl der einzige Student, den Adorno als gleichwertigen Gesprächspartner akzeptierte. Zum Bruch mit seinem Mentor kam es Anfang 1969, als Krahl die Besetzung des Instituts für Sozialforschung initiierte und Adorno die Räumung durch einen Polizeieinsatz veranlasste. Im Juli fand der Prozess wegen Hausfriedensbruch statt, und Adorno war als Zeuge geladen. Krahl verband damit die Hoffnung, seinem Lehrer eine öffentliche Grundsatzdebatte über die Dialektik von Theorie und Praxis aufzwingen zu können. Doch dazu kam es nicht. Adorno gab sich einsilbig und erklärte lakonisch, aus seinen Denkmodellen seien die falschen, nämlich »aktionistische Schlüsse« gezogen worden. Der Prozess endete mit drastischer Symbolik: Der Angeklagte wurde zu drei Monaten Gefängnis auf Bewährung verurteilt und Adorno starb kurz danach am 6. August 1969 während seines Erholungsurlaubs in der Schweiz. Für den enttäuschten Krahl war er trotz seines großen Erkenntnisvermögens am Ende »in der Ruine« des bürgerlichen Individuums »gebannt« geblieben. Doch auch Krahl, der, wie er selbst erklärte, aus »deutschen und faustischen Anfängen« kam, sollte in einer »transzendentalen Obdachlosigkeit« gebannt bleiben. Es war nicht nur eine Obdachlosigkeit im philosophischen Sinn. Anders als Rudi Dutschke, der stets in seinem familiären Umfeld Halt suchte und fand, blieb Krahl ein Isolierter. Sein Frankfurter Kommilitone Gerd Koenen hat ihn aus der Nähe als »modernen Existentialisten oder Stürzenden« beschrieben:

»Zum spezifischen Charisma Krahls gehörte es, dass er den Gestus des Outsiders auch innerhalb der Bewegung kultivierte, von deren konformistischem Protest-Habitus er sich durch sein Äußeres absetzte: schnarrende Stimme, randlose Brille, kurze strähnige Haare mit Scheitel, verblichene Anzüge. Während alle sich stylten, ob als Politkommissar oder als Hippie, pflegte er die delikate Hässlichkeit des späten Konfirmanden oder Zöglings einer Klosterschule. [...] Als Chianti oder Joints angesagt waren, trank er unentwegt weiter seine lüttjen Lagen aus Bier und Doppelkorn, während er Heintjes ›Maaama‹ (den großen Hit von 1968!) in der Jukebox auflegte und mit fester Stimme das Niedersachsenlied anstimmte: ›Wir sind die Niedersachsen, sturmfest und erdverwachsen, aus Herzog Widukinds Stamm.‹ Und dann, so will es die Krahl-Legende, nahm er sein Glasauge heraus, als ließe er ein Monokel fallen, und fabulierte von seiner fernen adeligen Herkunft aus dem preußischen Geschlecht derer von Hardenberg, das auch einen Novalis hervorgebracht hatte.«

Mag sein, dass diese eigenwillige Selbststilisierung Krahl auch als Opfer für eine feministische Attacke im SDS prädestinierte. Als auf einer Delegiertenkonferenz im September 1968 die unangemeldete Rede von Helke Sander zur Befreiung der Frauen ohne Diskussion verdrängt wurde, traf eine Tomate zielsicher seinen Kopf. Doch das sollte ihn nicht davon abhalten, weiterhin »sinnlich manifeste Aktionen« zur Radikalisierung von »agierenden Minderheiten innerhalb der passiven und leidenden Massen« zu propagieren. Was damit gemeint war, konnte ich am Beispiel der »Rote-Punkt-Aktion« in Hannover selbst erleben. Dieser fast zwei Wochen dauernde Kampf gegen Fahrpreiserhöhungen der damals privaten Straßenbahngesellschaft ÜSTRA im Sommer 1969 ist, wie es in einer lokalen Dokumentation heißt, »zum unverbrüchlichen Bestandteil der (linken) politischen Geschichte der BRD geworden und hat sich zudem dauerhaft in das kollektive Gedächtnis der Hannoveraner eingegraben, als kurze, lustvolle Zeit der Anarchie, als Leben in einem ›befreiten Gebiet‹«. Auf dem Höhepunkt dieser Aktion, die von der kleinen SDS-Gruppe um Peter Brückner vom Psychologischen Seminar der Technischen Hochschule ausgegangen war, klinkten sich auch Reisekader aus Heidelberg, Berlin und Frankfurt als »Unterstützer« ein. Aus Heidelberg kam Joscha Schmierer, aus Frankfurt Krahl und sein Intimus Udo Riechmann, während ich (obwohl nicht SDS-Mitglied) mit Jürgen Horlemann und Christian Semler zur Berliner »Delegation« gehörte. Wie fing es an?

Am 1. Juni 1969 traten Fahrpreiserhöhungen von 33 Prozent für Busse und Straßenbahnen in Kraft, deren »Legitimität« auch von den politischen Parteien und Gewerkschaften nicht bestritten wurde. Vorsorglich ausgenommen waren die Schüler- und Studententarife, denn man befürchtete Proteste ähnlich wie ein Jahr zuvor in Bremen. Und dann waren es in Hannover aber doch vor allem Schüler und Studenten, die den Protestaufrufen der außerparlamentarischen Opposition folgen sollten. Die Asten der Hochschulen, der SDS, die »revisionistische« DKP, gewerkschaftliche, kirchliche und andere Jugendgruppen hatten sich nach längeren und heftigen Debatten zu einem einheitlichen Aktionsbündnis zusammengeschlossen. Die Protestaktionen standen unter der eingängigen Losung: »ÜSTRA, ÜSTRA, Ungeheuer, erstens Scheiße, zweitens teuer!« Und die politischen Forderungen lauteten: Rücknahme der Fahrpreiserhöhungen und Kommunalisierung der ÜSTRA. Da damals alle Bahnen in Hannovers Innenstadt noch oberirdisch verkehrten und über wenige Knotenpunkte geführt wurden, hatten schon die ersten – anfangs von nur wenigen Hundert Demonstranten durchgeführten – Blockaden und Sit-ins durchschlagenden Erfolg. Die Straßenbahngesellschaft stellte zeitweilig den Verkehr ein, und das Thema »Fahrpreiserhöhung« avancierte zum politischen Tagesgespräch in der Stadt. Am zweiten und dritten Protesttag steigerten sich die Polizeieinsätze und erstmals wurden auch Tränengasgranaten eingesetzt. Doch dann geschah das Unerwartete: Hannovers Bürger solidarisierten sich mit der außerparlamentarischen Opposition und reihten sich in die sprunghaft anwachsenden Demonstrationen ein. Im *Spiegel* las sich das so: »Hannovers außerparlamentarische Opposition marschierte in die City ein. Untergehakt und in Zwanziger-Reihen rückte sie über die Georgstraße vor, vornweg, barfuß oder in Sandalen, die Kader der bärtigen Studenten. Es waren 5000, die sich bei Ladenschluss sammelten, um wieder einmal zu demonstrieren. In anschwellendem Stakkato zählten sie: sieben, acht, neun, zehn, dann erklang aus dem Choral ›Kommet ihr Hirten‹ der Schlussgesang ›Fürchtet euch nicht‹. Und siehe da: Die Hausfrauen mit ihren Einkaufsbeuteln und die

Männer mit ihren Aktenmappen, die vor Karstadt und Brenninkmeyer am Straßenrand standen, hatten keine Furcht. Sie wandten sich nicht ab, sie spien nicht aus, sie zischten nicht: ›Diese Typen‹. Und sie beklagten sich nicht einmal über die Ruhestörung. Manche winkten gar, als sei dies der Schützenmarsch, andere reihten sich ein und zogen mit. Es war das erste Mal, dass deutsche Bürger den Antiautoritären beifällig zusahen, dass Opas die Apos verstanden.«

Nachdem der massive Polizeieinsatz am dritten Protesttag (Einkesselung und Verhaftung von mehr als hundert Blockierern) erfolglos geblieben war und nach Abzug der Polizisten Tausende Hannoveraner noch stundenlang die Blockade fortsetzten, gab das niedersächsische Innenministerium der Polizei die Weisung, sich fortan aus dem Konflikt herauszuhalten, weil »die Böcke nicht mehr von den Schafen zu trennen seien«. Da die ÜSTRA vom vierten Blockadetag an den kompletten Bahn- und Busverkehr eingestellte hatte, »gehörte«, so die Dokumentation, »die hannoversche Innenstadt sieben herrliche Sommertage lang den Demonstranten und Bürgern, die auch abends und nachts die innenstädtischen Grünflächen besetzt hielten, diskutierten, Kittners spontanem Straßenkabarett zuhörten oder einfach nur dabei waren«. Als Ersatz für den ausgefallenen Bahn- und Busverkehr hatten sich die Aktivisten die Rote-Punkt-Aktion ausgedacht. Zehntausend Zettel mit roten Punkten auf weißem Grund wurden an Autofahrer ausgegeben, die sie an der Windschutzscheibe befestigten und so signalisierten: »Ich nehme Einsteiger mit«. Rote-Punkt-Autos fuhren gezielt die »verwaisten« Bus- und Straßenbahnhaltestellen an, um auch den Berufsverkehr in Selbstorganisation zu bewältigen. Nachdem sich der DGB, die Jusos und Betriebsräte der Großbetriebe VW, Continental und Hanomag den Forderungen der Aktion angeschlossen hatten, musste notgedrungen auch der SPD-Stadtrat reagieren. Durch den Aufruf zur »bürgerlichen Selbsthilfe« und die Verteilung von 50 000 zusätzlichen Rote-Punkt-Zetteln versuchte er sich an die Spitze der Aktion zu setzen, um den Einfluss der APO-Gruppen zurückzudrängen. Doch es war den anhaltenden Demonstrationen und Blockaden zu verdanken, dass der Stadtrat die Ausgangsforderungen des Aktionsbündnisses schließlich durchsetzte. Die Preiserhöhungen wurden nicht nur zurückgenommen, sondern die Fahrpreise sogar erheblich gesenkt, und auch die Überführung der ÜSTRA in städtischen Besitz beschlossen. Die lokalen Medien feierten das Ergebnis als »großen Sieg«, und das Protestbündnis erklärte die Rote-Punkt-Aktion für beendet. Doch der SDS und namentlich die angereisten Kader wollten weitermachen. Der Versuch jedoch, mit roten Fahnen und revolutionären Sprüchen die Forderung nach einem Nulltarif auf die Straße zu tragen, musste scheitern. Auffällig war, dass sich auch DGB- und DKP-Funktionäre daran beteiligten, rote Fahnen herunterzureißen. Dennoch befürchtete die *Frankfurter Allgemeine*, dass »ein Präzedenzfall geschaffen worden« sei, »der den revolutionären Kreisen beträchtlichen Auftrieb geben wird«. Natürlich wurde während und nach der Rote-Punkt-Aktion heftig über »kulturrevolutionäre Selbstorganisation« diskutiert. In Hannover, im Club Voltaire, versuchte mich Udo Riechmann, der ein alter Schulfreund war, vergeblich von den spontaneistischen Ideen des Frankfurter »Revolutionären Kampfes« zu überzeugen, während ich mich ebenso vergeblich um die Vermittlung unserer Berliner Diskussion über die Aufbauorganisation einer Kaderpartei bemühte. Krahl warnte uns vor »eindimensionalen« Organisationskonzepten und empfahl das Studium des soeben in deutscher Übersetzung erschienenen Werkes *Die Abenteuer der Dialektik* von Maurice Merleau-Ponty, der ähnlich wie Sartre versucht habe, den Marxismus-Leninismus in Kategorien der Existenzialphilosophie zu übertragen. Es gehe um die Frage, wie sich nach dem »Ausverkauf der Dialektik« eine wirksame linke Organisation rekonstruieren lasse, denn auch eine »Partei« sei »wie ein

Mysterium der Vernunft«. Die »Projektion der Theorie Maos in die westeuropäischen Köpfe derjenigen, die sich M-L nennen«, versuchte Krahl zu verhindern. Die frischgebackenen Marxisten-Leninisten waren für ihn »kontemplative Dogmatiker«, denen »die allgemeinen Sätze Maos den Zugang zur Erkenntnis ihrer kapitalistischen Umwelt verstellen«. Die Gründung unserer »KPD-Aufbauorganisation« hat er nicht mehr verhindern können, er kam am 13. Februar 1970 im Alter von 27 Jahren bei einem Autounfall auf vereister Fahrbahn ums Leben.

Die roten Bibliotheken

Gedichte nach Auschwitz?

»Noch nie war meines Wissens eine deutsche Partei durch eine solche Übermacht von Germanisten gegründet worden«, kommentierte Peter Schneider irritiert das Entstehen der KPD-AO im Februar 1970. Obwohl zu dem Gründerkreis ehemaliger SDS-Funktionäre auch Mitglieder der »Roten Zelle Ökonomie«, der »Roten Zelle Ingenieurschule« und dem »Sozialistischen Arbeiter- und Lehrlingszentrum« stießen, überwog der Anteil der »Roten Zelle Germanistik« tatsächlich eindeutig.

Wie ist das zu erklären? Bis dahin waren deutsche Germanisten vor allem als Spezialisten für die Verabsolutierung von Goethes Weltbild berüchtigt, für die Schaffung einer idealistischen Grundlage, auf der sich das »Faustische« als militante Ideologie deutscher Sonderart und deutschen Sonderschicksals entwickeln konnte. Etwa fünfhundert namhafte Professoren der Geisteswissenschaften beteiligten sich nach 1939 aktiv an der militanten Propaganda für eine »besondere« deutsche Herrschaftsidee. So profitierte vor allem der skrupellose Julius Petersen von der *Sehnsucht nach dem Dritten Reich in deutscher Sage und Dichtung,* als er den Lehrstuhl des später in Theresienstadt ermordeten Kollegen und Begründers der Berliner Theaterwissenschaft, Max Hermann, zu seinem germanistischen Privat- und Großunternehmen umfunktionierte. Besonders leidenschaftlich setzte sich auch der junge Germanist Hans Ernst Schneider (der nach 1945 unter dem neuen Namen Hans Werner Schwerte seine Goetheforschungen fortsetzte) für einen »totalen Kriegseinsatz der Wissenschaft« ein und begriff die radikale Entgrenzung der Gewalt vornehmlich als deutschen Kulturauftrag. Mit dieser Weltanschauung ließen sich »Goethe-Karrieren« begründen, die auch noch nach 1945 die Hierarchien in den Universitäten und im deutschen Bildungswesen bestimmten, sowohl im Westen als auch im Osten. So konnte zum Beispiel der Verleger Anton Kippenberg ohne Zäsur von 1938 bis 1950 das Präsidentenamt der Goethe-Gesellschaft ausüben, und auch der einseitig auf Goethe fixierte Literaturhistoriker Hermann August Korff blieb über die Systembrüche hinweg unangefochten Inhaber des Germanistiklehrstuhls in Leipzig.

Die Nachweise der Kontinuität und Dominanz solcher Karrieren führten noch Jahrzehnte später in der Debatte über Daniel Jonah Goldhagens Buch *Hitlers willige Vollstrecker* den Publizisten Frank Schirrmacher in banger Ahnung zur Frage: »Holocaust aus faustischem Streben?« Wenn 1970 bei der Gründung einer »kulturrevolutionären« Partei zahlreiche junge und »kritische« Geisteswissenschaftler Pate standen, dann verstanden sie (und auch ich) das offensichtlich als avantgardistische Gegeninitiative zu jener fatalen »faustischen« Tradition. Als ich im Wintersemester 1965/66 in Bonn mein Germanistikstudium begann, residierte dort noch Benno von Wiese (mit vollem Namen: Benno Georg Leopold von Wiese und Kaiserswaldau), ein Professor, der beispielhaft die unselige Tradition seines Faches verkörperte. Er wurde schon 1933, unmittelbar nach der Machtübernahme Hitlers, Mitglied der NSDAP und des Nationalsozialistischen Lehrerbundes. Ab 1937 verfasste er Beiträge für Goebbels' Zeitschrift *Das Reich* und leitete in Alfred Rosenbergs Schrifttumskommission das Hauptlektorat »Deutsche Literaturgeschichte«. Der Schock über von Wieses demonstratives Engagement für den Nationalsozialismus war ein wesentlicher Grund dafür, dass sich die mit ihm damals befreundete jüdische Philosophin Hannah Arendt für eine frühzeitige Emigration entschied. Nach dem

Krieg versuchte der Germanistikprofessor ohne Reue und Selbstkritik wieder mit ihr Kontakt aufzunehmen. Im Oktober 1953 forderte er Hannah Arendt auf, sich »wieder« mit ihm »auszusöhnen« und fragte: »Willst Du wirklich jede mögliche ›Kommunikation‹ zwischen uns für immer unterbinden?« Und als P. S. fügte er hinzu: »Findest Du, dass es Heidegger mehr verdient hat, mit Dir wieder zusammenzutreffen als ich?« Für die Wissenschaftseinrichtungen wurde von Wiese problemlos »entnazifiziert«. 1964 trug man ihm die Mitgliedschaft der nordrheinwestfälischen Akademie der Wissenschaften und der Künste an, und 1965 wurde er auch Vorsitzender des Deutschen Germanistenverbandes. Der Literaturkritiker Walter Boehlich, der ihn gut kannte, hat ihn in jene Kontinuität der Germanisten eingeordnet, die »1945 übriggeblieben war«. Es ging »im Prinzip [um] solche, die weder für die Nazis noch für die fehlende Demokratie ganz unerträglich waren, das heißt: das alte Fach ohne kruden Faschismus. Man war endlich unter sich, man konnte weitermachen und das Überleben wurde zur Rechtfertigung des ›damals Üblichen‹.« Von Wiese sei »nicht tapfer« gewesen, habe aber dafür gekämpft, »daß möglichst nicht in aller Öffentlichkeit über die engen Verbindungen der Germanistik mit Nationalismus, Chauvinismus und Nationalsozialismus diskutiert wurde […] nur keine Konfrontation, nur keine Klarheit und keine Wahrheit, lieber verwesende Leichen im Keller.« So wie für seine Kollegen und Gesinnungsgenossen Schwerte/Schneider oder Hermann August Korff der »Geist der Goethezeit« unbeschädigt den Nationalsozialismus überdauert hatte, blieb auch für Benno von Wiese »das Humanitätsideal der deutschen Klassik« ein ewig gültiger Wert. Selbst wenn mir als Erstsemester kaum etwas über die NS-Vergangenheit des Bonner Professors bekannt war, fühlte ich mich unwohl in seinen Vorlesungen und war glücklich, im Sommer 1967 nach Westberlin an die Freie Universität wechseln zu können. Es war ein heißer Sommer, der mit dem Tod Benno Ohnesorgs begann und mit der Gründung der alternativen »Kritischen Universität« endete.

Das Germanistik-Institut der FU hatte sich früh zu einem Zentrum der »revolutionären« Studentenbewegung entwickelt, obwohl die in Fachkreisen geschätzte Bibliothek in der Dahlemer Boltzmannstraße ein stiller Ort der Forschung war. Sie befand sich im ersten Stock, in einem langen und hohen Raum, dessen Bücherregale bis unter die Decke reichten und mit beweglichen Leitern ausgestattet waren, um eine Auswahl aus den über 70 000 Bänden zu ermöglichen. 1960 hatte Wilhelm Emrich als Professor für Neuere deutsche Literaturgeschichte die Rolle des Mentors übernommen. Er stellte nicht nur Mittel für die Aufstockung der »Literatur der Moderne« zur Verfügung, sondern lud gleich nach seinem Amtsantritt demonstrativ Theodor W. Adorno zu einem Gastvortrag ein. Das passte zu den Widersprüchen in seiner Biografie. Als Student hatte er sich als »links« definiert und Walter Benjamin verehrt, im Nationalsozialismus trat er als völkisch formulierender Germanist auf (ein antisemitischer *Faust*-Artikel wurde erst später bekannt), und in der Bundesrepublik beschäftigte er sich vor allem mit Franz Kafka, in dem er eine Art »umgekehrten« Goethe sah. Dem Zusammenbruch der klassischen Ideale des Faches stellte er seine eigene Kombination von Literaturwissenschaft und Geschichtsphilosophie entgegen. In meiner Erinnerung war Emrich eine kantige und sprachgewaltige Erscheinung, die sich nicht in theoretische, soziologisch formulierte Allgemeinplätze flüchtete, sondern frei sprach und anschaulich erzählte. Eine wichtige fachpolitische Ergänzung wurde dann ab 1961 der wesentlich jüngere Germanist und Komparatist Eberhard Lämmert. Ohne persönliche Vergangenheitsbelastung – sein Studium fiel in die Nachkriegszeit – konnte er eine maßgebliche Rolle bei der Aufklärung der ideologischen Verstrickungen der Germanistik spielen. Später bewies er seine diplomatische und reformerische Begabung auch als Präsident der FU.

Das besetzte und in »Rosa-Luxemburg-Institut« umbenannte Germanistische Seminar der FU Berlin im Mai 1968.

Ein besonderer Stachel im Fleisch der traditionellen Germanistik aber war das 1965 von Peter Szondi an der FU gegründete Institut für Allgemeine und Vergleichende Literaturwissenschaft (AVL). Wie die Namensergänzung signalisiert, ging es nicht nur um »vergleichende«, sondern auch um »allgemeine« Literaturwissenschaft. Das war in Deutschland neu. In der Begründung des aus einer ungarisch-jüdischen Familie stammenden Szondi, der gleichzeitig Gastprofessor in Princeton und Jerusalem war, hieß es: »Zur historischen Untersuchung der faktischen Zusammenhänge zwischen den Nationalliteraturen ist längst eine systematische, aufs Ganze der Literatur zielende theoretische Bemühung hinzugekommen, die nicht dem Vergleich von Unterschieden, sondern der Erforschung des Gemeinsamen gilt.« In einem späteren Jubiläumsbeitrag erklärte der Szondi-Schüler Gert Mattenklott die Geburtsstunde des Seminars gewissermaßen als historische und moralische Konsequenz: »Es würde dieses Institut nicht geben ohne die Scham angesichts der Geschichte der deutschen Philologie während des Faschismus«. Daher sei es »kein Zufall, dass die Universität mit Peter Szondi ausgerechnet einen der ersten Juden beauftragte, der sich – als Kind aus einem deutschen KZ freigekauft – nach 1945 in Deutschland habilitiert hatte«. Die Habilitationsschrift trug den für das Leben des Autors symbolischen Titel *Versuch über das Tragische*. Sechs Jahre nach der Institutsgründung, im Oktober 1971, beging Peter Szondi Selbstmord. Er ertränkte sich im Berliner Halensee. Was war der Grund? Viel zu wenig haben wir Berliner Studenten uns mit dieser verzweifelten Lebenstragik auseinandergesetzt. Es ist ungeklärt geblieben, wie groß die Enttäuschung des sensiblen Geistes, der den Holocaust überlebt hatte, über die einseitige Radikalisierung der 68er-Bewegung war. An den Religionswissenschaftler Gershom Scholem, der ihn nach Jerusalem holen wollte, hatte Szondi geschrieben, dass er in Berlin bleiben wolle, »solange« er »es in Deutschland aushalte«. Am Anfang, in der Mitte der Sechziger, hielt er es noch aus, seine Forschung und Lehre waren dynamisch und besaßen Ausstrahlungskraft. Wie schon Emrich, lud Peter Szondi auch Adorno zu Vorträgen ein – doch das Gastprogramm ging über das Angebot der Frankfurter Schule hinaus. Zu den Referenten gehörten unter anderem Gershom Scholem aus Israel, der Poststrukturalist Jacques Derrida aus Frankreich und die Yale-Professoren René Wellek und Geoffrey Hartman. Zum für mich wichtigsten Ereignis aber wurden im Winter 1967/68 die Lesungen von Paul Celan mit anschließenden Diskussionen über die negative Dialektik von Kultur und Barbarei. Der aus Czernowitz stammende jüdische Dichter war mit großem Glück der Vernichtung entkommen. Seine Eltern waren 1942 deportiert und in einem Lager in der Ukraine ermordet worden, ebenso wie die meisten seiner Verwandten und Freunde. Nach dem Krieg wurde seine neue Wahlheimat Paris. Hier schrieb er Gedichte in deutscher Sprache, das einzig Vertraute, das ihm geblieben war. Es war die Sprache, in der seine Mutter ihm aus Goethes Schriften vorgelesen hatte – und zugleich die Sprache ihrer Mörder. Zu Celans ersten nach dem Krieg entstandenen Gedichten gehört die berühmte *Todesfuge*. Es geht um die dramatische Beziehung zwischen den Täterfiguren und den Juden, die vor ihrer Vernichtung arbeiten oder musizieren mussten. Die allegorische Feststellung, »der Tod ist ein Meister aus Deutschland« wurde zu einer existenziellen Anklage, und das Gedicht symbolisierte für den Autor selbst »Grab und Grabschrift«, wie er Ingeborg Bachmann schrieb. Im Land der Täter wollte man von solchen »artistischen« Erinnerungen an Auschwitz nichts hören. Man interessierte sich für den Wiederaufbau und die geplante Währungsreform. Die Deutschen dachten an die Zukunft oder an glücklichere Tage, die sehr weit zurück lagen. So galt es zum Beispiel im Jahr 1949 Goethes zweihundertsten Geburtstag zu feiern. Das war auch für Thomas Mann ein Anlass, zum ersten Mal nach seiner Exilzeit das geteilte Nachkriegsdeutschland zu besuchen. Er sprach in Frankfurt am Main und in Weimar von Goethes großem und guten »Deutschtum«, vergaß aber das ganz in der Nähe gelegene Konzentrationslager Buchenwald zu erwähnen, wo vor Kurzem noch das böse »Deutschtum« gewütet hatte. Zur gleichen Zeit war auch Adorno aus seinem amerikanischen Exil nach Frankfurt am Main zurückgekehrt und formulierte in seinem Aufsatz »Kulturkritik und Gesellschaft« jenen provozierenden Satz: »Kulturkritik findet sich in der letzten Stufe der Dialektik von Kultur und Barbarei gegenüber: nach Auschwitz ein Gedicht zu schreiben, ist barbarisch, und das frißt auch die Erkenntnis an, die ausspricht, warum es unmöglich ward, heute Gedichte zu schreiben.« Das war bekanntlich keine Kritik an Goethe, sondern an Paul Celan. Der fühlte sich besonders getroffen, weil es keine antisemitische Polemik war, sondern die Kritik des, wie Celan es ausdrückte, »Juden Groß« an ihm, dem »Juden Klein«. Adornos Verdikt wirkte lange nach und scheint die späteren Ausgrenzungen Paul

Celans durch die Gruppe 47, den *FAZ*-Rezensenten Günter Blöcker oder Essayisten mit SS-Vergangenheit, wie Hans-Egon Holthusen, erleichtert zu haben. Peter Szondi bemühte sich sehr um eine Vermittlung im Konflikt zwischen Adorno und Celan. Doch ein in Sils Maria vereinbartes Treffen kam nicht zustande. Ein ganz anderes »Gespräch im Gebirg« fand im Juli 1967 zwischen Celan und Martin Heidegger im Schwarzwald statt. Obwohl Celan es ablehnte, sich dabei zu Dokumentationszwecken fotografieren zu lassen, stellte sich für viele die Frage: Teilten der Dichter und der Philosoph trotz der Vergangenheitsschatten den Glauben an eine gemeinsame Sprache im Geiste Hölderlins? Überliefert wurden nur Hieroglyphen des Schweigens. Celan hinterließ in Heideggers Hüttenbuch seine »Hoffnung auf ein kommendes Wort im Herzen«. Im Gedicht »Todtnauberg« hat er den Satz wiederholt – doch Heidegger schwieg weiter. Celan war nicht der Bruder des deutschen Philosophen, sondern seine Antithese und Heimsuchung. Im gleichen Jahr lud Szondi Adorno und Celan nach Berlin ein. Aber sie sprachen nicht miteinander, sondern nacheinander. Die Einladung Celans unterstützten auch Walter Höllerer als Gründer des Literarischen Colloquiums und der Religionsphilosoph Jacob Taubes. Man hoffte, dem Dichter einen positiven Eindruck vom Einfluss der Kritischen Theorie auf die rebellischen Studenten zu vermitteln. Und gleichzeitig wollte Szondi einen Celan präsentieren, der in seinen Gedichten auch Stellung zu gesellschaftlichen Fragen nahm. Als der Lyriker dann im Dezember 1967 in der Akademie der Künste (West) und im Institut für Allgemeine und Vergleichende Literaturwissenschaft seinen neuen Gedichtband *Atemwende* vorstellte, signalisierte schon das Motto ein verändertes dichterisches und gesellschaftliches Sprechen: »EIN DRÖHNEN: es ist die Wahrheit selbst unter die Menschen getreten mitten ins Metapherngestöber.«

Celan blieb noch bis zum Jahresende in Berlin, nicht nur für Diskussionen mit ausgewählten Studenten, sondern auch, um

Stadterkundigungen zu unternehmen. Es war sein erster und einziger Berlinbesuch. Ihn interessierten neben dem Weihnachtsmarkt am Funkturm vor allem historische Spuren des Widerstands gegen Hitler und Erinnerungen an die sozialrevolutionäre Ideengeschichte vor dem Nationalsozialismus. Seine Berliner Erfahrungen und Eindrücke spiegeln sich in seinem Ende Dezember 1967 »in Freundschaft für Peter Szondi« verfassten »Wintergedicht« (so der ursprüngliche Titel der Widmung):

»DU LIEGST im großen Gelausche,/ umbuscht, umflockt/ Geh du zur Spree, geh zur Havel,/ geh zu den Fleischerhaken,/ zu den roten Äppelstaken/ aus Schweden/ Es kommt der Tisch mit den Gaben,/ er biegt um ein Eden –/ Der Mann ward zum Sieb, die Frau/ musste schwimmen, die Sau,/ für sich, für keinen, für jeden –/ Der Landwehrkanal wird nicht rauschen./ Nichts/ stockt.«

Die Erwähnung der »Fleischerhaken« ist ein eindeutiger Verweis auf die Gedenkstätte Plötzensee, jener Ort, an dem die »Verschwörer« des 20. Juli nach ihrem gescheiterten Attentat hingerichtet wurden. Und die letzten Verse erinnern an das frühere Hotel Eden in der Budapester Straße, in dem Rosa Luxemburg und Karl Liebknecht von den Garde-Kavallerie-Schützen festgehalten und misshandelt wurden, bevor man sie ermordete. Die Kommentar-Zitate der Mörder, dass Karl Liebknecht durchlöchert wurde wie »ein Sieb« und Rosa Luxemburg, »die alte Sau«, im Landwehrkanal »schwimmen« musste, stammten offenbar aus dem damals gerade erschienenen Band *Der Mord an Rosa Luxemburg und Karl Liebknecht. Dokumentation eines politischen Verbrechens* von Elisabeth Hannover-Drück und Heinrich Hannover, den Szondi seinem Gast als Lektüre empfohlen hatte. Während Adornos Auftritt in der FU einige Monate zuvor äußerst turbulent verlief, sodass Szondi die Störer aufforderte, den Saal zu verlassen, lauschte man dem Vortrag Celans in fast atemloser Stille. Das lag nicht nur am eingeschränkten Kreis der studentischen

Zuhörer, die fast ausschließlich aus literatur- und religionswissenschaftlichen Seminaren kamen, sondern vor allem an der faszinierenden Komposition von Lyrik und Politik, die Szondi und Celan gemeinsam vermittelten. Dieses Arrangement ließ sich besser mit Marcuse verbinden als mit Adorno. Während Adorno glaubte, »daß keine Möglichkeit besteht, die Gesellschaft von der Universität zu verändern«, hatte Marcuse die Studenten aufgefordert, sich selbst zu organisieren, um »eine Gegenpolitik zur herrschenden Politik« zu entfalten. So war Szondi, anders als Adorno, auch bereit, im sogenannten Brandstifter-Prozess gegen Mitglieder der »Kommune I« ein entlastendes Gutachten einzubringen. Nach dem Brand eines Brüsseler Kaufhauses im Mai 1967 hatten Teufel, Kunzelmann und Co ein Flugblatt mit der provozierenden Frage verteilt »Warum brennst Du, Konsument?« In Szondis Gutachten, das die Richter zum Freispruch bewegte, war dargelegt, dass der Flugblatttext in »surrealistischer« Tradition stehe und es sich lediglich um eine »satirische Überzeichnung« handele. Auch Celan bekundete anfangs öffentlich seine Solidarität mit der Studentenbewegung. Nach dem Anschlag auf Dutschke ließ er ein Gedicht mit den Zeilen enden: »Komm mit dem Leseschimmer, / es ist / die Barrikade.« Und im Mai 1968 schloss er sich mit seinem Sohn Eric den Demonstranten in Paris an, um laut die Internationale und andere revolutionäre Lieder auf Jiddisch und Russisch zu singen. Doch solche euphorischen Stimmungen waren selten. Die letzten Lebensjahre Celans wurden von langen und tiefen Depressionsphasen bestimmt, die sich zu Wahnzuständen steigern konnten. So bewirkten einseitige Palästina-Solidaritätsbekundungen der Mai-Revolutionäre eine Distanzierung des Dichters mit der Verdachtsäußerung, die gesamte 68er-Bewegung sei »antisemitisch« motiviert. Auch litt Celan weiter unter dem Konflikt mit Adorno, obwohl dieser inzwischen seine Kritik relativiert hatte. In einem seiner letzten Briefe spricht Adorno von der »beglückenden Nachricht«, dass seine *Negative Dialektik* Celan

»etwas gesagt« habe. In dieser Schrift heißt es: »Das perennierende Leiden hat soviel Recht auf Ausdruck wie der Gemarterte zu brüllen; darum mag falsch gewesen sein, nach Auschwitz ließe kein Gedicht mehr sich schreiben. Nicht falsch aber ist die minder kulturelle Frage, ob nach Auschwitz noch sich leben lasse.« Im August 1969 starb Adorno in den Schweizer Bergen, wohin er sich nach dem als aussichtslos empfundenen Kampf geflüchtet hatte, an einem Herzinfarkt. Und der 49-jährige Paul Celan beantwortete Adornos verzweifelte »kulturelle Frage« für sich noch eindeutiger. Am 20. April 1970 stürzte er sich von einem Brückenpfeiler in die Seine.

Dekonstruktionen

Als Szondi die Todesnachricht erhielt, wirkte er scheinbar gelassen und soll gesagt haben: »Nun hat er endlich Ruhe«. Auch ihn trieb eine ähnliche Unruhe um, wie er Gershom Scholem gestand: »Sie haben einmal in Jerusalem mit einem in seiner Hellsichtigkeit zwar nicht überraschenden, aber unvergesslichen Satz gesagt, warum ich in Deutschland lebe und wohl hier bleiben werde: weil ich es verlernt habe, zu Hause zu sein (ich war es in meiner Budapester Kindheit so wenig wie in Zürich und streng genommen auch in anderem Sinne bei meinen Eltern nie). Das ist eine Krankheit, die man vielleicht mit der Rosskur einer, aus welchem Grund auch immer, notwendig werdenden Emigration heilen könnte; aus freiem Willen bringe ich die Kraft zu diesem Schritt umso weniger auf, als ich in Jerusalem vor zwei Jahren ja nicht nur empfand, dass ich dort zu Hause bin, sondern auch, dass ich das nicht ertrage.«

Sechs Jahre lang versuchte Szondi Berlin zu ertragen. In der studentischen Protestbewegung hatte er vorübergehend die Chance zu einer wirklichen »Vergangenheitsbewältigung« gesehen, die nicht einfach nur Verdrängung war. Er galt als ein Außenseiter der akademischen Welt – als Intellektueller, der sich auch außerhalb der engen Fachgrenzen in die öffentliche Diskussion einmischte. Doch als Hochschullehrer war er anspruchsvoll. Wer in seinen Seminaren über Ästhetik mitdiskutieren wollte, musste jede Woche mindestens zweihundert Seiten Hegel gründlich gelesen haben. Meist kamen nicht mehr als dreißig Teilnehmer, die Szondi wie einen Guru verehrten. Seine Präsenz war überwältigend, wie ein damaliger Student es beschrieb: »Ein Hüne von einem Mann betrat den Raum, dunkel gekleidet, dunkel verschattet das Gesicht unter einer schon grauen Löwenmähne, er wirkte bei fast bulliger Gestalt trotz der Grösse wie vornübergebeugt, hätte er nicht gelegentlich unvermittelt das Haupt gen Himmel gereckt wie zu Saturn, die Stimme des Koloss war leise, nicht zart, fast tonlos, dabei bestimmt und unwidersprechbar«.

Szondi hatte Einfluss auf die Berliner Studentenbewegung, wurde aber wie Adorno und Celan von ihrer Radikalität überrollt. Ein Keim der Radikalität war das Massenfach Germanistik. Hier wurde eine der ersten »Roten Zellen« gegründet und als strenges maoistisches Organisationsmodell weiterempfohlen, auch wenn die »Revolutionäre« meist lässig auf dem Rasen an der Boltzmannstraße herumlümmelten, wie der Autor Jochen Schimmang sich erinnert. Anlässlich der geplanten Verabschiedung der Notstandsgesetze im Mai 1968 hatte sich eine beachtliche Zahl von Studenten zur »Ad-hoc-Gruppe Notstand der Germanistik«, dem Vorläufer der »Roten Zelle«, zusammengeschlossen und rief zur Besetzung des Instituts auf. Die Begründung war aber nicht nur ein Protest gegen die »NS-Gesetze« (so die polemische Abkürzung), sondern richtete sich generell gegen die Germanistik. Sie lehre »das Interesse an der Literatur als Desinteresse an der Gesellschaft« und unterwerfe »zur sinnlosen Prozedur, die Interpretation von Literatur als unendliche Aufgabe zu beschreiben«. Ihre »Produktion« bedeute »Verschwendung von Kapital und Arbeitskraft«. Interdisziplinär orientierte jüngere Dozenten wie Gerhard Bauer, Horst Domdey, Dietrich Kreidt, Helmut Lethen, Manfred Lefèvre und Friedrich Rothe eröffneten uns Studenten mit Walter Benjamin und Bertolt Brecht, Heinrich Heine oder Ludwig Börne einen »historisch-materialistischen« Blick auf den deutschen Goethe-Kult und ließen Heinrich Mann sympathischer erscheinen als den Bruder Thomas. Von der antifaschistischen Exilliteratur führte die Brücke zu Komintern-Dokumenten und zur Volksfrontdiskussion. So wurde die Bibliothek der Germanisten ein symbolischer Ort der Rebellion, den sogar die Langhans-Kommune vorübergehend mit Lautsprecher und Musik zur »befreiten Zone« erklärte. Ein Bibliotheksassistent war besonders geschätzt, weil er bei Demonstrationen und Veranstaltungen dem Ordnerdienst seine Karatekünste ebenso bereitwillig zur Verfügung stellte, wie er Bücher ohne Fristen auslieh. Wenig später beteiligten sich auch Germanistikstudenten an einer Besetzung des AVL-Instituts am Kiebitzweg (heute: Otto-von-Simson-Straße). Diese mit Vandalismus verbundene Aktion sollte fatale Folgen haben. Peter Szondi muss sie als antisemitischen Ausbruch und entsetzliche Enttäuschung empfunden haben. Man spürte sein Leiden. Der damalige Student Klaus Reichert »sah ihn von ferne im Grunewald spazieren, langsam und schwer, vornüber gebeugt, wie in sich versunken, den Kopf auf den Boden gerichtet.« Nach dem »saturnischen Höherschrauben« in früheren Berliner Tagen verkörperte er jetzt, ähnlich wie Celan, das »andere Extrem des Melancholikers, das Graben im niedersten Element«. Auch seine Annäherung an die ersten Ausprägungen postmoderner Theorie in der französischen Philosophie, der Versuch, gemeinsam mit Jacques Derrida archaische Formen der Grausamkeit zu »dekonstruieren«, brachte keine Erlösung. Ähnlich sollte es auch Sarah Kofman, der langjährigen Assistentin Derridas ergehen. Sie hatte viel zur französischen Rezeption von

Nietzsche und Heidegger beigetragen und geglaubt, mit der Abschaffung des Rationalismus auch den »alten« Humanismus überwunden zu haben. Sie wollte Möglichkeiten finden, den Vernunftbegriff neu zu denken. Doch in ihren letzten Büchern kehrte das verdrängte Trauma ihrer polnisch-jüdischen Familiengeschichte wieder. In den achtziger Jahren erschienen ihre *Paroles suffoquées (Erstickte Worte)*, die vor allem ihrem Vater gewidmet waren, der als Rabbiner in Auschwitz ermordet worden war. Als Zeitpunkt für ihren eigenen Freitod wählte sie den 150. Geburtstag von Nietzsche.

Als praktische »Dekonstruktion« könnte man auch die Radikalisierung der Germanistik-Studenten bezeichnen. Bis Anfang der siebziger Jahre begegneten sich in der Boltzmannstraße Reformer und Revolutionäre in der Regel noch – wie es in einer Festschrift für Eberhard Lämmert heißt – »mit einer bemerkenswerten Noblesse«. Auch Christian Semler, der spätere KPD-AO-Vorsitzende, war häufiger Gast. Er schien sich bei den Germanisten wohler zu fühlen als im zerfallenden SDS. Nach dessen endgültiger Auflösung indes wurde mit harten Bandagen um das Erbe gekämpft. Die Germanistenfraktion war naturgemäß besonders am Büchernachlass interessiert. In einer Nacht-und-Nebel-Aktion eigneten wir uns mit einem Lastwagen einen großen Teil der von dem italienischen Verleger und Anarchistenfreund Giangiacomo Feltrinelli gestifteten »Bibliothek der internationalen Arbeiterbewegung« an. Die überwiegend aus Reprints und Neuauflagen von historischen Werken und Zeitschriften bestehende Bibliothek gehörte ursprünglich zum INFI-Institut des SDS, das 1968 den Vietnam-Kongress vorbereitet hatte. Neben dem Otto-Suhr-Institut für Politikwissenschaft der FU waren die INFI-Bibliothek und der 1967 als APO-Forum gegründete »Republikanische Club« die wichtigsten Lieferanten für Schulungsmaterial. Schulung sollte das notwendige Wissen für Aufklärung und Emanzipation des Bewusstseins schaffen. Nur so erschien auch die Herstellung einer »Gegenöffentlichkeit« möglich, um das »Monopol der Springerpresse« zu brechen. Deshalb empfahlen uns Dozenten die Beteiligung an den »Marxistischen Schulungsgemeinschaften« des »Republikanischen Clubs« in der Charlottenburger Wielandstraße. Diese Schulungsgruppen hatten sich Anfang 1969 konstituiert und verfassten wenige Monate später einen »Erfahrungsbericht«, in dem es hieß: »Unser Vorhaben ist die Erarbeitung systematischen Wissens des Marxismus-Leninismus im Kollektiv. Voraussetzung war ein Bedürfnis nach möglichst weit gefächertem Grundwissen, da bei uns nur minimale Kenntnisse vorhanden waren. Da uns die Mentoren fehlen, was mehrheitlich begrüßt wird, werden die einzelnen Themenkreise anhand von Literatur, die von einzelnen Gruppen autonom ausgewählt wird, erarbeitet. Wir kamen darin überein, dass jeder die ausgewählten Texte privat studiert, woran sich jeweils Diskussionen anschließen, um im Kollektiv auftauchende Fragen zu klären, Praxisbezüge herzustellen usw. Inhaltlich sind wir noch nicht sehr weit fortgeschritten. Wir lasen Ernest MANDEL, *Einführung in die marxistische Wirtschaftstheorie*, Verlag Neue Kritik, und lesen zur Zeit MARX/ENGELS, *Feuerbach-Gegensatz von materialistischer und idealistischer Anschauung*. Für unsere weitere Arbeit steht folgende, jederzeit zu erweiternde Liste von Literatur zur Diskussion: Karl MARX, *Das Kapital. Zur Kritik der politischen Ökonomie*, MARX/ENGELS, *Kommunistisches Manifest* (als Pflichtlektüre), Werner HOFMANN, *Geschichte der sozialen Bewegung*.« Auch wenn kein Text von Mao Zedong auf der Liste stand, endete der Bericht mit einem Zitat von ihm: »Das gesellschaftliche Sein der Menschen bestimmt ihr Denken. Sobald die richtigen Ideen, die die fortschrittliche Klasse repräsentieren, von den Massen beherrscht werden, werden sie zur materiellen Gewalt, welche die Gesellschaft und die Welt umgestaltet.«

Das neue Hochschulgesetz liquidierte 1969 nicht nur die alte Ordinarienuniversität, sondern erleichterte ungewollt auch das

Entstehen neuer, radikaler Organisationsstrukturen. Allein an der FU Berlin entstanden im Sommersemester fast zwanzig »Rote Zellen« nach dem Vorbild der Germanisten. Die »Rote Zelle Germanistik« wollte »sowohl Erziehungs- als auch Schutzfunktion« ausüben und versuchte ein »Sozialistisches Studium« zu etablieren. In einer Programmbroschüre wurde die Absicht verkündet, die bürgerliche Wissenschaft »offensiv anzugreifen« und durch »eine marxistisch-leninistische Schulung« sowie »durch Aufgreifen und Weitertreiben von Konflikten, Studenten zu Sozialisten zu erziehen«. Gleichzeitig sollten Kader in das »Sozialistische Arbeiter- und Lehrlingszentrum« (SALZ) entsendet werden, um dort Einfluss auf die gewerkschaftliche Bildungsarbeit zu nehmen. Beispielhaft hatte diese Arbeit der spätere »KPD«-Genosse Alexander von Plato bereits seit 1967 als Jugendbildungsreferent bei der IG Chemie vorbereitet. Eine solche an »den Bedürfnissen der Lehrlinge und Jungarbeiter« orientierte Mission erschien mir besonders sinnvoll, weil sie eine praxisnahe »Auseinandersetzung mit Betriebskonflikten und den Institutionen des Spätkapitalismus« versprach. In der Schulung sollten »Filme aus der alten und neuen Arbeiterbewegung«, »proletarische« Romane, Arbeiterzeitungen und »kommunistische Kolportagen« zum Einsatz kommen. Was für uns romantisch war, klang für konservative Politiker und Professoren ziemlich gruselig. Einige Hochschullehrer, wie die Juristen Bernd Rüthers und Peter Hanau, sahen in dieser Entwicklung den »Beginn der Sowjetisierung« der FU und verließen fluchtartig Westberlin. Der Senat, der zuvor schon gegen die maoismusanfällige »Schaubühne« vorgegangen war, beschloss nun, auch an der Universität hart durchzugreifen, und erklärte drei germanistische Proseminare des WS 1970/71 für »verfassungsfeindlich«. Es waren die Themen: »Literatur zur Restauration des Kapitals in Westdeutschland« (Manfred Lefèvre), »Dokumente des Kampfes für die Entmachtung der Monopolherren und die Einigung der Arbeiterklasse in den Westzonen« (Horst Domdey), sowie »Literatur der antifaschistischen Ordnung und des Beginns des sozialistischen Aufbaus in der DDR« (Friedrich Rothe). Der damalige FU-Präsident Rolf Kreibich verteidigte die umstrittenen Seminare vor dem Verwaltungsgericht erfolgreich im Sinne der »Freiheit und Unabhängigkeit der Lehre«. Dabei konnte er sich auch auf einen gutachterlichen Brief von Peter Szondi stützen, der am 3. Februar 1971 – wenige Monate vor seinem Freitod – »ausdrücklich« erklärt hatte, dass seine Bedenken gegen die drei Seminare »voll und ganz ausgeräumt« seien. Ob er die Gründung des »Kommunistischen Studentenverbandes« (KSV) im Mai 1971 noch wahrgenommen hat, ist nicht bekannt. Eine Zustimmung zum Gesamtprogramm des »Sozialistischen Studiums« hätte Szondi wohl kaum gegeben. Die gegenseitige Entfremdung war so groß geworden, dass sich auch nach seinem tragischen Tod in der KSV-Zeitung *Dem Volke dienen* kein Nachruf fand. »Dem Volke dienen« war eine jener Adaptionen von Maos »kulturrevolutionären« Losungen, die sich kaum mehr mit den Ansprüchen der Literaturwissenschaft vereinbaren ließen. Zwar lasen wir Wilhelm Reichs sexualökonomische *Massenpsychologie des Faschismus*, um die autoritären Tendenzen im Kapitalismus zu verstehen, gleichzeitig übernahmen wir mit der zunehmenden Idealisierung von Mao auch dessen Verharmlosung eines der autoritärsten Diktatoren des 20. Jahrhunderts. Gegen Chruschtschows Fundamentalkritik an seinem Vorgänger Stalin führte Mao an: »Die Verdienste und Fehler im Leben Stalins sind objektive historische Tatsachen. Doch sind seine Verdienste im Vergleich mit seinen Fehlern größer.« Mit der Entstalinisierung, so lasen wir in der aus China verschickten »Generallinie der internationalen kommunistischen Bewegung«, sei auch die »Degeneration« des sowjetischen Sozialismus einhergegangen. Da Mao zu den Hauptverdiensten Stalins den »Großen Vaterländischen Krieg« gegen Hitlerdeutschland zählte – als »Fehler« galt die »Verwechslung der Widersprüche« zwischen Feind und Volk –, gaben wir uns mit dieser Rechnung zufrieden. Für mich als Germanist ließ sich diese Einschätzung auch mit Stalinbildern deutscher Exilliteraten vereinbaren. Das galt vor allem für Heinrich Manns Memoirenwerk *Ein Zeitalter wird besichtigt*. Hier stellte der Autor Stalin moralisch auf eine Stufe mit Churchill und Roosevelt, bezeichnete sie in einem Atemzug als »Intellektuelle an der Macht«. Erst Anfang der achtziger Jahre sollte ich in Amsterdam von dem Exilverleger Fritz H. Landshoff erfahren, dass Heinrich Manns damals noch unveröffentlichtes »Kriegstagebuch« auch eine Stalinkritik enthielt, die unmittelbar nach dem Pakt mit Hitler formuliert worden war. Enttäuscht und erschüttert sprach er nicht nur von den »Sowjet-Imperialisten« und dem »Schakal im Kreml«, sondern konstatierte, dass mit Hitler und Stalin »sich zwei gegenseitig betrügende Despoten« gefunden hätten – »gegen die civilisierte Welt«. Mit diesem Vergleich lag Heinrich Mann dicht bei Erich Fromm, dessen aufschlussreiche Vergleiche der »klinischen« Fälle Hitler *und* Stalin kaum in unser Bewusstsein drangen.

Dass auch sozialrevolutionäre Ideen von 1917 in der 68er-Bewegung einen Aufschwung hatten, war dem 50. Jubiläum der Oktoberrevolution zu verdanken. Man darf nicht vergessen, dass damals noch Zeitzeugen Lenins, Rosa Luxemburgs und Karl Liebknechts lebten, die auf Veranstaltungen über ihre authentischen Begegnungen berichteten. So durften auch manche Bolschewiki und Parteiintellektuelle nicht nur in den DDR-Vitrinen eine Scheinexistenz weiterführen. Doch wir konnten mit unseren 68er-Ideen an keine ungebrochene Tradition anknüpfen, wir versuchten die Zukunft mit dem widersprüchlichen Material der intellektuellen Vergangenheit zu gestalten. Für mich wurde die historische Volksfrontdiskussion zum idealistischen Identifizierungsprojekt, eine Diskussion, die sich zuerst im Bereich der Exilliteratur artikuliert hatte. Sie war in der Mitte der dreißiger Jahre ein zentrales Thema auf Kongressen, in Essays, Romanen und selbst in der Lyrik. 1935 wurde »die Herstellung der antifaschistischen Volksfront« (Georgi Dimitroff) auch von der Komintern scheinbar als neue Linie abgesegnet. Für unseren Verlag Rote Fahne war das ein Anlass, Dimitroffs *Ausgewählte Schriften*, die in der DDR »verfälscht und verstümmelt« erschienen waren, neu herauszugeben, einschließlich seines Glückwunschbriefes (September 1936) zum Jahrestag der Kommunistischen Partei Chinas an Mao Zedong. Dimitroff definierte, wie es uns erschien, »Volk« und »Front« in eindeutiger Abgrenzung von ethnisch-nationaler Beschränktheit als sozialrevolutionäre Bestimmung, als »Aufgabe« der Partei, »ihre Verbindung mit den Massen der Arbeiter und Bauern, mit allen Werktätigen, mit der Volksintelligenz zu festigen«. Solche Formulierungen gefielen uns. Wir lasen auch die Dokumente des »Lutétia-Comité«. »Lutétia« war die Bezeichnung für das alte römische Paris und zugleich der Name jenes ehrwürdigen Grandhotels am Boulevard Raspail, in dessen Salons sich die politische und literarische Prominenz des deutschen Exils getroffen hatte, um eine antifaschistische Volksfrontstrategie zu erörtern. Zu den Hotelgästen gehörten ausgebürgerte Hitler-Gegner unterschiedlichster Provenienz: Willy Brandt, Rudolf Breitscheid, Lion Feuchtwanger, Max Horkheimer, Egon Erwin Kisch, Heinrich und Klaus Mann, Willi Münzenberg, Wilhelm Pieck, Leopold Schwarzschild, Ernst Toller, Walter Ulbricht, Herbert Wehner und Arnold Zweig. Unsere Schulungs- und Seminarmaterialien dokumentierten die überlieferten Programm- und Diskussionstexte ausführlich und versuchten, die vermeintliche Aktualität der antifaschistischen Thesen zu belegen. Der Ursprung des Mythos »Volksfront« war das vorübergehend real existierende Beispiel der »Front Populaire« in Frankreich, in der Kommunisten, Sozialisten und Radikale die Macht übernahmen und mit der trotz des Vormarsches des Faschismus im umliegenden Europa die Tür für eine neue Gesellschaftsordnung aufgestoßen schien. Sie versprach eine neue Art von Demokratie und bisher unbekannte Möglichkeiten einer öffentlichen Wirksamkeit der Intellektuellen. Nach dem Wahlsieg des französischen Volksfrontbündnisses hatte der Exildichter Oskar Maria Graf die hymnische Zeile verfasst: »Einmal sind wir Einen doch die Vielen / und die stumpfe Welt zerbricht!«

Auch für Klaus Mann hatte »die französische Linke das Beispiel gegeben, wie man es macht, wenn man die Gefahr des Faschismus erkannt hat«. Und Heinrich Mann konstatierte im Rückblick auf seine Exil-Zeit in Frankreich: »Die acht Jahre, besonders der Front populaire, machten mich zu einem Zugehörigen.« Selbst Thomas Mann meldete sich 1938 von Amerika aus, zu einem Zeitpunkt, als Walter Ulbricht und seine Leute in Paris längst einen moskauhörigen Kurs etabliert hatten, mit einem Beitrag zur Rolle der Schriftsteller in der »humanistischen Front« zu Wort. Er beschrieb die Aufgabe einer politisch engagierten »Kultur« als »Bemühung um die Annäherung des Menschen an seine Idee, um die Vermenschlichung des Menschen«. Zu diesem Zeitpunkt war Walter Benjamins ursprüngliche Euphorie bereits der leidvollen Erkenntnis von der »Volksfront als Katastrophe« gewichen. Nach der Definition in seinem *Passagen*-Werk bestand die Katastrophe darin, die Gelegenheit verpasst zu haben. Diese Wendung Benjamins wollten wir nicht wahrhaben und hielten uns lieber an seine frühere Parole: Die Schriftsteller werden zu militanten Politikern. Diese Äußerung war Adorno nicht geheuer, denn er fürchtete, Benjamin sei anlässlich seiner Brecht-Besuche in Dänemark unter »kommunistischen« Einfluss geraten. Dafür sprach die Ankündigung Benjamins, er wolle in einer »Lesegemeinschaft« mit Brecht den Existenzialismus von Heidegger »zertrümmern«. Auch sein Vortrag »Der Autor als Produzent« schien von Brechts Materialismus beeinflusst. Benjamin trat dem Glauben an die Wunderkraft des Geistes im antifaschistischen Kampf mit der These entgegen, nicht aufgrund seiner Gesinnung, sondern nur aufgrund seiner Stellung im Produktionsprozess sei der Intellektuelle zu politisch-sozialem Engagement verpflichtet. Obwohl sich die Lager der Brecht- und Benjamin-Anhänger später unversöhnlich gegenüberstanden, war für Hannah Arendt die »Freundschaft« zwischen den beiden »einzigartig«, weil »in ihr der größte lebende deutsche Dichter mit dem bedeutendsten Kritiker der Zeit zusammentraf«. Für uns waren beide im positiven Sinn für die »Wiedereinführung des Marxismus« verantwortlich, wobei Bertolt Brecht wegen seiner Doppelrolle als west-östlicher Kulturrepräsentant einen Kultstatus genoss.

Brecht und die »Märzstürme«

Auch sechzig Jahre nach seinem Tod lösten die Erinnerungen an Bertolt Brecht gefühlsstarke und widersprüchliche Affekte aus. Uwe Kolbe, der bisher vor allem als (DDR-oppositioneller) Lyriker bekannt war, holte 2016 mit seinem Buch *Brecht. Rollenmodell eines Dichters* zur Generalabrechnung mit seinem Übervater (»patrix«) aus. Dank Brecht hätte die DDR länger überlebt, und seine Rolle als scheinoppositioneller Konformist verleite Intellektuelle bis heute zur Imitation. Das erinnert an die Brecht Rezeptionen im Kalten Krieg, als er im Westen als kommunistischer Staatsschriftsteller und im Osten als unzuverlässiger Künstler galt. Erstaunlich positiv aufgenommen wurde hingegen eine Aufführung des Brecht-Stückes *Die Mutter* (mit Ursula Werner) zu Beginn des Jahres 2016 an der Berliner Schaubühne. Die »munter dilettierende Darstellerband« aus Ernst-Busch-Schauspielschülern habe, so eine Premierenbesprechung im *Tagesspiegel*, »den Staub« von Brechts und Eislers »linken Liedern« geblasen.

Verwundert rieben sich einige grauhaarige Zuschauer, die noch Peter Steins Inszenierung aus dem Jahr 1970 am Halleschen Ufer in Erinnerung hatten, die Augen. Damals, als sich die RAF und »marxistisch-leninistische« Organisationen in Westberlin formierten, hatte Stein zusammen mit seinem Co-Regisseur Wolfgang Schwiedrzik ein knallhartes Agitationsstück mit Therese Giehse in der Hauptrolle auf die Bühne gebracht, dass selbst die liberale *Süddeutsche Zeitung* verunsichert fragte: »Zuviel Freiheit für das Theater?« In *Die Mutter* (Uraufführung: 1932), einer Dramatisierung des Romans von Maxim Gorki, verwirklichte Brecht seine Theorie vom »epischen Theater«. Er erzählt die Geschichte einer Frau, die sich im vorrevolutionären Russland von einer unpolitischen Arbeiterin zu einer kommunistischen Agitatorin wandelt. Aus Sorge und aus Zuneigung zu ihrem Sohn Pawel, der sich der revolutionären Bewegung angeschlossen hat, beginnt die Mutter mit Verstand, Witz und Optimismus gegen die Unterdrückung des Proletariats aufzubegehren. Als die Polizei ihren Sohn erschießt, wird ihre Politisierung noch radikaler: »Als ich vor vielen Jahren mit Sorgen sah, daß mein Sohn nicht mehr satt wurde, habe ich zuerst gejammert. Da änderte sich nichts. Jetzt stehen wir in einem Riesenstreik und kämpfen um die Macht im Staate.« Unterstrichen wurde diese radikale Aussage durch den von Hanns Eisler vertonten Song »Lob des Kommunismus«, in dem es heißt: »Er ist keine Tollheit, sondern / Das Ende der Tollheit. / Er ist nicht das Rätsel / Sondern die Lösung. / Er ist das Einfache / Das schwer zu machen ist.«

Kurz zuvor war das Stück *Die heilige Johanna der Schlachthöfe* entstanden. Auch hier diente ein Roman als Inspiration, *The Jungle* von Upton Sinclair. In ihm werden die unmenschlichen Zustände auf den Schlachthöfen von Chicago beschrieben. Brecht verbindet in seinem Stück die Beschreibung der Hintergründe der kapitalistischen Ökonomie mit der Geschichte der historisch-legendären Figur Jeanne d'Arc, deren Rolle bei ihm das Heilsarmee-Mädchen Johanna Dark übernimmt. Ihr Entschluss, sich den streikenden Arbeitern anzuschließen, scheitert an ihrer Schwäche – sie verrät aus Angst vor der Gewalt die Streikpläne. So wird sie von den Ausbeutern als »Retterin« heiliggesprochen.

Aber die sterbende Johanna erkennt, dass ihre Hoffnung auf Gott und ihre Verhandlungen mit den Ausbeutern den Arbeitern nur geschadet haben. Ihre Einsicht, dass nur Gewalt hilft, wo Gewalt herrscht, kommt zu spät. Die Uraufführung des Stückes erfolgte erst nach dem Tod Brechts, nicht in der DDR, sondern 1959 im Schauspielhaus Hamburg unter der Regie von Gustaf Gründgens.

Als Peter Stein und seine Mitstreiter *Die Mutter* an der alten Schaubühne inszenierten, war Brecht international nicht nur anerkannt, sondern, wie der Germanist Lutz Götze ermittelt hat, »zusammen mit William Shakespeare der mit Abstand meistgespielte Bühnenautor«. Gerade in der »Dritten Welt« – also in Afrika, Lateinamerika und Asien – sei er begeistert rezipiert worden, und man habe »seine Aktualität und Poetizität, aber auch seine ›Nützlichkeit‹ bei gesellschaftlichen Transformationsprozessen erkannt und gepriesen«. Schon vor Peter Stein hatte es an der Schaubühne Brecht-Aufführungen gegeben, so im September 1965 Claus Peymanns Version der *Antigone des Sophokles* und 1968/69 gleich drei Inszenierungen: Im *Dickicht der Städte* (Hagen Müller-Stahl), *Baal* (Jörg-Dieter Haas/Jürgen Schitthelm) sowie *Der Jasager* (Hartmut Lange/Rolf Mauff).

In der (west-)deutschen 68er-Generation galt Brecht wohl als der wichtigste »Lehrer marxistischen Denkens«. In der Studentenbewegung fand die 1967 erschienene zwanzigbändige Suhrkamp-Taschenbuchausgabe seiner Werke, die immer wieder nachgedruckt werden musste, massenhafte Resonanz.

Für den Dramaturgen, Chronisten (1971) und Biografen (1976) Klaus Völker hatte das nicht zuletzt etwas mit Brechts Sympathie für Mao Zedong zu tun. So ließ er Brecht im Anhang zu seiner Biografie in einem fiktiven »Tagebuch der Zukunft« vom April 1976 (also zwanzig Jahre nach seinem Tod) mit Mao-Zitaten erklären, dass der »Held« seiner aktuellen Stücke »das unermüdlich arbeitende chinesische Volk« sei. Er habe zusammen mit Besson, Wekwerth, Palitzsch und Biermann »achtzehn Monate in China verbracht, um Material zu sammeln«. Sie hätten »übrigens keinen Augenblick versucht, China mit chinesischen Augen zu sehen.« Dennoch habe »ein Pekinger Kollektiv junger Autoren beschlossen, unsere Stücke zu übersetzen, die ihrer Meinung nach einen nicht unwesentlichen Einfluß auf die Entwicklung der chinesischen Dramatik haben werden«. Im Gegensatz zu dieser Fiktion wurde eine chinesische Übersetzung von Völkers Brecht-Biografie Realität. Auf einer im »Tagebuch« posthum konstruierten »Pressekonferenz« konfrontierte Völker Brecht mit dem Vorwurf, der ihn selbst auf der Frankfurter Buchmesse traf, »Zugeständnisse an den Linksopportunismus der kommunistischen Jugend Westeuropas« zu machen. Im Namen Brechts erklärte er, »es gelte nicht von den Chinesen zu lernen, sondern zu untersuchen, was sich auf unser Leben anwenden ließe«. Und in einem *Rote-Fahne*-Interview vom Mai 1978 charakterisierte Völker den »Maoismus« des »politischen Theoretikers Brecht« mit dem Hinweis auf das Gedicht »An den Schwankenden« und dem Zitat: »Er dachte in andern Köpfen, und auch in seinem Kopf dachten andere. Das ist das richtige Denken.« Das Interview wurde von der Redaktion bewusst als Kritik an den offiziellen Kundgebungen zum 80. Geburtstag Brechts eingesetzt. Sie richtete sich sowohl gegen die westdeutschen Feuilletons, deren Tenor Hellmuth Karasek im *Spiegel* mit »Brecht ist tot« zusammengefasst hatte, als auch gegen den staatlichen Jubiläumsrummel in der DDR. Die Schlagzeile des *Neuen Deutschland*, Brechts Werke seien »lebendiger Besitz des Volkes«, wurde ironisch gegen das SED-Regime umgedeutet. »Das scheint tatsächlich zuzutreffen«, hieß es in der *Roten Fahne*. »Die Berichte der aus der DDR ausgewiesenen demokratischen Oppositionellen vor allem der Schriftsteller, belegen immer wieder, wie sich die Menschen in der DDR an Brecht, den sie kennen, orientieren, um ihren Protest gegen das Honecker-Regime zu formulieren.« Brecht wurde 1978 von der *Roten Fahne* aber auch gegen die »Verfälschung« durch den maoistischen Konkurrenten

Vorbild für viele Theaterentwicklungen der Sechziger- und Siebzigerjahre: Bertolt Brecht.

KBW verteidigt. Konkreter Anlass war die Bezeichnung der Peter-Palitzsch-Inszenierung der *Tage der Commune* im Frankfurter Schauspiel als »eine bürgerliche Tragödie – durchgeführt von Herrn Bertolt Brecht«. Die KBW-Kritiker vermissten »das Positive« und beschimpften das Ensemble als »Künstlerpack« ohne »nutzvolle Tätigkeit«. Die *Rote Fahne* hielt dagegen: »Tatsächlich hat Brecht als guter Dialektiker keine ›rein positiven‹ Szenen geschrieben, sondern immer gezeigt, wie das ›Positive‹, die vorwärtsweisenden Erfahrungen der Commune, sich im Kampf mit den Fehlern erst entwickeln müssen. Eine heile Welt des ›Positiven‹ findet sich auch in der Geschichte der Arbeiterbewegung nicht.« Die Angriffe gegen die Frankfurter Inszenierung und das Ensemble wurden als »verleumderisch« zurückgewiesen. Diese Inszenierung der *Tage der Commune* habe die aktuelle Debatte über das Stück erst in Gang gebracht. Sie sei »eine der wichtigsten fortschrittlichen Inszenierungen in den westdeutschen Theatern der letzten Zeit. Allein die Tatsache, dass das Frankfurter Ensemble die Aufführung während der Zeit der Schleyer-Entführung und der damit verbundenen Hetze gegen alle Linken herausbrachte und sich nicht den Angriffen beugte, keine Selbstzensur übte, wie viele andere Theater«, sei »zu begrüßen.«

Christian Semler versuchte sogar noch 2006 in einem *taz*-Gedenkartikel, Brecht in Abgrenzung von Konfuzius als »Maoisten« zu vereinnahmen:

»Schließlich war es Mao Zedong, den Brecht als Revolutionär seit den 30er-Jahren hoch schätzte, selbst gewesen, der die Ideologie des Konfuzianismus als eines der großen Hindernisse für die Mobilisierung der Volksmassen verurteilt hatte. […] Brecht hatte sich mit seiner Wendung zum Marxismus zugleich dem Studium chinesischer Klassiker zugewandt, die ihm durch die Übersetzungen deutscher Sinologen aus den 20er-Jahren vorlagen. So lernte er nicht nur I Ging, das ›Buch der Wandlungen‹ kennen, nicht nur Laozi, nicht nur Schriften des Konfuzius und seiner Schüler, sondern auch die Werke seiner Gegner, voran die des klassischen Philosophen Mozi, der unter dem Namen Me-ti zum großen Mentor in Brechts ›Buch der Wandlungen‹ wurde. Wendung statt Wandlung. Der denkende wendet sich, er wendet sich der Realität zu, der sich wendenden sozialen Realität der Klassenkämpfe. Und er wendet sich taktisch geschickt, um den Schlägen des Feindes auszuweichen.«

In der Tat hat Brecht sich in verschiedenen Phasen seiner Arbeit mit chinesischer Literatur, Philosophie, Kunst und chinesischem Theater befasst. Insbesondere während seiner Exilzeit erkannte und benannte er autobiografische Bezüge: »Die chinesischen Lyriker und Philosophen pflegten wie ich höre, ins Exil zu gehen wie die unsern in die Akademie. Es war üblich. Viele flohen mehrere Male, aber es scheint Ehrensache gewesen zu sein, so zu schreiben, dass man wenigstens einmal den Staub seines Geburtslandes von den Füßen schütteln muß.« Exil-Erfahrung spiegelt auch das Gedicht »Legende von der Entstehung des Buches Taoteking auf dem Weg des Laotse in die Emigration«.

Von einschneidender Bedeutung für Brecht war zweifellos die Wahrnehmung des berühmten Darstellers der Pekingoper Mei Lanfang. Von dessen Ausdruckskunst erhielt er bei seinem Moskau-Besuch 1935 offenkundig Impulse für die Weiterentwicklung der Theorie des epischen Theaters und die spätere Praxis. Und seine Affinität zu den chinesischen Kommunisten spiegelte sich nicht nur in seinen einfach geschneiderten Jacken im Mao-Look. In einer *Journal*-Notiz vom 18. Januar 1949 heißt es: »[...] durch alle diese wochen hindurch halte ich im hinterkopf den sieg der chinesischen kommunisten, der das gesicht der welt vollständig ändert. dies ist mir ständig gegenwärtig und beschäftigt mich alle paar stunden.« Und zwei Tage später »übersetzt« er »Mao Tsetungs ›gedanken beim überfliegen der grossen mauer‹«. 1952 notierte Käthe Rülicke in ihren Tagebuchaufzeichnungen über ihre Unterhaltungen mit Brecht: »Die Abendkühle zwang, das Gespräch abzubrechen. Einen Augenblick wehmütige Stimmung: Der letzte Sommer? Sein Haus am Ammersee, 1932 gekauft, habe er auch nur einen Sommer gehabt – 1933 saß er in Dänemark. Scheußlich, solche Kriegsgedanken. Jetzt bleibe nur noch China zur Emigration [...]« Die Lektüre von Mao Zedongs »Über den Widerspruch« (geschrieben 1937) erwähnte Brecht in seinem Gedicht »1954, erste Hälfte« und auch in einer Antwort auf eine Umfrage der der Zeitschrift *Neue Deutsche Literatur* gab er im Februar 1955 an: »Die Lektüre, die im vergangenen Jahr den stärksten Eindruck auf mich gemacht hat, ist Mao Tse-tungs Schrift ›Über den Widerspruch‹«.

Auch im Programmheft der Schaubühne für die Spielzeit 1969/1970 finden sich Hinweise auf Maos »Widerspruch«-Texte. Sie passten in die Aufbruchstimmung, die Peter Stein und Wolfgang Schwiedrzik mit ihrem *Viet Nam Diskurs* von München nach Berlin getragen hatten. Die Schaubühne, die 1962 in einer Mehrzweckhalle der Arbeiterwohlfahrt am Halleschen Ufer von dem Theaterwissenschaftler Jürgen Schitthelm, dem Dramaturgen Dieter Sturm und der Kostümbildnerin Waltraut Mau gegründet worden war, galt von Anfang an als experimentierfreudige Einrichtung. Die zentralen Zielvorstellungen der Gründer waren Selbstbestimmung und künstlerische Freiheit jenseits der traditionellen Hierarchiestrukturen. Dieses Modell wurde dann mit Brecht und Mao politisch radikalisiert. Das Ambiente der Kreuzberger Schaubühne erinnerte an den alten Schuppen, der seinerzeit dem Berliner Ensemble als Probebühne diente. Marianne Kesting hat Brechts Regiearbeit 1954 beobachtet und anschaulich beschrieben:

»Man trat ein durch einen barackenartigen Vorraum, in dem Picassos Friedenstaube und der Wagen der Mutter Courage aufgebaut waren: symbolisches Requisit; drinnen saß Brecht, umgeben von einer Schar junger Leute, in einem Ledersessel und führte Regie. Von kleiner Statur, angetan mit einem grauen sackartigen Anzug und einer Sportmütze auf dem Kopf, schien er auf den ersten Blick wie eine Mischung von Arbeiter und Sträfling, ein Eindruck, der sich erst verflüchtigte, wenn er, genießerisch an seiner Zigarre saugend, aufmerksam, heiter, eingreifend und verbessernd, fragend oder vormachend, den Vorgängen auf der Bühne folgte. Dabei holte er immer Rat und Meinung der jungen Assistenten ein und ließ keinen Vorschlag unausprobiert. Das war mehr als eine freundliche Geste: seine Art Kollektivarbeit bestand darin, alle zu gleich wichtigen Mitarbeitern an einer Sache zu machen. Diese Sache, die zunächst als eine des Theaters erschien, entpuppte sich sehr bald schon als ein Projekt von großem Umfang. Brecht inszenierte hier nicht nur seine eigenen Stücke, er setzte nicht nur seine Konzeption von Theater in Praxis um, er errichtete auch, innerhalb des Theaters, einen idealkommunistischen Staat eigener Prägung.«

Nach dem Vorbild des frühen, radikalen Brecht haben auch Peter Stein und Wolfgang Schwiedrzik anfangs gemeinsam versucht, ihre Regiearbeit zu stilisieren. »Die Lehrstück- und Lern-

Bis zu ihrem Umzug 1981 das Gebäude der Schaubühne in Berlin-Kreuzberg, heute Spielstätte des Theaters Hebbel am Ufer.

prozess-Ideologie ist natürlich auch in der Schaubühne wirksam«, erklärte Schwiedrzik 1973 in einem Gespräch mit Helmut Lethen in der *Sozialistischen Zeitschrift für Kunst und Gesellschaft*. Er habe das selber erleben können bei der Inszenierung von Brechts *Mutter*: »Es ist tatsächlich so, daß die Schauspieler während des Probenprozesses Lernprozesse vollzogen und sich Positionen erarbeitet haben, die sie dann während der Aufführungen zu vertreten hatten. Das heißt also, sie gingen mit einer gewissen Neugier und Lernbereitschaft an den Stoff heran, und arbeiteten sich im Probenprozeß gewissermaßen herauf auf eine Position, wo sie dann sagen konnten: jetzt können wir ungefähr die Rolle eines Bolschewiken ›abdecken‹«. Zwar waren trotz marxistischer Schulung nicht alle Schauspieler von der »gesellschaftsverändernden« Möglichkeit oder gar der »bolschewistischen« Perspektive des Theaters überzeugt, doch ließen sie sich in Sonderaufführungen der *Mutter* vor begeisterten Gewerkschaftsjugendlichen gern als

»revolutionäre Aufklärer« feiern. Zum Ensemble der »Schaubühne« gehörten schon damals prominente Namen wie Edith Clever, Peter Fitz, Bruno Ganz, Burghart Klaußner, Michael König, Jutta Lampe, Elke Petri oder Otto Sander. Wenig begeistert von der *Mutter*-Inszenierung waren die konservativen Westberliner Politiker. So verlangte die CDU die Streichung der staatlichen Subventionen. Der Abgeordnete Rudolf Mendel sah in der Schaubühne nichts weniger als eine »kommunistische Zelle«, die unter dem Vorwand der Kunst »primitiven Agitationsunterricht« praktiziere. Und der Berliner CDU-Vorsitzende Peter Lorenz (der später zum Entführungsopfer werden sollte) wusste zu berichten, dass sich die Mitarbeiter des Theaters bis hin zum Bühnenarbeiter zweimal in der Woche »einer Schulung des Marxismus-Leninismus« unterziehen müssten. An der Schaubühne werde »in Wort und Tat« alles lächerlich gemacht, »was in Berlin in den letzten zwanzig Jahren entstanden« sei. Sein abschließendes Urteil war ebenso dezidiert: Was dort betrieben würde, sei keine Kunst, »sondern eine klar gegen die Existenz der Stadt gerichtete Tätigkeit«. Der politische Druck, die finanzielle Förderung der Bühne zu kürzen oder gar einzustellen, verschärfte auch die Konflikte innerhalb des Hauses. Die Idee der weitgehenden Mitbestimmung scheiterte vor allem an der Trennung von künstlerischen und technischen Arbeitsprozessen. Namentlich Claus Peymann wurde vorgeworfen, gegen das demokratische Modell zu opponieren. Mit Peter Handkes *Ritt über den Bodensee* verabschiedete er sich im Januar 1971 von der Schaubühne. Aber auch die »maoistische« Aktionseinheit zwischen Peter Stein und Wolfgang Schwiedrzik begann zu bröckeln. Gemeinsame Regieprojekte gab es nach der *Mutter* nicht mehr. Während der künstlerische Leiter Stein 1971/72 mit seinen Inszenierungen von Henrik Ibsens *Peer Gynt* oder Kleists *Prinzen von Homburg* der Erwartungshaltung von offizieller Politik und bürgerlichem Publikum entgegenkam, versuchte der Regisseur Schwiedrzik weiterhin mit

»revolutionärem« Agitprop-Theater zu provozieren. So entstand 1972 sein radikalstes und zugleich letztes Schaubühnen-Stück *Märzstürme 1921*. Der Regisseur war zugleich Autor. »Geschrieben« wurde das Stück, wie es im Vorspann heißt, »auf der Grundlage historischer Dokumente, Erinnerungen von Arbeiterveteranen, literarischer Vorlagen und den Schriften der Klassiker als Beitrag zum Kampf gegen Reformismus und Revisionismus, für die revolutionäre Einheit der Arbeiterklasse«. Obwohl die Theaterleitung das Stück nicht für die allgemeine Öffentlichkeit freigegeben hat und es nur zu drei geschlossenen Vorstellungen gekommen ist, erstaunt die Prominenz der Besetzung. Zu den engagierten Schauspielern gehörten u. a. Peter Fitz, Claus Gärtner, Bruno Ganz, Burhart Klaußner, Michael König, Jutta Lampe, Otto Mächtlinger, Elke Petri, Tilo Prückner und Roland Teubner.

Der Titel des Stückes verweist auf den historischen Hintergrund und literarische Vorlagen, zu denen das Drama *Leuna 1921* von Berta Lask aus dem Jahr 1927 gehört und der 1933 veröffentlichte, autobiografische Roman *Märzstürme*. Inhaltlich geht es um die im März 1921 von Kommunisten und anderen Linksradikalen organisierte bewaffnete Arbeiterrevolte in Mitteldeutschland, in der Industrieregion um Leuna, Halle, Merseburg sowie im Mansfelder Land. Zeitpunkt und regionale Konzentrierung des Aufstandes standen offensichtlich im Zusammenhang mit internen Machtkämpfen und Umstrukturierungen innerhalb der kommunistischen Bewegung, zu der die VKPD (Zusammenschluss von KPD und linken Teilen der USPD) und die rätekommunistische KAPD gehörten. Die SPD-Führung befürchtete einen von der Komintern gesteuerten Putschversuch und gab dem preußischen Innenminister Carl Severing und dem sächsischen Oberpräsidenten Otto Hörsing Weisung zu polizeilichen Präventionsaktionen. Die Meldung von bevorstehenden Polizeieinsätzen war für die VKPD ein willkommener Anlass, zum Generalstreik und zur Bewaffnung aufzurufen. Obwohl der Generalstreik nur punktuell (so in Leuna) befolgt wurde, kam es nach dem 22. März zu bewaffneten Aktionen. Der militanteste Anführer dieser Aktionen war das KAPD-Mitglied Max Hoelz. Er verteilte Waffen an Arbeiter und Arbeitslose und organisierte in der Region um Mansfeld, Eisleben und Hettstedt Brandstiftungen, Plünderungen und Sprengungen von Eisenbahnstrecken. Außerdem gab es Bombenanschläge gegen Justizgebäude in Dresden und Leipzig. Nach wenigen Tagen hatten die Regierungstruppen den Aufstand blutig niedergeschlagen. Die Besetzung der Chemiewerke Leuna wurde durch Artilleriebeschuss beendet. An den Streiks und militanten Aktionen hatten sich etwa 200 000 Arbeiter beteiligt, 180 Menschen kamen bei den Kämpfen ums Leben. 4000 Beteiligte wurden zu Gefängnisstrafen verurteilt, acht »Rädelsführer« zu lebenslänglicher Haft, und vier erhielten die Todesstrafe. Max Hoelz konnte zunächst nach Berlin flüchten, wurde dort aber nach wenigen Wochen festgenommen und erhielt eine lebenslange Haftstrafe. Nach massiven Protesten namhafter Intellektueller wurde er 1928 amnestiert und emigrierte in die Sowjetunion, wo er 1933 unter ungeklärten Umständen starb. In der kommunistischen Bewegung und in den entsprechenden literarischen Darstellungen lösten die Folgen der »Märzaktion« lange und heftige Auseinandersetzungen über das Verhältnis von Reform und Revolution aus. Auch nach 1968 wurden kulturpolitische Diskussionen geführt, die an die historische Aktualität revolutionärer Ereignisse in der Weimarer Republik erinnern wollten.

Die maoistisch orientierte *Sozialistische Zeitschrift für Kunst und Gesellschaft* hat 1973 den Text und Material der *Märzstürme 1921* dokumentiert und zur Diskussion gestellt. So versuchte der Germanist Friedrich Rothe am Beispiel der literarischen Vorlagen darzustellen, »wie sich der proletarisch-revolutionäre Autor vom bürgerlichen Dokumentaristen unterscheidet«. Berta Lask (1878–1967) stammte aus einer großbürgerlich-jüdischen Familie in Galizien und engagierte sich, bevor sie Kommunistin wurde, im Rahmen der bürgerlichen Frauenbewegung. Später hat sie selbst über die Entstehung ihres Dramas *Leuna 21* berichtet. Vorläufer war ein Stück, in dem sie den »revolutionären« Theologen und Bauernführer Thomas Müntzer dem »verräterischen« Reformator Luther gegenüberstellte. Für eine Aufführung vor Berg- und Hüttenarbeitern im Jahr 1925 habe sie zur Erinnerung an die Rote Ruhrarmee und die Kämpfe in Mitteldeutschland entsprechende Motive »in Form von kurzen Zwischenspielen« eingeflochten. Nach der Aufführung seien Arbeiter aus dem Mansfelder Gebiet zu ihr gekommen und hätten sie um ein Stück über die »Märzaktion« gebeten. Rothe schlussfolgerte, dass die Autorin »nicht nur die Anregung zu ihrem Stück von den Arbeitern erhalten« habe, »sondern durch die Gespräche mit ihnen auch versuchte, die Grenzen ihrer bürgerlichen Herkunft zu überwinden«. Die »Stärke« des Dramas liege »in der Entlarvung der konterrevolutionären Koalition der Kapitalisten und des sozialdemokratisch geführten Staatsapparates«, worin »ein wichtiger Schritt von einer abstrakten Darstellung des Proletariats zu einer realistischen Auffassung« bestehe. Immerhin wurde das Stück von den Regierenden der Weimarer Republik als »gefährlich« eingestuft. Der sozialdemokratische Polizeipräsident Karl Zörgiebel verbot 1927 die Uraufführung, das Reichsgericht beschlagnahmte die Buchausgabe als »landesverräterisches Druckerzeugnis«, und es kam nur zu gut getarnten, geschlossenen Vorführungen durch kommunistische Organisationen. Angesichts dieser Tatsache konnte sich die Schaubühnen-Truppe ein halbes Jahrhundert später in ihrer Scheinwelt einreden, dass der Ausschluss der Öffentlichkeit zur historischen Realität gehöre. Aber man wollte nicht im Brecht'schen Salon stehen bleiben. Schwiedrzik erklärte, dass nach der *Mutter*-Inszenierung seine »Überlegungen ganz stark in die Richtung gingen, wie man diese Linie, diese dramaturgische Linie, an der Schaubühne fortsetzen könnte, das heißt

Stücke spielen, in denen entweder die Arbeiterklasse selbst als handelndes Subjekt auftritt, auf jeden Fall aber Stücke, die die Geschichte der Klassenkämpfe der letzten fünfzig Jahre von einem parteilichen Standpunkt, vom Standpunkt der Arbeiterklasse aus, zeigen«. Das schien ihm »an dem Stoff, den Berta Lask bearbeitet hat, möglich zu sein«. Der »Stoff« habe »gegenüber der *Mutter* sogar noch den Vorteil, dass er bewaffnete Klassenkämpfe in Deutschland, am Beginn dieses Jahrhunderts« zeige. Ich kann mich erinnern, dass der Versuch, den ich mit »KPD«-Genossen der Betriebszelle Schering (heute übernommen durch Bayer) im Wedding unternahm, Lehrlinge und Gewerkschafter, die einer Aufführung der *Mutter* beigewohnt hatten, auch für eine Sondervorstellung der *Märzstürme* zu gewinnen, gerade an diesem Argument scheiterte. Sie waren zwar für Streiks gegen Ausbeutung, interessierten sich aber nicht für bewaffnete Kämpfe. So blieb es beim Theater für das Theater und den Anstrengungen, Schauspieler und Bühnenarbeiter zu politisieren. Aber mit welchem Erfolg?

»Vom Ergebnis her betrachtet« müsse man sagen, so Schwiedrzik, »dass die Arbeit an den *Märzstürmen* die Politisierung im ganzen Ensemble nicht vorangetrieben hat, wohl aber bei Einzelnen. Das heißt, es ist ein Polarisierungsprozess in Gang gesetzt worden […]«. Zu den Schauspielern, bei denen die Politisierung »vorangetrieben« wurde, gehörte vor allem Michael König. Der damals 25-Jährige war soeben mit dem Bundesfilmpreis für seine *Lenz*-Rolle in dem gleichnamigen Film von Georg Moorse ausgezeichnet worden und hatte sich schon sehr aktiv für die *Mutter*-Inszenierung engagiert. Die *Märzstürme* aber waren, wie er in der Dokumentation von 1973 berichtete, »etwas völlig Neues an der Schaubühne«. Nicht, weil die Schauspieler »auf einmal Szenen selbst schreiben mussten«, sondern weil das Thema des Stückes von ihnen trotz ihrer »durchweg kleinbürgerlichen Herkunft« verlange, wie »ausgewachsene Kommunisten« zu agieren.

»Wir mußten uns, wie Marx sagte, ›heraufarbeiten‹ auf diesen Standpunkt«. Das hätte einigen Kollegen »keine Freude« gemacht, denn für »bürgerliche Schauspieler« sei es »eine tief sitzende Gewohnheit, das Theater vor allem nach dem Reichtum an Bildern, Sprache und psychologischem Tiefgang zu beurteilen und nicht nach dem politischen Nutzwert«. Aber er schloss mit dem Appell, dass es »unbedingt notwendig« sei, »solche Produktionen wie die *Märzstürme 1921* nicht nur in der Schaubühne, sondern auch an anderen Theatern, wo die Bedingungen dafür viel, viel schwieriger sind, durchzusetzen«. Das war natürlich eine Illusion, so wie die *Märzstürme 1921* selbst eine fantastische Verfremdung der Realität darstellten. Es fällt heute schwer, den Sinn solcher Debatten zu begreifen, auch wenn man selbst beteiligt war. Manche Kontroverse erscheint wie eine Miniatur des Realismus-Streites der Dreißigerjahre. In beiden Fällen ging es um kulturpolitische Auseinandersetzungen, mit dem Unterschied, dass bei den wirklichen Machtkämpfen Künstler im Gulag verschwanden. Brechts Einspruch lautete: »Es ist nicht im Interesse des Volkes, seinen Gewohnheiten diktatorische Macht zuzusprechen. Das Volk versteht kühne Ausdrucksweise, billigt neue Standpunkte, überwindet formale Schwierigkeiten, wenn seine Interessen sprechen.«

In Ergänzung und auch in Konkurrenz zur Schaubühne machte zu Beginn der Siebzigerjahre in Westberlin noch ein anderes Theater von sich reden – das später mit dem Stück *Linie 1* (Regie Wolfgang Kolneder) weltberühmt werden sollte. Es war 1966 als Kindertheater im Rahmen des sozialkritischen Reichskabaretts entstanden und nannte sich ab 1972 »Grips-Theater«, zu dessen Darstellern auch spätere Film- und Fernsehstars wie Heinz Hoenig oder Axel Prahl gehörten. Der Gründer Volker Ludwig hatte sich bereits als Kabarettist mit dem Vietnam-Programm *Bombenstimmung* in der Stadt unbeliebt gemacht. »Berlin war die einzige Stadt der Welt, wo die Amerikaner geliebt wurden. Jede Oma hatte Kennedy auf der Kommode, und wir waren die Nestbeschmutzer. Die waren so was von wütend […]. Dieser Hass war unglaublich«, erinnerte er sich im *Tagesspiegel*. Das sollte sich noch steigern, als er antiautoritäres Theater für Kinder und Jugendliche machte, was ausdrücklich eine »politische Entscheidung« war: »Wir waren geradezu Kult und hatten das gleichgesinnte Kabarettpublikum satt. Als Sozialisten wollten wir alle Schichten erreichen […]. Wir standen immer auf der Seite der Unterdrückten. Das waren damals die Kinder. Im Geschäft kamen sie als letzte dran, das war das Hinterletzte. Von der Prügelstrafe ganz zu schweigen […]«. Als dann 1975 das von Volker Ludwig und Detlef Michel geschriebene Stück *Das hältste ja im Kopf nicht aus* Jugendliche zur Rebellion gegen die traditionellen Autoritäten aufrief, waren sich CDU-Politiker und Springer-Presse im Urteil über das Grips-Ensemble einig: »Stalinisten, Maoisten und Kinderverderber«. Das Feindbild schien endgültig von der Schaubühne zum Grips-Theater gewechselt. Natürlich gab es auch hausinterne Kämpfe, wie sich Ludwig erinnert: »Die absurdeste Zeit war zwischen 1975 und 1977, da hatten wir ein paar RAF-Sympathisanten im Haus, außerdem die Revis, also die Moskautreuen, und dann noch die Maoisten. Die haben sich alle gegenseitig bekämpft. Wir hatten ja totale Demokratie, das heißt, alles fand in Vollversammlungen statt. Die Putzfrau hatte genau so viel zu sagen wie ich. Die Beschlüsse wurden immer ideologischer […].« Im Mai 1980 aber hatten Volker Ludwig und Detlef Michel so viel Abstand gewonnen, dass sie ein ironisches (Selbst-)Portrait der 68er unter dem Titel *Eine linke Geschichte* auf die Bühne brachten. In dieser Geschichte wird auch die Entwicklung der Schaubühne glossiert. Ein Szenenbild handelt von einem Pausengespräch vor dem Theater:

»KOMMENTATOR: Das soll die Schaubühne sein – die von damals am Halleschen Ufer, wie man an dem Gelumpe hier und an dem Fetzen da oben erkennen kann. Kreuzberg – und entsprechend haben die da auch mal gespielt. Ja! Inzwischen hat sich die Schaubühne verbessert. Mein ich ganz ehrlich. Kurfürstendamm. Jetzt kann man da sogar hingehen. Kein Ort mehr für Radikalinskis. Es freut mich, auch mal was Positives anmerken zu können.
(Pausenklingel. Später Tonband mit Foyer-Gemurmel)
LUTZ: Sag mal: Was machst du'n überhaupt als Avantgarde im Theater?
JOHANNES: Schnee von gestern. Bin schon vor 6 Jahren aus der KPD raus.
LUTZ: Und was machste jetzt?
JOHANNES: Ich hab 'n Job an der Uni. Als Assi.
KARIN: Hast Du da keine Schwierigkeiten gehabt? Anhörungsverfahren oder so was?
JOHANNES: Genau das krieg ich jetzt. Ich habe mich nämlich um'ne Prof-Stelle beworben. Da kriegste erst mal mit, was man so alles mal unterschrieben hat. Das meiste weiß ich gar nicht mehr.
LUTZ: Vertrau nur dem Verfassungsschutz. Der hat'n besseres Gedächtnis.
KARIN: Wer jetzt so alles auf der Straße sitzt – die haben ganz schön Rache an uns genommen.
[...]
1. KABARETTIST: Und vor'n paar Jahren wollte die CDU noch die Schaubühne als kommunistische Kaderschmiede zumachen.
KABARETTISTIN: Das musste nicht so eng sehn. Von der Kaderschmiede zur Kunstschmiede.
2. KABARETTIST: Von der Kunst als Waffe zur Kunst als Waffel.
1. KABARETTIST: Da bewahrheitet sich mal wieder die Parole von 68: Der Stein bestimmt das Bewußtsein.«

An diesen ironischen Pausendialog von Ex-Maoisten schien der »nachgeborene« Regisseur Christoph Schlingensief 1996 in der Berliner Volksbühne mit seinem 68er-Spektakel *Rocky Dutschke* noch einmal anknüpfen zu wollen. Zwar wirkte die Form verfremdend, doch die politische Absicht war analog. Auch hier ging es um den Protest gegen einen ungerechten Staat und die saturierte Gesellschaft. Ähnlich wie das Team des Grips-Theaters verstand sich Schlingensiefs Ensemble als »Lehrerkollegium«, das in radikalpädagogischer Absicht versuchte, mit den Zuschauer-»schülern« auf und abseits der Bühne in ein Streitgespräch zu kommen. Das Attentat auf den Studentenführer wurde nachgestellt und von Megafonsprechern lautstark und widersprüchlich interpretiert. So sollten Krisenbewusstsein und Verunsicherung bei Agierenden und Zuschauern gleichermaßen provoziert werden. »Die Aufführung«, so der Programmhinweis, »überwindet damit nicht allein die Grenze zwischen Bühne und Zuschauerraum, sie geht noch einen Schritt weiter und verlässt gleich das ganze Theater.« Aber auch Volker Ludwig und Detlef Michel knüpften mit Neufassungen ihrer »linken Geschichte« immer wieder an die alten Dialoge an. Allerdings wechselten die Perspektiven. Während ihr langer Theatermarsch 2006 noch im Wochenendhaus in der Uckermark endete, das mit einem Mao-Plakat geschmückt wurde, blieb in der jüngsten Version von 2017 die linke Utopie dem emotionalen Ort der Berliner Bühne verhaftet. Zu Beginn gab es minutenlang Standing Ovations für den achtzigjährigen Jubilar Volker Ludwig, und später eroberte eine Blaskapelle die Theaterszenerie, um das Publikum zum Mitsingen der »Internationale« zu ermuntern. Der Gesangseinsatz der Ehrengäste, zu denen auch ehemalige Bürgermeister gehörten, blieb jedoch – wie in alten Zeiten – verhalten.

»Dem Volke dienen«

Radikalisierung

Bilder mit Totenschädeln auf den *killing fields* von Kambodscha und ein aufgebahrter Mao Zedong symbolisierten das Ende unserer deutschen »Kulturrevolution«. Am Anfang standen Bilder von toten Kindern nach einem Napalm-Angriff in Vietnam und die Szene, wie das Polizeiopfer Benno Ohnesorg in den Armen einer verzweifelten Studentin starb. Es folgten Protestdemonstrationen mit roten Fahnen, begleitet von Ikonenverehrung, aufgelockert durch Lieder von Bob Dylan oder Janis Joplin. Der Revolution am nächsten gekommen schien Frankreich, wo sich im Mai 1968 Barrikadenkämpfe der Studenten mit Streikbewegungen der Arbeiter verbanden. Nicht ganz in dieses Schema passte jener Prager Demonstrant, der sich im August 1968 mit entblößter Brust einem sowjetischen Panzer in den Weg stellte. Und als Mitte der Siebzigerjahre die RAF mit Morden und Selbsttötungen Politik und Medien bestimmte, hatten die Bilder ihre ursprüngliche symbolische Bedeutung verloren.

In dem schematischen (Selbst-)Vergleich der 68er-Bewegung mit der maoistischen Kulturrevolution in China wurde unterstellt, dass auch im Westen (und vor allem in Deutschland) eine vergleichbare, rigorose Abwendung von den traditionellen Kulturformen und ein grundlegender Wandel des Lebens stattgefunden hätten. Die Akteure der Studentenbewegung haben diesen Vergleich bewusst betrieben, indem sie sich mit Insignien der chinesischen Vorbilder wie der roten Bibel mit den »Worten des großen Vorsitzenden« eindeckten und die Wohngemeinschaften mit Mao-Portraits auskleideten. Auch Peter Schneider propagierte noch 1969 in einer Beilage des *Kursbuchs* die Notwendigkeit einer »neuen Literatur« für die »kulturrevolutionäre Phase«. Das war zu einem Zeitpunkt, als Rudi Dutschke der Studentenrevolte und der außerparlamentarischen Opposition nicht mehr als Symbol- und Integrationsfigur zur Verfügung stand. Am 11. April 1968 war er in Westberlin auf dem Kurfürstendamm in der Nähe des SDS-Büros durch den Rechtsextremisten Josef E. Bachmann mit drei Revolverschüssen lebensgefährlich verletzt worden. Vorausgegangen war die Entfachung einer regelrechten Pogromstimmung. Als maßgeblicher Organisator des »Internationalen Vietnam-Kongresses« und von Massendemonstrationen war Dutschke schon im Februar auf einer Gegenkundgebung als »Volksfeind Nr. 1« bezeichnet worden. Sein Engagement für eine »außerparlamentarische Opposition« hatte bereits 1963 begonnen, als er sich der Subversiven Aktion, einem Interventions- und Theoriezirkel von Schriftstellern, Künstlern und Studenten, angeschlossen hatte. Der Bezug zu den Umbrüchen in China war schon damals gegenwärtig: Zur Jahreswende 1964/65 bezeichnete er eine »illegale« Protestdemonstration, die sich gegen den Besuch des für die Ermordung des Unabhängigkeitskämpfers Patrice Lumumba verantwortlichen kongolesischen Ministerpräsidenten Moïse Tschombé richtete, »als Beginn unserer Kulturrevolution, in der tendenziell alle bisherigen Werte und Normen des Etablierten in Frage gestellt werden«. Auch später hat er sich nicht von Mao Zedong distanziert. Gretchen Dutschke zitiert in ihrer Biografie Mao mit den Worten: »Die Massen müssen sich in dieser großen revolutionären Bewegung selbst erziehen und es lernen, zwischen richtig und falsch zu unterscheiden«, und ergänzt: »Damit stimmte auch Rudi überein. Kulturrevolution war ein Begriff, der in den moralisch erstarrten westeuropäischen Gesellschaften gut angewendet werden konnte. Wenn die bürgerliche Presse von Massentötungen in China sprach, glaub-

Demonstrationsfieber in Westberlin. Hier: gegen den Vietnamkrieg.

ten wir es nicht.« Die Meinung, dass das gesamte Leben einer »Kulturrevolution« bedürfe, war nach der allgemeinen Stimmung und der massenhaften Lektüre von Marcuses Kritik an den »totalitären Tendenzen der eindimensionalen Gesellschaft« so verbreitet, dass selbst der *Spiegel* auf ein von der chinesischen KP kolportiertes Mao-Zitat zurückgriff, um die folgenschwere Ausdehnung und Radikalisierung der Protestbewegung zu erklären: »Der Aufschwung in der Studentenbewegung wird unausbleiblich den Aufschwung in der ganzen Volksbewegung beschleunigen.«

Nachdem der Tod Benno Ohnesorgs und diverse Übergriffe durch Polizei und Bevölkerung schon die Eskalationsschwelle immer weiter gesenkt hatten, brachte die »Schlacht am Tegeler Weg« vom 4. November zumindest einen »Aufschwung« der Gewalt zwischen Demonstranten und Polizei. Anlass war die Einberufung eines Ehrengerichtsverfahrens gegen den APO-Anwalt Horst Mahler wegen Beteiligung an einer Demonstration gegen den Springer-Konzern nach dem Attentat auf Rudi Dutschke. Am Morgen versammelten sich etwa tausend junge Menschen in der Nähe des Landgerichts am Tegeler Weg in Berlin-Charlottenburg. Ich hatte mich einer Gruppe Germanisten angeschlossen. Zu ihnen gehörte auch Klaus Hartung, der vierzig Jahre später als Redakteur der Zeit unsere gemeinsamen Erinnerungen an die »Schlacht« zusammenfasste:

»Als die Marschkolonne sich in Bewegung setzte, konnte man unschwer erkennen, dass es sich nicht um eine der üblichen Protestdemonstrationen handelt. So fehlten die Farbe, das bunte Bild der Transparente und die kunstvoll formulierten Parolen. Fast alle trugen Helme, viele waren mit Stöcken ausgerüstet oder hatten mit Zitronensäure getränkte Tücher um, in Erwartung von Tränengasgranaten. Anlass war ein Ereignis, das alle in der ›Bewegung‹ als Bedrohung empfanden.« Die Tatsache, dass der »Anwalt der Bewegung« durch die »Klassenjustiz« Berufsverbot erhalten sollte, erschien auch für viele 68er als eine persönliche Bedrohung. Doch wir Demonstranten, die wir uns an jenem Morgen kampfbereit dem Landgericht und den Polizeisperren näherten, waren alles andere als Opfer. Wir wurden auf einer Veranstaltung am Vorabend gut auf eine Eskalation der Militanz vorbereitet. Ein Lehrfilm hatte erläutert, welche Taktik im Nahkampf mit Polizisten am wirksamsten sei.

Die »Machtdemonstration«, so Hartung, begann mit einem

»Jubelschrei«. Eine Demonstrantengruppe hatte einen »zufällig« am Straßenrand geparkten Lkw entdeckt, der mit Pflastersteinen beladen war. So wurde die Polizei »von Angriffswut und Steinhageln überrascht« und musste zurückweichen. Aber trotz mehrfacher Angriffswellen gelang es uns Demonstranten nicht, in das Gerichtsgebäude einzudringen. Dennoch dauerte es mehrere Stunden, bis die Polizei uns durch den massiven Einsatz von Tränengas über die Schlossbrücke in die Otto-Suhr-Allee abdrängen konnte. Aus damaliger Sicht fiel die Bilanz, so Hartung, »für die Straßenkämpfer positiv« aus: »120 verletzte Polizisten, 22 verletzte Demonstranten, die ›Bild‹-Zeitung hetzte nicht mehr, sondern berichtete sachlich über die Hilflosigkeit der Ordnungshüter. Kurz: Es war der erste Sieg der ›Bewegung‹ im Straßenkampf. Mit geröteten Augen, aber stolz kehrte man zurück ins heimatliche Audimax der TU.«

Was den »Stolz« betrifft, so kann ich mich erinnern, dass wir ihn sinnlich erlebten, als uns während des geordneten Rückzugs beeindruckte Bauarbeiter freundlich zuwinkten. »Aber der Triumph war auch ein Paradox. Denn der Sieg war zugleich das Ende von '68«, glaubte nicht nur Hartung. In der Tat hatte sich etwas verändert. An jenem Tag trat die Bewegung in eine neue Phase ein: Was als befreiender Aufbruch weg von den starren Denk- und Lebensmustern begonnen hatte, schwenkte nun in die Sackgasse von Militarisierung und Dogmatisierung ein. Die für alle wohl spürbare Ahnung des Abschieds vom antiautoritären Geist wurde dann auch – wie zur Selbstüberredung – in einem sich anschließenden, spontanen Teach-in »zur revolutionären Etappe« stilisiert. Die Frage, »ob man zu weit gegangen war«, stellte sich erst gar nicht. Gefeiert wurden vielmehr die Rocker, die »als Vorboten der proletarischen Jugend« an vorderster Front gekämpft hatten. Nach all den realen und diskursiven Prügeln von Polizei und Presse schienen wir nun plötzlich mit den Vertretern des grundlegend abzulehnenden Systems auf Augenhöhe –

so wie unsere Genossen Che Guevara, Ho Chi Minh, Maos »Rote Garden« und die Barrikadenkämpfer in Paris, auf die wir zuvor immer neidvolle Blicke gerichtet hatten.

Der »Geist der Sorbonne«

Dabei ließ sich die gewalttätige Demonstration am Tegeler Weg mit den Mai-Ereignissen von 1968 in Paris in keiner Weise vergleichen. Damals herrschte in Frankreich Ausnahmezustand. Die Studenten bauten Barrikaden und Millionen von Arbeitern und Angestellten befanden sich im Generalstreik. Das Land war gelähmt. Die Regierung schien handlungsunfähig und die V. Republik am Ende zu sein, deshalb beriet sich Staatspräsident de Gaulle Ende Mai in Baden-Baden mit General Jacques Massu über die Verlässlichkeit des Militärs. Die Studentenunruhen hatten bereits im März an der Pariser Universität Nanterre begonnen. Einer Anekdote zufolge soll der Konflikt durch ein Gespräch des 22-jährigen Soziologiestudenten Daniel Cohn-Bendit mit dem Jugend- und Sportminister François Missoffe entstanden sein. Die in Zeiten der aufkommenden Massenuniversität eilig als Ausweichquartiere eingerichteten Campusgebäude in Nanterre strahlten zweckdienliche Sachlichkeit aus. Sie waren zum Teil noch von Behausungen aus Wellblech umgeben, es gab keine zentrale Bibliothek, und die Studentenheime glichen Kasernen mit strikter Geschlechtertrennung. Zum Trost hatte der Minister ein kleines Schwimmbecken bauen lassen. Als Cohn-Bendit ihn auf die jämmerlichen Zustände auf dem Universitätsgelände ansprach, soll er geantwortet haben: »Springen Sie in Fällen sexueller Not doch einfach ins kalte Wasser!« Diese Anekdote hatte einen realistischen Hintergrund, denn als die Studenten von Nanterre am 22. März 1968 das Verwaltungsgebäude der Universität besetzten, lautete eine ihrer Forderungen: »Aufhebung der Geschlechtertrennung in den Studentenwohnheimen!« Als wegen der Proteste am 2. Mai die Nanterre-Fakultäten geschlossen wurden, solidarisierten sich die Sorbonne-Studenten mit Besetzungsaktionen, Anführer war Cohn-Bendit, ein Absolvent der deutschen Odenwald-Schule. Er besaß jene berühmte »Danton«-Stimme, warf sich bei den im Mai folgenden Straßenschlachten im Quartier Latin voller Inbrunst ins Getümmel und stand als »Dany le Rouge« auf den Barrikaden. Als Hunderte von Studenten festgenommen und verletzt wurden, beteiligten sich an den Auseinandersetzungen auch immer mehr Schüler, Arbeiter, Arbeitslose und Immigranten. Besonders blutig verlief die »Nacht der Barrikaden« vom 10. auf den 11. Mai, in der die Polizei mit der Räumung der Straßensperren begann. Es gab zahlreiche Schwerverletzte und auch ein Todesopfer, den 17-jährigen Schüler Gilles Tautin, der Mitglied einer maoistischen Jugendorganisation war. Anders als in Deutschland und den europäischen Nachbarländern existierten in Frankreich bereits vor den Mai-Ereignissen von 1968 Organisationen und Zeitschriften, die sich in Abgrenzung von der moskautreuen PCF, als »maoistisch« und »kulturrevolutionär« begriffen. Auch die Populärkultur war davon betroffen, wie beispielsweise Jean-Luc Godards Film *La Chinoise* aus dem Jahre 1967 beweist. Das Besondere des Pariser Mai bestand darin, dass sich die Revolte der Studenten mit Streikaktionen der Arbeiter verband – gleichzeitig aber unterschiedliche Ziele verfolgte. Auf der einen Seite kulturelle Anarchie und Abschaffung der bürgerlichen Gesellschaft, auf der anderen Seite befristeter Widerstand gegen Abbau der Sozialleistungen. Symbolisch dafür waren zum Beispiel die Aktionen am 15. Mai: Arbeiter streikten in der Renault-Fabrik für mehr Lohn und Studenten besetzten das Odéon-Theater mit der Forderung nach einer »Kulturrevolution«. Der spezifische Nährboden für die wachsende Bedeutung maoistischer Ideen in Frankreich war der politische und kulturelle Paternalismus unter Charles de Gaulle und die zunehmende

Diskreditierung des sowjetischen Modells als globale Alternative. Anfang der Siebzigerjahre verbanden vor allem namhafte Intellektuelle wie Jean-Paul Sartre, Michel Foucault, André Glucksmann, Louis Althusser, die *Tel-quel*-Gruppe um Philippe Sollers und Julia Kristeva oder Charles Bettelheim ihre alternativen politischen und kulturellen Ideen mit einer ikonenhaften Verehrung des »Philosophenkönigs« Mao Zedong. Der französische linke Philosophiestar Alain Badiou hält noch heute an Mao als zentraler Orientierungsfigur fest.

Auch Sartre hatte damals relativ konkrete Organisationsvorstellungen, wie er im Februar 1973 dem *Spiegel* erläuterte: »Die Maoisten [...] existieren in Frankreich seit dem Jahre 1967, arbeiteten damals in den Basisgruppen und in den Ausschüssen gegen den Vietnamkrieg und beriefen sich auf das Beispiel Chinas, insbesondere auf die Kulturrevolution. 1968 brachten sie, obwohl es sich allgemein um Intellektuelle handelte, keine große Begeisterung für den Aufstand der Studenten auf. Sie sind aber sofort in die Fabriken gegangen und haben versucht, dort den Kampf mitzumachen, der dann ja auch kam. Man nannte sie die marxistisch-leninistische-kommunistische Jugend. Sie spaltete sich dann in eine Organisation, die direkt mit den Chinesen verbunden ist, während andere die ›Proletarische Linke‹ [›Gauche Prolétarienne‹] bildeten, eine Organisation, der ich mich genähert habe.« Mehr als für die von Sartre favorisierte Organisation und die von ihm protegierte Zeitschrift *Cause du peuple* interessierte ich mich für jene französischen Altkommunisten, die »direkt mit den Chinesen« in Kontakt standen. Ihr Anführer Jacques Jurquet war bereits 1964 aus der PCF ausgeschlossen worden, weil er sich »um die Wahrheit über die chinesische Frage« bemühte. Er gründete die maoistische Parti communiste marxiste-léniniste de France (PCMLF) und gab nach deren Verbot – was ich besonders spannend fand – die einzige außerhalb Chinas existierende maoistische Tageszeitung heraus, *L'Humanité rouge*. Jurquet war

Sartre gegenüber misstrauisch. Schon in den Vierzigerjahren hatte er als Teil der kommunistischen Résistance die Zusammenarbeit mit Sartre und der Intellektuellengruppe »Socialisme et liberté« abgelehnt, weil er sie für kleinbürgerliche Individualisten und nicht für vertrauenswürdig hielt. Offensichtlich betrachtete Jurquet Sartre auch 1968 als keinen effizienten »maoistischen« Kämpfer, sondern stufte ihn zusammen mit dem »amerikanischen Professor« Herbert Marcuse in das neutrale Lager der »bürgerlich-demokratischen Philosophen« ein. Nachsichtiger zeigte er sich bei Daniel Cohn-Bendit, dessen »Ideen« und Aktionen er angesichts der »niederträchtigen Angriffe« der moskaukommunistischen *Humanité* und der gesamten revisionistischen Presse gegen den »deutschen Anarchisten«, wie auch das skandalöse Aufenthaltsverbot in Frankreich, das die gaullistische Regierung über ihn als »Ausländer« verhängt hatte, in Schutz nahm. An Cohn-Bendit schätze er den radikalen Bruch mit allen »verkalkten politischen Parteien«, insbesondere mit den Sozialisten und den Parteikommunisten, deren Wirken er rundweg als »konterrevolutionär« betrachtete. Auch Cohn-Bendits Relativierung der Rolle der Studenten, die ohne die Arbeiterklasse nichts Revolutionäres vermochten, gefiel dem Altkommunisten. Allerdings vermisste Jurquet die richtigen Schlussfolgerungen. Denn sobald Cohn-Bendit sich anschicke, »weiter auszuholen«, verrenne er sich »in ein Geschwätz, das große ideologische Wirrnis« ausdrücke und »nicht frei von anarchistischen Tendenzen« sei. Doch eine genaue »ideologische« Einordnung der Mai-Unruhen in Frankreich mit entsprechenden Schlussfolgerungen (so in seinem Buch *Mai 68. Der Revolutionäre Frühling*) fielen auch dem Maoisten schwer. Dass das »kapitalistische Frankreich« nicht mit dem »sozialistischen China« zu vergleichen sei, wollte er nicht leugnen – und auch die Frage, ob eine Kulturrevolution *vor* der grundlegenden sozialen Revolution stattfinden könne, mochte er nicht beantworten. Gleichwohl sah er eine tiefliegende Verbindung und

Verwandtschaft zwischen den revolutionären Mai-Tagen und der chinesischen Kulturrevolution. Die wichtigste Unterstützung für diesen Vergleich lieferten ihm die Chinesen selbst. Es waren nicht nur die Meldungen der Agentur »Neues China«, die Jurquet zitieren konnte, sondern auch begeisterte Solidaritätsbotschaften, wie jene einer Volksversammlung aus Peking vom 21. Mai 1968:

»Die Kampfbewegung der Arbeiter und Studenten in Frankreich zeichnet sich durch eine seit dem Zweiten Weltkrieg noch nie dagewesene Breite und ungeheure Kraft aus. Obwohl Paris und Peking durch Berge und Meere getrennt sind, nehmen wir im Geiste am Kampf des französischen Volkes teil. Wir verfolgen ihn mit Begeisterung und unterstützen ihn mit Entschiedenheit. Wenn sich in der gegenwärtigen ausgezeichneten Situation die Studentenbewegung und die Arbeiterbewegung in Frankreich vereinigen, dann wird ihr Kampf noch mehr Lebenskraft und Breite gewinnen und eine ganz neue Situation schaffen. Wir sind überzeugt, dass die Erben der ruhmreichen Pariser Kommune und die werktätigen Massen der anderen Länder in Nordamerika und Europa, dem Zentrum der kapitalistischen Welt, ihren Kampf vereinigen mit dem revolutionären Kampf der Völker von Asien, Afrika und Lateinamerika und dass daraus ein mächtiger revolutionärer Strom entstehen wird, der das verbrecherische kapitalistische System hinwegfegen und die Imperialisten, die modernen Revisionisten und alle anderen menschenschindenden Ungeheuer unter sich begraben wird.«

Solche Botschaften aus China schmeichelten sogar dem Nationalstolz der bürgerlichen *Le Monde*, die mit einem Leitartikel unter dem Titel »Paris und Peking« reagierte, in dem es hieß: »Es mag paradox erscheinen, aber die chinesischen Kundgebungen der letzten Tage sind zutiefst profranzösisch, indem sie nämlich enthusiastische Beifallskundgebungen für das ›französische Volk‹ darstellen […]«. Die Bilder aus Paris mit ausgebrannten Autowracks und gefällten Bäumen als Barrikaden gingen um die

Welt und veranlassten auch die Kubaner zu einer Stellungnahme. So vereinnahmte Radio Havanna den »Geist der Sorbonne« als eigenes Exportprodukt: »[...] man muß begreifen, dass dieser Geist mit den Ideen der kubanischen Revolution in enger Verbindung steht. Die amerikanische und europäische Jugend hat sie sich zu eigen gemacht.«

Die Beschwörung des »Geistes der Sorbonne«, das war zugleich eine Erinnerung an den »Geist von 36« (»esprit de 36«), den Geist der Volksfront. Doch ähnlich wie die Front populaire bald vor den innen- und außenpolitischen Begebenheiten kapitulieren musste und die »kulturelle Revolution« (Danielle Tartakowsky) des Bündnisses von Arbeitern und Intellektuellen kollabierte, verschwand auch dreißig Jahre später der »Geist der Sorbonne«. Auf dem Höhepunkt der Mai-Bewegung, als de Gaulle aus Paris verschwunden war, hatte der Sozialist François Mitterrand voreilig die Einsetzung einer provisorischen Regierung angekündigt. Doch de Gaulle kam umgehend zurück, löste das Parlament auf, kündigte eine Volksabstimmung an und drohte mit dem Ausnahmezustand. Am 30. Mai gingen in Paris Hunderttausende für ihn auf die Straße. Die Arbeiter kehrten in die Fabriken zurück und die Studenten mussten die besetzten Universitäten wieder freigeben. Ende Juni erhielten die Konservativen bei den Parlamentswahlen die absolute Mehrheit. Die Chinesen hielten sich fortan mit enthusiastischen Deutungen und Botschaften zurück – ihre »Kulturrevolution« ging weiter, aber auch die im Februar 1967 nach dem historischen Pariser Vorbild gegründete Schanghaier Kommune wurde wieder aufgelöst, weil Mao indigniert gefragt hatte: »Kann etwa die Kommune die Partei ersetzen?« Auch der revolutionäre Elan der Pariser Maibewegung musste verebben, so glaubten wir deutschen Maoisten, weil die Studenten zu organisationsfeindlich waren. Wir machten uns in der Folge daran, dieses Defizit zu beheben. Allerdings war die zu organisierende Masse weiterhin nicht in Sicht. Doch »vor

Häme sollten sich Kritiker hüten«, meinte der Soziologe Wolf Lepenies selbst noch vierzig Jahre später und fragte: »War der ›Pariser Mai‹ ein Spuk, ein revolutionärer Karneval, der im Aschermittwoch enden musste? Oder eine soziale Bewegung, die nicht nur die Grundfesten der französischen Republik erschütterte, sondern zeigte, wie brüchig es um die Stabilität der modernen post-industriellen Gesellschaften bestellt ist?«

Der »heiße Herbst« 1969

Der Vorschein eines revolutionären Subjektes hatte sich zuvor in Italien blicken lassen und schien gegen Ende der Sechzigerjahre sogar bis nach Deutschland zu reichen. Seit Anfang des Jahrzehnts hatte es regelmäßig Arbeiter- und Bauernproteste gegeben, die immer wieder von der Polizei niedergeschlagen wurden. Dabei war der scheinbar natürliche Schulterschluss mit den Studenten, den wir uns so herbeisehnten, bemerkenswert. Schon 1960 hatten in Genua Hafenarbeiter, ehemalige Widerstandskämpfer, Studenten und Jugendliche gemeinsam gegen einen Kongress des faschistischen Movimento Sociale Italiano demonstriert. Entscheidend dafür war offensichtlich, dass sich eine von den Massen geteilte rebellische Tradition aus der kommunistischen Linken der Vorkriegszeit über die Jahre der Resistenza gegen die deutsche Nazibesatzung bis in die Zeit nach dem Zweiten Weltkrieg, in der die Christdemokraten nun die faktische Alleinherrschaft ausübten, beibehalten hatte. Aber auch hier verlor die Kommunistische Partei als Repräsentantin der revolutionären und subversiven Kräfte immer stärker an Bindungskraft. So entstanden aus den Arbeitskämpfen radikale revolutionäre Gruppierungen wie »Lotta continua« und »Potere operaio«, denen es gelang, die Formen der Arbeiterkämpfe im Norden Italiens zu radikalisieren. In ihnen tummelten sich auch viele Studenten, die sich als Intellektuelle der Bewegung verstanden und teils widersprüchliche Auffassungen zu ihrem Verhältnis zu den Arbeitern vertraten. Immer öfter gingen Streiks in Fabrikbesetzungen über, so vor allem in den Werken von Fiat. Insgesamt brachten die Arbeiter es auf über 300 Millionen Streikstunden und erkämpften bis 1970 Lohnerhöhungen von über 18 Prozent und für die folgenden zwei Jahre noch einmal weitere 9 Prozent – eine Entwicklung, die den Unternehmen große Sorgen machte und das politisch-ökonomische System ins Wanken zu bringen drohte. Am 12. Dezember 1969 explodierten auf der Piazza Fontana in Mailand Bomben, die 16 Menschen in den Tod rissen und über 100 weitere verletzten. Das geschah lange vor der Existenz der Roten Brigaden und den Terroraktionen der Partisanengruppe des Verlegers Giangiacomo Feltrinelli. Der Anschlag sollte der Linken in die Schuhe geschoben werden. Zahlreiche Mitglieder spontaneistischer, anarchistischer und maoistischer Organisationen wurden verhaftet. Während der Verhöre starb der Anarchist Guiseppe Pinelli (ein 41-jähriger Eisenbahnarbeiter), als er nachts aus dem Fenster des vierten Stockwerks der Mailänder Polizeibehörde stürzte. Das »Staatsmassaker«, wie die Linken den Anschlag vom 12. Dezember und den Tod Pinellis bezeichneten, war der Beginn einer sogenannten »Strategie der Spannung«, in deren Rahmen von Geheimdiensten und Neofaschisten zahlreiche weitere Bombenanschläge verübt wurden und die im Frühjahr 1970 mit zur Gründung der Roten Brigaden und anderer linksterroristischer Organisationen führte. Damit begann auch in Italien eine äußerst brutale Militarisierung des sozialen Protestes, die Tausende Leben zerstören sollte.

Ähnlich wie in Italien bewirkte der Herbst 1969 aber auch für das Bewusstsein der außerparlamentarischen Opposition in Westdeutschland eine »proletarische Wende«. Im September legten etwa 150 000 Arbeiter bundesweit »in 69 Betrieben« (so eine inoffizielle Statistik) spontan die Arbeit nieder und forderten

Lohnerhöhungen und bessere Arbeitsbedingungen. Es begann in den Dortmunder Stahlwerken der Hoesch AG mit 27 000 Streikenden, gefolgt von der Ruhrkohle AG mit 10 000, den Kieler Howaldtswerken mit 7000, der oberpfälzischen Maximilianshütte mit 3600, den Laurenz Textilwerken im münsterländischen Ochtrup mit 1500 oder auch der Stadtreinigung Kaiserslautern mit einigen hundert Aktiven. Überrascht zeigten sich nicht nur Politiker, Unternehmer, Gewerkschaften und Medien, sondern auch wir Aktivisten der APO. Das idyllische Bild der friedlichen Herrschaftsstabilität, das bisher nur durch Proteste der Studenten gestört wurde, schien plötzlich wie in Italien und Frankreich auch durch Streikaktionen der Arbeiter gefährdet. Nicht nur der Umfang und die rapide Ausbreitung waren ein Novum in der Bundesrepublik – noch ungewöhnlicher war, dass die Aktionen ohne Rücksicht auf die »Friedenspflicht« der Gewerkschaften sich als spontane »wilde« Streiks artikulierten. Diese Arbeitskämpfe, so schien es, waren Anzeichen einer bisher nicht vermuteten Distanz der Arbeiter zu den politischen Verhältnissen. So sprachen die Zeitungen von »unbegreiflichen Eruptionen«, von »Manipulationen« angesichts der bevorstehenden Bundestagswahlen, einige machten »kommunistische Agitatoren« verantwortlich und befürchteten eine deutsche Variante der französischen und italienischen Unruhen. In dieser aufgeheizten Situation kritisierte der Präsident des Bundesverbandes der deutschen Industrie, Fritz Berg, die zurückhaltende Haltung der Polizei gegenüber den »illegal« Streikenden mit dem Ausbruch, man hätte »ruhig schießen sollen, dann herrscht wenigstens Ordnung«.

Schon lange vor den Septemberstreiks hatte sich in der Westfalenhütte und den anderen Hoesch-Werken große Unzufriedenheit ausgebreitet. Nach der Eingliederung der Dortmund-Hörder Hüttenunion im Oktober 1966 in den Hoesch-Konzern ergab sich eine Ungleichheit im Lohnsystem, dessen versprochene Angleichung immer wieder hinausgezögert wurde. Als dann gewerkschaftliche Vertrauensleute die Information weitergaben, dass die Konzernleitung den Aktionären aufgrund steigender Stahlpreise eine höhere Dividende versprochen hatte, war das der zündende Funken. Nach Gesprächen mit den Vertrauensleuten stellten die Betriebsräte der drei Hoesch-Werke am 1. September die Forderung nach einer Lohnerhöhung von 20 Pfennig – im Interesse der niedrigen Lohngruppen wurde bewusst keine prozentuale Forderung erhoben. Als die Konzernleitung sich bereit erklärte, ab Dezember 15 Pfennig mehr zu zahlen, empfahlen die Betriebsräte der Werksteile Union und Phoenix die Annahme. Die Betriebsräte und Vertrauensleute der Westfalenhütte jedoch lehnten ab und beschlossen, vor dem Verwaltungsgebäude zu protestieren.

»In blauen und weißen Arbeitsanzügen, die roten, weißen, grünen oder grauen Schutzhelme aufgesetzt«, so der Augenzeuge

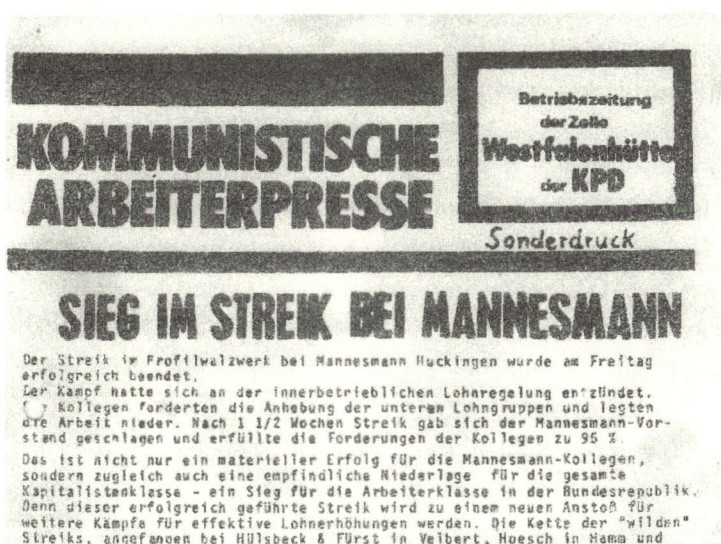

Betriebszeitung der »KPD«-Zelle in der Westfalenhütte/Hoesch: Ziel ist es unter anderem, über Kämpfe und Kampfmethoden in anderen Betrieben zu informieren.

Fritz Noll, »strömten sie aus den Werkstoren, formierten sich zu Zügen, kamen sternförmig zum Verwaltungsgebäude der Hoesch AG in der Eberhardstraße. ›30 Pfennig‹ – riefen sie im Sprechchor. ›30 Pfennig‹ – war auf dem Rücken der Kumpel zu lesen. ›30 Pfennig‹ stand auf den Verkehrsschildern, an denen die Stahlwerker vorbeigezogen waren. ›30 Pfennig‹ - war auf das Straßenpflaster geschrieben. Ich weiß nicht, ob das Verwaltungsgebäude der Hoesch AG, ein alter, im Jugendstil erbauter Prachtbau mit neuen Seitenflügeln, je solchen Besuch erhielt, wie er am Dienstagvormittag erschien. Arbeitsstiefel auf Marmorfliesen, Arbeiter auf den Teppichen, die ansonsten den Direktoren und ihrem Fußvolk vorbehalten blieben. ›Ausbeuter – Ausbeuter!‹ – das Haus erbebte in seinen Grundfesten, als weit über 1000 Kumpel das Verwaltungsgebäude besetzten und in Sprechchören ihrem Zorn Luft machten. Auf der Straße und in den Grünanlagen schwoll inzwischen die Menge auf über 5000 Arbeiter an. Helm an Helm, Sirenen und immer wieder der rhythmische Sprechchor ›30 Pfennig‹ machten auch dem letzten Beobachter klar: Die Belegschaft der Westfalenhütte hat sich wie ein Mann erhoben, und sie wird nicht eher weichen, bis ihre Forderung erfüllt ist. Vor der Tür des Zimmers im Direktionsgebäude, in dem der Vorsitzende des Vorstandes der Hoesch AG, Dr. Harders, mit seinen Arbeitsdirektoren Hölleskamp und Siebert auf der einen, die Betriebsräte unter der Leitung ihres Vorsitzenden, Albert Pfeiffer, auf der anderen Seite verhandelten – vor dieser Tür standen die Kumpel und warteten […]«.

Als die Geschäftsführung einen Lautsprecherwagen der Betriebsfeuerwehr holen ließ, um ihre Position zu erläutern, wurde der Wagen von den Arbeitern in Besitz genommen und zur Zentrale der provisorischen Streikleitung umfunktioniert. Schließlich folgten auch die Arbeiter von Phoenix und Union dem Aufruf der Kollegen der Westfalenhütte, und sie setzten gemeinsam eine Lohnerhöhung von 30 Pfennig in der Stunde durch. Es war ein

Signal für alle anderen Betriebe, die sich an den Septemberstreiks beteiligten. Im Schnitt wurden 16 Prozent Lohn- und Gehaltserhöhungen erstritten. Der Betriebsrat der Klöckner Werke AG/Hütte Bremen erklärte dazu: »Das Gesamtergebnis dieser Lohnbewegung ist auf die selbstbewusste Haltung der Stahlarbeiter zurückzuführen. Eine Lohn- und Gehaltserhöhung dieser Größenordnung hat es seit Gründung der Bundesrepublik noch nicht gegeben.«

Ohne Analyse der politischen Hintergründe ist dieses Ereignis nicht zu verstehen. Damals regierte die erste Große Koalition unter dem christdemokratischen Kanzler Kurt Georg Kiesinger und dem sozialdemokratischen Vizekanzler und Außenminister Willy Brandt. Typisch für diesen »historischen Kompromiss« war das Gespann aus CSU-Finanzminister Franz Josef Strauß und SPD-Wirtschaftsminister Karl Schiller. »Plisch und Plum«, wie sie genannt wurden, beschlossen das »Stabilitäts- und Wachstumsgesetz« im Sinne einer »konzertierten Aktion«. Dadurch hatten Bund und Länder das Recht, im Falle der Gefährdung ihrer Wirtschaftsziele Orientierungsdaten festzulegen, nach denen sich Gewerkschaften und Arbeitgeberverbände richten mussten. Die Aufgabe der SPD war es, die Gewerkschaften zu einer »freiwilligen« Teilnahme an der »konzertierten Aktion« zu bewegen. So eingebunden konnten diese auf Veränderungen der wirtschaftlichen Lage nicht mit eigenständigen Forderungen und Aktionen reagieren. Die in der Zeit der Großen Koalition eingeleitete Exportoffensive brachte den großen Unternehmen einen unerwartet schnellen Aufschwung und große Profite. In der Folge kam es dann zum sogenannten Lohnstau. So entstanden im Herbst 1969 die selbständigen Streiks, die sich gegen die SPD-orientierten Gewerkschaftsführungen organisieren mussten. Dass diese Aktionen wenige Wochen vor den Bundestagswahlen begannen, war natürlich kein Zufall. Es war auch ein Protest gegen die Große Koalition, die von einem Kanzler mit Nazivergangenheit geführt wurde. Kiesinger trat bereits unmittelbar nach Hitlers Machtergreifung der NSDAP bei, war nicht nur einfacher Parteifunktionär, sondern avancierte zum stellvertretenden Abteilungsleiter im NS-Außenministerium Ribbentrops. Aufgrund dieser Karriere wurde er Ziel einer der symbolträchtigsten Aktionen des Jahres 1968. Im November, als Kiesinger sich auf dem CDU-Parteitag feiern ließ, verpasste die 29-jährige Beate Klarsfeld ihm vor laufenden Fernsehkameras eine Ohrfeige. In dieser Handgreiflichkeit kam die Empörung über die personelle Kontinuität zwischen Nationalsozialismus und der Bundesrepublik zum Ausdruck, eine Kontinuität die sich auch am Beispiel der »zweiten« Karriere von Hitlers Lieblingsarchitekt und Rüstungsminister Albert Speer zeigte. Die Wahlen im Herbst 1969 brachten zwar Willy Brandt und eine sozialliberale Koalition an die Macht, doch gleichzeitig wurde auf der Frankfurter Buchmesse der »gute Nazi« Speer mit seinen *Erinnerungen* als Deutschlands Superstar gefeiert. Wie wohl sich das konservative Bürgertum während der Sechzigerjahre in der Nähe des »unschuldig Schuldigen« fühlte, beweist die publizistische und »menschliche« Komplizenschaft des Verlegers Wolf Jobst Siedler und des späteren *FAZ*-Herausgebers Joachim Fest mit Speer.

Politologen haben eine Reihe von Gründen angeführt, warum zu Beginn der Siebzigerjahre in wichtigen Sektoren der westdeutschen Gesellschaft ein Bedürfnis nach Veränderung, nach Auflockerung von als starr und unbeweglich empfundenen Strukturen entstand. Aber all diese strukturellen Ursachen, von Kurt Sontheimer zusammengefasst als »Immobilismus in der Deutschlandpolitik«, »Verfestigung des pluralistischen Systems« oder »Schwerfälligkeit der traditionellen Bildungspolitik angesichts neuer Herausforderungen der technischen Zivilisation«, waren keine ausreichende Erklärung für den in der Folge der Studentenrevolte erfolgten massiven Durchbruch neuer politischer Bewusstseinsinhalte. Ohne den Glauben an Willy Brandt als

Hoffnungsträger und dann – wie es auch mir erging – die grenzenlose Enttäuschung über sein »Paktieren« mit dem Altnazi Kiesinger und dem CSU-Reaktionär Strauß wäre die Radikalisierung der 68er-Bewegung undenkbar gewesen. Er war in der Tat kein typisch deutscher Politiker. Wie bei kaum einem anderen Nachkriegspolitiker war Brandts Politik- und Demokratieverständnis durch das Exil geprägt. Er wurde zwar noch in Lübeck, wie er sich ausdrückte »in die Bebel'sche Sozialdemokratie hineingeboren«, verließ Deutschland aber schon als Neunzehnjähriger. Die für jeden Menschen so entscheidenden Jahre zwischen zwanzig und dreißig erlebte er außerhalb Hitler-Deutschlands »in zwei Welten«: in der Welt der deutschen Emigranten und der Welt der skandinavischen Sozialdemokratie. Die Erfahrungen in der skandinavischen Welt bestimmten seinen Weg auch nach 1945 so deutlich, dass selbst in der SPD – und nicht nur aus den Reihen der Flakhelfer- und HJ-Generation – der Vorwurf zu hören war, Brandt sei »Norweger und nicht Deutscher«. Die Impulse, die er von den skandinavischen Sozialdemokraten erhalten hatte, verglich Brandt mit dem, »was aus den Kraftquellen des Christentums und des Humanismus gekommen war«. Er wurde Mitglied der 1931 als linke Abspaltung der SPD gegründeten Sozialistischen Arbeiterpartei Deutschlands (SAP). Als Germanist *und* 68er habe ich mit großer Sympathie zur Kenntnis genommen, dass Brandt sich von dem französischen Volksfrontexperiment, der Persönlichkeit des »Kultursozialisten« Léon Blum sowie dem Engagement der Exilschriftsteller in Paris angezogen fühlte. Er stand für mich in einer Reihe mit Louis Aragon und Heinrich Mann. Noch im Rückblick des Jahres 1982 widersprach er der »gängigen These, die Volksfront sei bloß ein Geschöpf Moskauer Strategie und kommunistischer Taktik« gewesen. »An die Volksfront in Frankreich und Spanien haften sich die Bürgerschreckklischees, die kaum aus der Welt zu schaffen sind. Es sollte aber die Pflicht politischer Zeitgenossen – und erst recht der Historiker – sein, eine differenzierte Betrachtung zu versuchen.« Der »Begriff der Volksfront«, so Brandt, sei, »alles in allem, für einen jungen Antinazi attraktiv« gewesen. Doch wie konnte aus dem »jungen Antifaschisten« und Sozialisten ein Nachkriegspolitiker werden, der mit der »reaktionären« CDU paktierte und repressive »Berufsverbote« verhängte? Dafür brachten wir kein Verständnis auf, es erzeugte bei uns nur Enttäuschung und Wut.

Als wir (Klaus Hartung, Christian Heinrich, Jürgen Horlemann, Peter Neitzke, Christian Semler und ich) dann Anfang Dezember 1969 unser Thesenpapier »Die erste Etappe des Aufbaus der Kommunistischen Partei des Proletariats« in die Berliner Organisationsdebatte der *Roten Presse Korrespondenz* einbrachten, stützten wir uns nicht nur auf ahistorisch-dogmatische Versatzstücke von Marx, Lenin, Stalin und Mao Zedong, sondern glaubten auch, die Lehren aus dem Pariser Mai zu berücksichtigen. Wir hatten den aktuellen »heißen Herbst« in Italien vor Augen, die Besetzung der Fiat-Betriebe in Turin mit tatkräftiger Unterstützung der Gruppe Lotta continua und nicht zuletzt die wilden Septemberstreiks in Deutschland einschließlich der Enttäuschung über Willy Brandt und die angepassten »Revisionisten«. Die *Rote Presse Korrespondenz* war im Februar 1969 als »antirevisionistischer« Gegenpol zum SED/SEW-nahen und von ehemaligen *Spiegel*-Redakteuren geleiteten *Berliner Extra-Dienst* gegründet worden und sollte der organisatorisch zerfallenden außerparlamentarischen »Studenten-, Schüler- und Arbeiterbewegung« ein wöchentliches Orientierungsforum bieten. Mit einer Startauflage von 10 000 Exemplaren und einem guten Vertriebsnetz gelang es dem Blatt schnell, auch über Westberlin hinaus Einfluss zu gewinnen. Vor Ankündigung der »Arbeitskonferenz« wurden die Mehrheitsverhältnisse in der Redaktion bereits von der Gruppe um unser Thesenpapier bestimmt. Dennoch erscheint im Rückblick die pluralistische Bandbreite des damaligen Diskussionsforums erstaunlich. Etwa 150 Delegierte repräsentierten während der zweitägigen Konferenz in einem Saal der Technischen Universität Berlin ein buntes Spektrum von mehr als fünfzig »arbeitenden Gruppen«. Zu ihnen gehörten unter anderem die Redaktion der libertär gesinnten Zeitschrift *Agit 883*, zwei Fraktionen des »Aktionsrats zur Befreiung der Frauen«, »Ad-hoc-Gruppen« und »Rote Zellen« aus den TU-Bereichen Chemie, Ingenieurwissenschaften, Physik, Maschinenbau und Wirtschaftswissenschaften, »Ad-hoc-Gruppen« und »Rote Zellen« der Freien Universität aus den Bereichen Biologie, Germanistik, Jura, Mathematik, Medizin, Ökonomie, Psychologie, Publizistik, Soziologie, zwei Fraktionen der »Arbeiterkonferenz«, die »Basisgruppe Moabit«, Betriebsgruppen von NCR und Neckermann, die »INFI-Projektgruppe Afrika«, der »Italien-Arbeitskreis«, eine »Kommunistische Zelle Historiker«, verschiedene Gruppen der »Marxisten-Leninisten« (»MLer«), das »Palästina-Komitee«, die »Ruhrkampagne«, zwei Fraktionen des »Sozialistischen Arbeiter- und Lehrlingszentrums« (SALZ), die »Sozialistische Assistentenzelle am Otto-Suhr-Institut« und natürlich Vertreter der »RPK-Geschäftsführung und Vertrieb«. Als nicht stimmberechtigte Gäste nahmen unter anderem teil: die Betriebsgruppen Schering und Telefunken, die Konföderation Iranischer Studenten, der »Medizinerladen«, Vertreter der »Roten Garden«, die »Rote Zelle Pädagogische Hochschule«, das »Sozialistische Anwaltskollektiv«, Vorstandsmitglieder des SDS und Abgesandte aus Gießen, Hamburg, München und Tübingen sowie auch die Unione Emigranti Italiani Progressisti.

Obwohl fast alle Positionspapiere und Diskussionsbeiträge sich irgendwo und irgendwie auf Mao Zedong berufen, konnten die verschiedenen Erfahrungen und ideologischen Positionen organisatorisch nicht unter einen Hut gebracht werden. Die anschließende Einschätzung der Redaktion lässt durchblicken, dass man das auch nicht erwartet hatte. »Die Vorstellung von der RPK als einem organisationsstiftenden Organ« habe sich »nicht durchsetzen können«, heißt es im Bericht vom 19. Dezember 1969. »Dennoch«, so die Ankündigung, »wurden in den Diskussionen während der zwei Tage Ansätze und Perspektiven gefunden, die die Grundprinzipien einer revolutionären Organisation konkretisieren können und bald ihren Ausdruck in einer endgültigen Reorganisation der RPK finden werden«. Damit wurde eingestanden, dass der »Reorganisations«-Plan schon vorher feststand. Das »Thesenpapier« sollte eine Bündnisgrundlage schaffen, um die mit Bernd Rabehls »Ruhrkampagne« kooperierenden »Marxisten-Leninisten« als lästige Konkurrenz für den Parteiaufbau zu verdrängen.

Rabehl zählte schon im Berliner SDS neben Dutschke, Semler und Wolfgang Lefèvre zu den wichtigsten Führungsfiguren. Er kannte Lenins *Staat und Revolution* auswendig und machte sich zu Recht lustig über unseren Prinzipienstreit, ob nun eine marxistisch-leninistische »Aufbauorganisation« oder »Übergangsorganisation« notwendig sei. Was ihn aber um die Sympathie der Mehrheit der Delegierten brachte, war seine demonstrative Überheblichkeit. Rabehls Kritik an unseren Thesen wurde, wie das Protokoll dokumentiert, heftig durch Zwischenrufe gestört, die nicht nur von unseren Sympathisanten kamen. Und es hatte auch nichts mit einer Vorahnung seiner späteren Mutation – ähnlich wie der von Horst Mahler – zum Rechtsradikalismus zu tun, obwohl Rabehl bereits zu Beginn der Sechzigerjahre grüblerische »Notizen zum Problem von Marxismus und Nationalismus« verfasst hatte. Tilman Fichter zum Beispiel, der später für den SPD-Vorstand als offizieller Referent für Schulung und Bildung tätig werden sollte, schien sich an gemeinsame SDS-Sitzungen zu erinnern und rief dem Redner wütend zu: »Bernd, Du bist nicht der Weltgeist!« Auch der Politologe Johannes Agnoli, der wegen seiner 1967 gemeinsam mit Peter Brückner verfassten Schrift *Transformation der Demokratie* als linker Aufklärer galt (über seine Vergangenheit als Mussolini-Anhänger und Freiwilliger der

Waffen-SS war man damals noch nicht informiert), stellte sich schützend vor unser »Thesenpapier«, indem er Rabehl lautstark als »Denunzianten« bezeichnete. Und der angehende Schriftsteller Peter Schneider, der allen wegen seiner aktuellen Italienerfahrungen imponierte, gab uns ebenfalls Rückendeckung mit dem Hinweis, »dass in der ersten Phase des Aufbaus einer Organisation, die Organisation von oben nach unten aufgebaut wird und dass das Prinzip des Zentralismus in dieser Phase überwiegt. Und ich stelle mir vor, dass diese Phase in Deutschland sehr lang sein wird. Diese Phase dient dazu, die Verankerung der zentralisierten marxistisch-leninistischen Organisation in den Massen vorzubereiten und die Spontaneität der Massen überhaupt erst freizusetzen.«

Dafür, dass die KPD-AO nach ihrer Gründung sofort die Agitprop-Arbeit aufnehmen konnte, hatten vor allem die Germanisten gute (Vor-)arbeit geleistet. Die *Rote Fahne* erschien pünktlich zum 1. Mai 1970 als »Organ der Stadtteilkomitees« (später als wöchentliches Zentralorgan der »KPD« ohne »AO«), und die verschiedenen Betriebszeitungen erhielten das einheitliche Logo »Kommunistische Arbeiterpresse«. Selbstverständlich gaben der Studentenverband (KSV), der Jugendverband (KJV) und die »Liga gegen den Imperialismus« ihre eigenen Organe heraus und die parteinahen »Kulturschaffenden« leisteten sich mit feiner Nuancierung eine *Sozialistische Zeitschrift für Kunst und Gesellschaft*. Im Parteiverlag erschien eine Schriftenreihe mit historischen Texten der Komintern, »Klassiker«-Bände (so die schon erwähnte Dimitroff-Werkauswahl) und das »wissenschaftliche« Organ *Theorie und Praxis*. Gleichzeitig nahmen Parteikader als Lektoren Einfluss auf das Programm des Oberbaum Verlages mit »revolutionären Romanen« aus der Weimarer Zeit, Stalin-Texten und einer aktuellen »Polemik« der KP Chinas. Über die Auflagenhöhe dieser Publikationsflut gibt es keine genauen Daten – manches Blatt und manche Schriftenreihe war wohl nur für die

Archivierung geplant, wofür die Einrichtung einer eigenen »wissenschaftlichen Fachbibliothek« unter dem Dach der neu gegründeten »Mehring-Gesellschaft« in Köln spricht. Auch wenn man heute mit Herbert Marcuse die »Eindimensionalität« der globalen Digitalisierung beklagen kann, wäre sie damals für die »Revolution« der 68er eher eine große Hilfe gewesen. Auf jeden Fall war im Sommer 1971 die Versorgung mit Lesestoff und Propagandamaterial sichergestellt, als einige von uns (ich gehörte dazu) zu einer Expedition ins Ruhrgebiet aufbrachen. Der von der Partei verordnete Aufbruch aus Berlin hatte auch den Abbruch persönlicher Beziehungen und wichtiger Diskussionen mit Nichtparteimitgliedern zur Folge. Wie schmerzlich das sein konnte, dokumentiert der folgende Brief einer Freundin, der mich über Umwege im September 1973 in Dortmund erreichte:

> »Lieber Willi, so richtig weiß ich gar nicht, warum ich so lange nichts von Dir gehört habe. Vielleicht ist es der Wunsch, Vergangenes zu vergessen. Es ist klar, ich werde immer mehr das, was ich als bürgerliche Intellektuelle bezeichnen würde, vielleicht eine, die manchmal ein bißchen kapiert. Natürlich lese ich die *Rote Fahne* nicht fleißiger als früher, aber dennoch ist sie eine ganz schöne Hilfe. Der Artikel über Chile ist einfach gut (Du kannst Dir sicherlich vorstellen, was ich zu diesem Thema für einen Mist gehört habe.), es ist die einzige Einschätzung, die mir einleuchtet. Ich glaube, es war noch nie so klar, warum man bei der Demonstration der Revis nicht mitlaufen kann. Nach der RF-Lektüre kann ich wohl besser argumentieren. In der Zeit, in der die bürgerliche Presse so viel über Chaoten zu berichten wusste, habe ich natürlich viel an Euch gedacht. Aber ich weiß gar nichts über Dich. Kommst Du noch manchmal nach Berlin? Hast Du Lust, mir dann Bescheid zu sagen? Ich würde gern wissen, wie es Dir so geht. Ich grüße Dich sehr herzlich H.«

Ich weiß nicht mehr, ob und wie ich geantwortet habe – aber mir war im Herbst 1973 schon klar, dass es mit den historischen Klassenschlachten, die wir noch einmal schlagen wollten, Probleme geben würde. Zwar war schon die Anreise aufregend – weithin sichtbar signalisierten die Gasometer, Fördertürme und Hochöfen von Dortmund, Essen, Bochum oder Gelsenkirchen, dass wir uns im größten industriellen Ballungszentrum Europas befanden –, doch schon bald mussten wir erfahren, dass sich die Stahlarbeiter kaum und die Bergarbeiter noch weniger für die deutsche Vergangenheit oder Chinas Zukunft interessierten. Sie hatten mit einer existenziellen Strukturkrise zu kämpfen. Natürlich gab es noch Reste des traditionellen Arbeitermilieus, doch das wirkte je nach sozialer Situation entweder wie eine Komödie oder wie eine Tragödie im Theater. Mancher SPD- oder DKP-Betriebsrat, der uns ein Flugblatt oder eine Zeitung abnahm, heuchelte im Gespräch »proletarisches Klassenbewusstsein«, nur um uns über unsere Pläne auszuhorchen. Von dem Desinteresse an der Revolution ernüchtert, verzichteten wir daher bald überwiegend auf die Propagierung der »Diktatur des Proletariats« und die plakative Verkündung der »Maotsetung-Ideen« – und beschränkten uns auf die Forderung nach dem »7-Stundentag bei vollem Lohnausgleich«. Auch wenn es in einzelnen Fällen gelang, Arbeiterfamilien auf unsere Maifeste zu locken oder einen Kongress der »Revolutionären Gewerkschaftsopposition« (RGO) mit Teilnehmern aus 200 Betrieben zu organisieren, blieb unsere Partei mit ihren Nebenorganisationen eine kleinbürgerliche Unternehmung ohne proletarische Basis. Publizistische und moralische Rückendeckung für unser Engagement im Ruhrgebiet erhielten wir durch die 1973 erschienene Sozialreportage von Bernt Engelmann und Günter Wallraff *Ihr da oben – wir da unten*. Das erfolgreiche Buch wurde zur Bibel der bundesdeutschen Gesellschaftskritik und half uns auch bei der Anwendung des Mao-Wortes »Dem Volke dienen«. Dieses Motto wurde nicht nur als fernöstliches Ideologieelement verstanden, sondern als ein allgemein anwendbares humanitäres Programm. Es war ein allgemeiner sozialer Appell zur Leistung von »Roter Hilfe« bei Berufsverboten (»Radikalenerlass«), Entlassungen, Justiz- und Polizeiübergriffen oder mangelnder medizinischer Versorgung in Entwicklungsländern. Nicht zufällig war in den aus der Studentenbewegung entstandenen maoistischen Organisationen der Anteil von Ärzten, Anwälten und Lehrern (bzw. Medizin-, Jura- und Pädagogikstudenten) relativ hoch, wobei viele von ihnen ihre soziale Empathie für »das Volk« als »kulturrevolutionären« Akt erachteten. Und ein solches Verständnis war immer noch moderater als die Flucht in den RAF-Terrorismus, was auch der *Welt*-Korrespondent Alan Posener noch Jahrzehnte später eingestand:

»Dass ich zur KPD/AO stieß, war eher zufällig. Ich hatte, um irgendetwas zu studieren, mich für Germanistik eingeschrieben, und in der ›Roten Zelle Germanistik‹ gaben die Vertreter der KPD/AO den Ton an. Das meiste, was sie sagten, verstand ich allenfalls umrisshaft, aber ich habe sie als Personen bewundert: Dietrich Kreidt, Helmut Lethen und Rüdiger Safranski zum Beispiel, aber auch Lerke von Saalfeld, Beate von Werner und vor allem Elisabeth Weber. Da war schon eine geballte intellektuelle Potenz. Ich glaube, dass es den meisten jüngeren Studenten damals so ging: die Entscheidung für eine politische Organisation war eher eine persönliche als eine ideologische Entscheidung. Man entschied sich, zu wem man gehören wollte, und eignete sich danach die politische Linie an. Die festigte sich in der Auseinandersetzung mit den anderen Sekten dann zur tatsächlichen Überzeugung.

Übrigens weiß man aus der Religionssoziologie, dass es auch bei Konversionen ähnlich zugeht. Der Konvertit entscheidet sich meistens für eine bestimmte Konfession, bevor er deren Katechismus vollständig angeeignet hat; den vertritt er in der Folge meistens besonders hartnäckig, vermutlich auch, um die eigenen

Zweifel zu überspielen. Irgendwann identifiziert er sich tatsächlich mit dem, was er vertritt.

Wenn man bedenkt, wer alles damals unter den Studenten nach Anhängern fischte (ich war zum Beispiel auch in einem Seminar, das Ulrike Meinhof leitete, und aus dem sich nach ihrem Untertauchen viele RAF-Sympathisanten rekrutierten), kann ich einigermaßen von Glück sagen, dass ich an der KPD hängen blieb. [...]

Ich bin nicht derart von meiner eigenen damaligen Charakterfestigkeit überzeugt, dass ich ausschließen könnte, bei der ›Roten Hilfe‹ oder einer anderen Sympathisantenorganisation der RAF zu landen; oder bei der SEW, dem Westberliner Ableger der SED, mit allen moralischen Dilemmas, die eine solche Nähe zur Gewalt dort, zur kommunistischen Staatsmacht hier mit sich gebracht hätte. Im Verhältnis dazu war die KPD bei allem Verbalradikalismus doch eher eine theatralische Veranstaltung.

Ich will die verbrecherische Ideologie des Maoismus – und die Verbrechen Maos – nicht herunterspielen. Aber es ist eine Sache, Zeitungen zu verkaufen, in denen zum gewaltsamen Sturz der Bourgeoisie aufgerufen wird, und eine andere, Mörder zu unterstützen. Es ist eine Sache, China als Vorbild hinzustellen, eine andere, sich mit dem Ansinnen auseinanderzusetzen, die Stasi zu unterstützen. Man könnte sagen: diejenigen, die der RAF zuarbeiteten oder der Stasi zogen wenigstens die Konsequenzen aus dem gefährlichen Maulheldentum, das damals Mode war, während ich diesen Konsequenzen feige aus dem Weg ging. Ja. Da ist was dran. Aber mir geht es nicht darum, mich moralisch über andere zu erheben, sondern im Gegenteil klar zu machen, was ich der KPD verdanke. Und da verdanke ich ihr wohl eher als irgendwelcher eigenen Charakterstärke, dass ich vor Abgründen bewahrt wurde, in die andere schlidderten. Wie heißt es in dem Lied von Joan Baez: ›There but for fortune go you, go I ...‹«.

Auch wenn die Mitgliedschaft in der »KPD« in der Rückschau

eine gewisse Schutzfunktion gehabt haben mag, verlangte uns unser Engagement, mit dem wir durchaus »aufs Ganze« gingen, dennoch einiges an Aufopferung ab. Bevor die »KPD« sich aus dem Ruhrgebiet wieder verabschiedete und mit ihrer Zentrale in die attraktivere Medienstadt Köln übersiedelte, machte sie noch mit zwei großen und gewalttätigen Demonstrationen auf sich aufmerksam: Am 10. April 1973 kam es bei dem Protest gegen den Besuch des südvietnamesischen Präsidenten Thieu zu einer Besetzung des Bonner Rathauses, und wenige Wochen später verhinderten wir trotz polizeilichen Großeinsatzes (»präventive« Massenverhaftungen und Absperrungen der Autobahnen) den geplanten Besuch des »sowjetischen Sozialimperialisten« Breschnew im Ruhrgebiet. Nun bezeichneten die Behörden die »KPD« als »kriminelle Vereinigung« und führten verstärkt Prozesse gegen die Redaktion der *Roten Fahne* und verurteilten einzelne Funktionäre wegen Verstoßes gegen Paragraf 90a (»Verunglimpfung des Staates und seiner Symbole«). Zu den vorübergehend Inhaftierten gehörte auch der Parteivorsitzende Christian Semler. Seine damalige Freundin, eine Reuters-Journalistin, berichtete, dass sich der für die Gesetzesverschärfung verantwortliche Bundeskanzler Willy Brandt bei ihr persönlich mit einer Mischung aus Komik und Zynismus nach den Haftbedingungen Semlers erkundigt habe. Da ich das Glück hatte, damals mit einer Anwältin und »Rote Hilfe«-Spezialistin liiert zu sein, kam ich als verantwortlicher »Chefredakteur« mit Geldstrafen und »Bewährung« davon.

»Gegen die politische Unterdrückung in West und Ost«

»Staatsschutz« und »Berufsverbote«

Staatliche Zensur (Paragraf 90a) und Berufsverbote (»Radikalenerlass«) waren in ihrer parallelen Anwendung seit 1972 die wichtigsten Regierungsmaßnahmen gegen die linke Opposition in der BRD und Westberlin. 1976 folgte die Verabschiedung der ursprünglich gegen das RAF-Umfeld gerichteten Antiterrorismusgesetze »zum Schutz des Gemeinschaftsfriedens«. Auch die Definition der neuen Strafbestände wie »Bildung oder Unterstützung einer terroristischen Vereinigung« (Paragraf 129a), »Verfassungsfeindliche Befürwortung von Straftaten« (Paragraf 88a) und »Anleitung zu Straftaten« (Paragraf 130a) wurden von Anfang an generell auf das linksradikale (vor allem auf das maoistische) Milieu ausgeweitet.

Der Rechtshistoriker und FU-Professor Uwe Wesel konstatierte 1997 rückblickend: »Nur die Militärjunta in Griechenland hatte 1969 Ähnliches angeordnet – und ein spanisches Ausnahmegesetz von 1975.« Auch andere liberale Juristen verwiesen in historischen Analysen auf jene besondere deutsche »Staatsschutz«-Tradition, die vom Sozialistengesetz von 1878 über die Weimarer »Notverordnung« von 1932 bis zu Hitlers Gesetzen gegen »heimtückische Angriffe auf Staat und Partei« reichte. Während das Kontrollratsgesetz der Alliierten im Januar 1946 das nationalsozialistische Gesinnungsstrafrecht aufhob, bemühte sich die Adenauer-Regierung, das politische Strafrecht so schnell wie möglich wieder einzuführen, um das Feld der politischen Meinungsäußerungen einseitig zu kontrollieren. Man wollte verhindern, dass sich die Massen unter »der Maske der Gewaltlosigkeit« radikal organisieren könnten. Bereits 1951 wurde die (nicht in der DDR, sondern bereits im Exil gegründete) kommunistische Jugendorganisation FDJ in der BRD als »verfassungsfeindliche« Organisation verboten – von einem Justizapparat, der in personeller Hinsicht fast vollständig mit der NS-Tradition identisch war. Das Vorgehen gegen die sich selbst als Nachfolgeorganisation der NSDAP bezeichnende »Sozialistischen Reichspartei« hingegen erfolgte 1952 vor allem aus diplomatischen Gründen unter außenpolitischem Druck. Während die Adenauer-Regierung bereits 1950 ein Berufsverbot für Kommunisten im öffentlichen Dienst ausgesprochen hatte, wurde 1956 nach jahrelanger Vorbereitung mit über 100 000 Ermittlungsverfahren und mehr als 10 000 Einzelverurteilungen auch die nach dem Krieg neu gegründete KPD als »verfassungsfeindliche« Partei verboten.

Aufgrund der Entspannungsphase durch die neue Ostpolitik konnte sich 1968 die moskautreue und von der DDR finanziell unterstützte Deutsche Kommunistische Partei (DKP) als legale Partei im Westen neu konstituieren. Allerdings endeten die Repressionen gegen radikale Kommunisten und andere Linke damit nicht. Unsere selbsternannte maoistische »KPD« veröffentlichte vor den Wahlen im Jahr 1976 eine umfangreiche Dokumentation über »Politische Justiz, Unterdrückung der kommunistischen Presse, Berufsverbote und Gewerkschaftsausschlüsse« sowie »Opfer des Polizeiterrors« unter den Regierungen von Willy Brandt und Helmut Schmidt. In der Vorbemerkung hieß es: »Die Berufsverbote sind nur die Spitze des Eisberges der politischen Unterdrückung in Westdeutschland. Die SPD verschweigt, dass inzwischen 700 000 Menschen [die Zahl sollte sich noch auf insgesamt 1,4 Millionen verdoppeln, W. J.] vom Verfassungsschutz überprüft wurden, dass 6000 Sonderverhöre für Lehramtsanwärter stattgefunden haben, dass 2000 Lehrer Berufsverbot erhalten haben.«

Auch ich musste Erfahrungen mit dem »Radikalenerlass« machen, denn ich hatte 1972 im Ruhrgebiet neben dem Parteiaufbau auch eine Ausbildung als Studienreferendar in den Fächern Deutsch und Sozialkunde begonnen. Verdächtig war ich schon allein wegen meines Studiums an der FU Berlin, und ich stand natürlich als »KPD«-Mitglied auf der Schwarzen Liste des Verfassungsschutzes. Doch anfangs versuchte die Schulbehörde eine offizielle Anwendung des Berufsverbotes noch zu umgehen, indem »fachliche« Einwände vorgeschoben wurden. Bei meiner Gesinnungsprüfung kam ein extra bestellter Sondergutachter der Landesregierung zu der Ansicht, dass ich nicht nur die Sozialkunde, sondern auch das Fach Deutsch für politische Agitation »missbrauche«. Weil ich in einem kritischen Vergleich Gottfried Benns geschichtsabgewandten Ästhetizismus offenbar negativer darstellte als Bertolt Brechts marxistische Werkkonstellationen, senkte der Gutachter den Daumen: »Nicht tauglich für den Deutschunterricht«. Mein Protest dagegen war nur schwach. Einerseits fühlte ich mich erleichtert, aus dem schulischen Zwangsbetrieb entlassen zu werden, und andererseits erschien mir das »Berufsverbot« wie eine Bestätigung der Notwendigkeit unserer Revolte gegen die historische Hypothek der NS-Vergangenheit. Kritik an der deutschen Praxis der Berufsverbote kam auch aus dem Ausland, so von François Mitterrand, dem Vorsitzenden der Sozialistischen Partei Frankreichs – oder von Jean-Paul Sartre und Bertrand Russell.

Einer der gravierendsten Fälle einer politischen Prozessführung war die Verurteilung des Westberliner »KPD«-Vorsitzenden Christian Heinrich im April 1976 zu einem Jahr Gefängnis ohne Bewährung. Er war angeklagt, weil er die Verantwortung für eine Flugschrift und eine militante Demonstration übernommen hatte, die sich für die Einrichtung einer Kinderpoliklinik im leerstehenden Kreuzberger Bethanien-Krankenhaus einsetzte. Obwohl sich die Anklage auch auf die neuen Staatsschutzparagrafen berufen hatte, hieß es im Urteil ausdrücklich, »dass es sich nicht um einen politischen Prozess handelt«. Um das heikle Thema des Verbots einer »kriminellen Vereinigung« zu umgehen, führte der Richter in seiner Begründung aus, dass »die Ziele der KPD« nicht verfolgt würden, sondern »nur die Mittel«, die die Angeklagten angewandt hätten. Gleichzeitig wurde der Aufruf zur Besetzung des leerstehenden Gebäudes als »politische Agitation« verurteilt, »die sich der bestehenden Ordnung nicht verpflichtet fühlt«. Überdies sei die Kritik an der Berliner Krankenhauspolitik »üble Nachrede« und »ganz besonders verwerflich, weil sie das Vertrauen der Bevölkerung in die ärztliche Versorgung erschüttert.« In der »KPD«-Dokumentation wird auf Hunderte anderer Urteile verwiesen, die den Staat in ähnlich widersprüchlicher Weise vor »übler Nachrede« schützen wollten.

Richter Somoskeoy, »der Schrecken vom Appellhofplatz«

Berufsverbote und entsprechende politische Gerichtsurteile wurden damals in fast allen größeren Städten der BRD verhängt. Doch am Kölner Landgericht gab es einen besonders berüchtigten Richter: Victor Henry de Somoskeoy, den »Schrecken vom Appellhofplatz«. Für den Publizisten Henryk M. Broder war er »ein deutscher Richter, wie er bei Tucholsky im Buche steht: selbstgerecht, grob und unbarmherzig«. In den Siebzigerjahren führte Somoskeoy zahlreiche Prozesse vor der Staatsschutzkammer und dem Schwurgericht vor allem gegen Aktivisten und Sympathisanten der »KPD« und der »Roten Hilfe«. Als verantwortlicher Redakteur der *Roten Fahne* und Flugblattverteiler wurde auch ich von ihm mehrfach zu hohen Geldstrafen verurteilt. Neben den Staatsschutzdelikten (Paragraf 90a) ging es bei den Somoskeoy-Urteilen oft auch um »Beleidigung« und »üble Nachrede«, wobei der Richter selbst der persönliche Kläger war.

Ein Beispiel dafür war die Reaktion auf ein Flugblatt, das ich zusammen mit Helga Hirsch, der späteren Freundin und Beraterin des Bundespräsidenten Gauck, anlässlich der Landtagswahl 1975 in Köln verteilt hatte. Weil im Text behauptet wurde, dass die »herrschende kapitalistische Ausbeutergesellschaft« von »Polizeibütteln, Staatsanwälten und Richtern« wie dem »berüchtigten Reaktionär Somoskeoy« beschützt würde, verurteilte das Gericht uns »wegen gemeinschaftlicher Verunglimpfung des Staates in Tateinheit mit gemeinschaftlicher Beleidigung«. Die von uns »verbreiteten Äußerungen« seien »wegen ihrer Maßlosigkeit und wegen ihrer verallgemeinernden, übersteigerten und aufreizenden Ausdrucksweise besonders verletzend und damit eine Beschimpfung. Ob es sich dabei um unwahre Äußerungen oder um Formalbeleidigungen« handele, sei »für die Tatbestandserfüllung des § 90a Abs. 1 Ziff. 1 StGB unerheblich (BGH NJW 1961, 1933)«. Neben den maoistischen Aktivisten trafen die persönlichen Strafanzeigen des Kölner Richters auch Personen und Einrichtungen wie den zitierten Henryk M. Broder, den Berliner Germanistikprofessor Gerhard Bauer, den Ford-Arbeiter und Streikführer Baha Targün, Mitglieder der »Vereinigung sozialistischer Kulturschaffender«, das *Kölner Volksblatt*, den *Stern*, den *Westdeutschen Rundfunk* und sogar Springers *Bild*.

International bekannt wurde Somoskeoy im Juli 1974 durch seine Prozessführung gegen Beate Klarsfeld. Die deutsch-französische Journalistin hatte drei Jahre zuvor vergeblich versucht, den ehemaligen Gestapo-Chef von Paris, Kurt Lischka, von Köln nach Frankreich zu entführen. Dort wäre Lischka, der in Deutschland straffrei lebte, ins Gefängnis gekommen, weil er für die Deportation und Liquidation von 100 000 Juden verantwortlich war. Diese unmenschlichen Verbrechen schienen den Richter Somoskeoy nicht zu interessieren, stattdessen bestellte er einen Psychiater als Gutachter, um die »Motivation« der Angeklagten zu erfahren. Zeugenaussagen von ehemaligen KZ-Häftlingen aus

Frankreich wollte er nicht hören. Als drei jüdische Naziopfer, die den Terror von Lischka überlebt hatten, in Sträflingskleidung erschienen, ließ Somoskeoy den Gerichtssaal räumen, auch die Presse wurde ausgeschlossen. Unter den Schlägen der Justizbeamten brach einer der ehemaligen KZ-Häftlinge zusammen. Durch den Flur schallten seine Schreie: »Ihr habt meine ganze Familie ausgerottet – wollt ihr mich jetzt auch totschlagen?« Diese skandalösen Vorfälle und die Verurteilung Beate Klarsfelds zu zwei Monaten Gefängnis ohne Bewährung lösten vor allem im Ausland heftige Proteste aus. Noch in der Nacht nach dem Urteil wurden in Paris Molotowcocktails gegen die Tür des deutschen Generalkonsuls geworfen. Der konservative *Figaro* schrieb: »Beate Klarsfeld ist unser Gedächtnis. Ihre Berufung besteht darin, uns am Vergessen zu hindern [...]. Diese Ohrfeige werden wir nicht einkassieren.« Die in der Résistance gegründete Zeitung *Combat* meinte, man müsse daran zweifeln, dass der Nationalsozialismus »verschwunden« sei, »wenn Nazi-Richter heute noch im Namen des deutschen Gesetzes Anti-Nazis verurteilen können«. Und auch israelische Zeitungen wie *Jedi'oth Acharonoth* und *Ma'ariv* bezeichneten die Kölner Richter als »nazistisch« und »Lischka-Freunde«.

Aber auch in Deutschland protestierten nicht nur linksradikale Somoskeoy-Gegner. So zeigte sich selbst der frühere nordrhein-westfälische Justizminister Josef Neuberger (SPD) »entsetzt und erschüttert« über den Prozessverlauf. Eine größere Protestwelle gegen den »groben und unbarmherzigen« Richter entwickelte sich 1977/78, als Somoskeoy versuchte, auch Heinrich Böll strafrechtlich zu verfolgen. Der Nobelpreisträger hatte in einem *Stern*-Artikel mit dem Vorwurf der »Rechtsbeugung« dagegen protestiert, dass nach einer Schlägerei zwischen Anhängern der NPD und der »KPD«, ausschließlich die Maoisten (drei Arbeiter und zwei Studenten) zu einer Gefängnisstrafe verurteilt werden sollten, während die Neofaschisten mit größter Nachsicht behandelt wurden. Somoskeoy fühlte sich durch Bölls Kritik in seiner »Ehre verletzt« und zog mit seiner Beschwerde bis vor das Bundesverfassungsgericht. Das ging selbst dem Justizapparat zu weit. Man hatte Somoskeoy jahrelang als Vollstrecker der neuen Staatsschutzgesetze geduldet und unterstützt, jetzt musste seine Kriegsverletzung (ein Granatsplitter hatte ihn am Kopf getroffen) herhalten, um sich von ihm als »Hirnbeschädigten« zu distanzieren. Dieses offenkundige Ablenkungsmanöver wurde unter anderem auch von der *Zeit* moniert. »Durch nichts und niemanden ist erwiesen«, so der damalige rechtspolitische Kommentator Hans Schueler, »daß Victor Henry de Somoskeoy allein wegen seiner Kriegsbeschädigung zum meistgefürchteten Richter der Bundesrepublik avancierte. Ist es seinen Kollegen und Vorgesetzten vielleicht gelegen gekommen, daß ihn manche nun gar für verrückt halten? Dahinter könnten sie sich allemal verstecken.« Mitentscheidend für das Karriereende des schrecklichen Richters war wohl vor allem die 1979 erschienene Dokumentation *Der Fall Somoskeoy* des alternativen Kölner Magazins *StadtRevue*. Zu den Herausgebern gehörten mehr als achtzig namhafte Juristen, Politiker, Journalisten, Verleger, Wissenschaftler und Künstler wie Carl Amery, Gerhard Bauer, Henryk M. Broder, F. C. Delius, Ingeborg Drewitz, Jürgen Flimm, Erich Fried, Ralph Giordano, Heinrich Hannover, Dieter Hildebrandt, Jochen Hiltmann, Beate Klarsfeld, Dieter Lattmann, Peter Neitzke, Peggy Parnass, Rupert von Plottnitz, Otto Schily, Alice Schwarzer, Alphons Silbermann, Heide Simonis, Eckart Spoo, Klaus Staeck, Wolfgang Staudte, Hans-Jürgen Syberberg oder Klaus Wagenbach.

Stellvertretend für die Mitherausgeber äußerte sich der Journalist Ralph Giordano im Nachwort entsetzt darüber, dass eine »derart aggressiv strukturierte Persönlichkeit über das Schicksal anderer befinden« könne, das sei das »eigentlich Grauenhafte dieser Angelegenheit«. Und: »Welchen Spielraum hätte eine solche Persönlichkeit in einem totalitären Regime, wenn er schon unter den Bedingungen der parlamentarischen Demokratie anrichten kann, was sich hier gedruckt dokumentiert findet? Und da weicht das ungläubigen Staunen dem Schrecken […]: hier nimmt die Demokratie Schaden!«

Jörg Immendorff und das »Café Deutschland«

So öffentlichkeitswirksam das Bündnis gegen den Richter Somoskeoy und die westdeutsche »Staatsschutz«-Justiz auch war, uns erschien der von Giordano benutzte Demokratiebegriff zu eng. In unserer Dokumentation zur »politischen Unterdrückung« hieß es: »In Deutschland, einem Land, das geteilt ist, das seines Rechtes auf Selbstbestimmung beraubt ist, das zum Aufmarschplatz der Supermächte geworden ist, kann es keinen umfassenden demokratischen Kampf geben, der sich auf die Zustände in der BRD beschränkt.« Als Beispiel für die aktuelle Verschärfung auch der DDR-»Staatsschutz«-Maßnahmen zitierten wir aus Anträgen zum bevorstehenden IX. Parteitag der SED, in denen es hieß, dass es eine »vordringliche Aufgabe« der Staatsanwaltschaft sei, »die gewissenhafte Einhaltung und Durchsetzung der sozialistischen Gesetzlichkeit täglich neu bewußt zu machen und im erforderlichen Fall auch mit staatlichem Zwang durchzusetzen«. Und Amnesty International hatte festgestellt, dass durch die verschärfte Anwendung der Paragrafen 106 (»Staatsfeindliche Hetze«) und 108 (»Verächtlichmachung Angehöriger sozialistischer Staaten«) nach der Amnestie von 1972/73 inzwischen »die Zahl der aus politischen Gründen Inhaftierten in der DDR wieder auf 6000 gestiegen« sei. Auch wenn im geteilten Deutschland immer noch routinemäßig an die Brüder und Schwestern hinter der Mauer erinnert wurde, rückten die Bezugspunkte mehr und mehr auseinander, womit auch die gesamtdeutschen Gemeinsamkeiten von Unterdrückung und demokratischem Widerstand immer unklarer wurden. Aufgrund der sozialliberalen Ostpolitik hatte man sich 1977 längst auf eine Koexistenz eingerichtet und befasste sich mit innenpolitischen Brandherden wie der RAF-Hysterie im Westen und den Künstlerprotesten im Osten.

Im selben Jahr musste der französische Philosoph Michel Foucault bei seinem Besuch in West- und Ostberlin persönliche Erfahrungen mit beiden deutschen Polizeiapparaten machen und versuchte im *Spiegel* seine Eindrücke zu differenzieren: »Der Unterschied zwischen Deutschland-West und Deutschland-Ost: Hier Theater und Maschinenpistole, dort Bürokratie und Photokopiergerät. Hier die mögliche Beschuldigung eines jeden durch andere, drüben die allgemeine Verdächtigung aller durch die Verwaltung. Wir waren unbedeutend, und wir haben fast nichts getan. Aber das große Auge des Staates ruhte auf uns, weil jemand in der Hotelhalle der Meinung war, dass wir eigenartig aussahen.« Ein »Schwarm von Männern mit Maschinenpistolen« habe sich auf ihn und seine Begleiter »gestürzt«, weil sie »ganz offensichtlich ›Intellektuelle‹« waren, »die laut über Politik reden, genau die Leute, die Leute ähneln, die ihrerseits wieder denen ähneln, die mit ihren Worten und Schriften Leute unterstützen, die selbst gefährlich sind«. Es sei nicht um die Ausgrenzung »eine[r] schmutzige[n] Rasse gegangen, wie man früher sagte, sondern um eine ›schmutzige Spezies‹. Wir haben uns wie eine schmutzige Spezies gefühlt.«

Ähnlich fühlten sich auch maoistische Arbeiter und Betriebsräte, gegen die Funktionäre der SPD und der moskautreuen DKP/SEW gemeinsam den gewerkschaftlichen Radikalenerlass (»Unvereinbarkeitsbeschluss«) verhängten, nach dem ein Mitglied einer maoistischen Partei nicht gleichzeitig der Arbeitnehmervertretung angehören durfte. So erfolgten von 1974 bis 1976 allein in Westberliner Betrieben wie AEG-Telefunken, Borsig, Bosch, Daimler-Benz oder Flohr-Otis achtzig Ausschlüsse aus der IG Metall, die in der Gewerkschaftszeitung dokumentiert und kommentiert wurden. »Die Chaoten der unterschiedlichsten politabenteuerlichen kommunistischen Gruppierungen«, hieß es da, »erlangten in der Berliner Metallindustrie nie Bedeutung. Ohne Resonanz bei der von ihnen oft zitierten Basis erschöpften sie sich in rüden, oft beleidigenden Anwürfen gegen die gewählten Funktionäre der Arbeitnehmer. Jetzt scheinen diese Gruppen endgültig am Ende zu sein. Einer ihrer Anführer, der KPD-Vorsitzende Heinrich, der für manches vor den Metallbetrieben verteilte Schmutzblatt verantwortlich zeichnete, wurde kürzlich zu einem Jahr Freiheitsentzug ohne Bewährung verurteilt. Dennoch gilt es weiterhin die Radikalenszene aufmerksam zu verfolgen«.

Ausgegrenzt wurden auch Künstler, deren thematisches Schaffen sich gleichermaßen gegen die Machthaber in West und Ost richtete. So gingen zum Beispiel 1976 während der Düsseldorfer Kunstausstellung »Nachbarschaft«, wie es in einem Bericht heißt, »Politische Polizei, Faschisten und DKP-Mitglieder gemeinsam gegen Bilder der Künstler Felix Dröse und Jörg Immendorff vor. Ein Wandbild, auf dem die Losung ›Gegen politische Unterdrückung in der BRD und DDR‹ zu erkennen war, wurde übermalt und beschädigt«. Vor allem Jörg Immendorff machte sich unbeliebt, weil er früh als Maoist und dann als Sympathisant der »KPD« agierte. Als Schüler von Joseph Beuys provozierte er schon Anfang der Sechzigerjahre die Leitung der Düsseldorfer Kunstakademie mit antiautoritären Aktionen. Und 1967 löste er in Bonn einen Polizeieinsatz aus, weil er mit einem schwarz-rotgold bemalten Holzklotz am Bein vor dem Bundeshaus demonstrierte. Nach seiner Studienzeit engagierte Immendorff sich in der Düsseldorfer »Mietersolidarität« und wurde Mitglied der »KPD« mit der Begründung, er wolle »aktiv am politischen Kampf der werktätigen Massen teilnehmen und den Imperialismus entlarven, anprangern und bekämpfen«. Gleichzeitig unterstützte er die »Liga gegen den Imperialismus« und die »Vereinigung Sozialistischer Kulturschaffender« (VSK).

An der documenta 1972 beteiligte er sich mit sogenannten Agitprop-Bildern, die er zum Teil im Auftrag der »KPD« hergestellt hatte. Für die *Rote Fahne* zeichnete er Karikaturen, in denen es um Vergleiche zwischen Hitler und Breschnew ging, und für den Saalschmuck von Parteiveranstaltungen fertigte er großflächige Portraits der »Klassiker« Marx, Engels, Lenin, Stalin und Mao an. In seinem Beitrag für die Biennale 1976 präsentierte der Künstler seine Sicht auf die politische Situation in Deutschland: In einer Bildfolge wurden die westdeutschen Berufsverbote mit den Unterdrückungsmaßnahmen in der DDR verglichen, und zwei Jahre später verbreitete er auf einer Ausstellung im Kunstmuseum Basel den Appell: »Aufruf an die Westdeutschen und europäischen Künstler: Behandelt in euren Werken Fragen des Alltags, Ungerechtigkeiten, die Frage drohender Kriegsgefahr durch zwei imperialistische Mächte, politische Unterdrückung – setzt euch für Frieden ein, denn fällt die erste Bombe, bleibt keine Staffelei trocken, euer Jörg Immendorff, Mai 1978.«

Kurz zuvor hatte auch Immendorfs Zusammenarbeit mit dem oppositionellen DDR-Künstler A. R. Penck begonnen. Gemeinsam thematisierten sie die deutsche Frage, und Immendorff entwickelte das Konzept seines berühmten Projektes *Café Deutschland*. Von 1977 bis 1982 entstanden 19 großformatige Bilder dieser neuen Historienmalerei. Inspiriert war der deutsche Künstler bei seiner Motivwahl offensichtlich von dem römischen Maler und kommunistischen Senator Renato Guttuso, dessen Gemälde *Caffè Greco* der Mäzen Peter Ludwig 1977 für das Kölner Wallraf-Richartz-Museum erworben hatte. Für italienische Zeitungen war Guttusos Bild eine »künstlerische Bombe«, weil es das historische Plüsch-Café der Via Condotti in einen symbolischen »eurokommunistischen« Ort verwandelte, der unter anderem selbst den Metaphysiker Giorgio de Chirico an die Seite des Volksfrontaktivisten André Gide stellte. Noch skurriler erschien die Gestaltung von Immendorffs *Café Deutschland* als Annäherung und Vereinigung unterschiedlicher Geschichtsgrößen. Als räumliches Vorbild diente die Düsseldorfer Diskothek »Revolution«. Wie in einer expressionistischen Theaterdramaturgie begegnen sich hier Friedrich der Große, Hitler, Stalin und sein Lehrer Beuys. Brecht blinzelt im Scheinwerferlicht, Helmut Schmidt und Erich Honecker erneuern die Farben ihrer Landesflaggen, Penck attackiert den Bundesadler, der auf einem VW Golf sitzt. Und Immendorff setzt sich selbst als Vermittler in Szene, indem er durch ein Loch in der Mauer seine Hand von West nach Ost reicht. Damals als ein von den Maoisten politisch verführter Narr geschmäht, avancierte Immendorff im öffentlichen Urteil nach 1989 zum begnadeten Visionär. Bundespräsident Richard von Weizsäcker sprach unmittelbar nach der Wiedervereinigung im Fernsehen bewusst vor der Kulisse eines Immendorff-Bildes, der spätere Bundeskanzler Gerhard Schröder bat ihn sogar, sein offizielles Kanzlerportrait zu malen und der CDU-Politiker Wolfgang Schäuble erwarb das Gemälde *Verwegenheit stiften* für sein Büro. Nach der Diagnose einer unheilbaren Nervenkrankheit (ALS) veränderten sich Leben und Werk des Malers. Doch obwohl er sich verstärkt an der Tradition künstlerischer Melancholie, an Vanitasmotiven von Albrecht Dürer oder Hans Baldung, orientierte, verlor er nicht sein politisches Bewusstsein. Zu Beginn des Jahres 2001 erhielt ich von Immendorff völlig überraschend einen Telefonanruf mit der Bitte, ihm bei der Suche nach seinen seit der »KPD«-Auflösung verschwundenen Portraits der kommunistischen »Klassiker« behilflich zu sein, denn er plane eine Ausstellung in China. Leider konnte ich ihm nicht helfen, doch die Ausstellung wurde auch ohne das vermisste Mao-Portrait ein Erfolg. Sie fand 2002 anlässlich des 30. Jahrestags der Aufnahme diplomatischer Beziehungen zwischen der VR China und der BRD in Peking und Schanghai statt, und Bundeskanzler Schröder übernahm die Schirmherrschaft. Nach der China-Ausstellung setzte Immendorff die Suche nach den vermissten Bildern fort. »Forscht nach den Klassikern!«, lautete 2004 sein Fahndungsaufruf. Die Portraits hätten »die Räume der KPD-Zentralen zunächst in Dortmund und später in Köln« geschmückt und seien nach der Parteiauflösung »spurlos verschwunden«. Vielleicht seien sie »ja im Zuge der Auflösung als nicht mehr brauchbar betrachtet worden und einfach in die Mülltonne gewandert«, vielleicht seien sie »aber auch als durchaus zu bewahrendes Erinnerungsstück an irgendeiner Stelle ›untergetaucht‹«. Es gebe »ein großes Interesse« des Künstlers, die Bilder wiederzusehen«. Sachdienliche Hinweise über ihren Verbleib« würden »sehr gerne entgegengenommen«, und »der Finder, die Finderin« könnten mit einem lohnenden »Tauschgeschäft« rechnen. Ob es zu einem »Tauschgeschäft« gekommen ist, weiß ich nicht. Im Streit um Immendorffs künstlerischen Nachlass wurden die verschwundenen »Klassiker« nicht thematisiert, dafür bemühten sich 2007 bei der Trauerfeier in der Alten Nationalgalerie Altkanzler Schröder und andere selbsternannte »Freunde«, das politische Erbe des Malers zu vereinnahmen. Dabei hatte Immendorff bereits 2005 nach dem Scheitern der rot-grünen Regierungskoalition seine Enttäuschung über die Rolle der herrschenden politischen Eliten geäußert: »All die Floskeln und Worthülsen, die unsere Alltagswelt durchziehen – ich kann sie nicht mehr hören. Wie sich am Wahlabend alle wieder toll fanden! Für mich war das unerträglich. Anstatt zu konstatieren, dass das ganze System ad absurdum geführt wurde [...]. In so einer Situation sind wir angekommen. Die Leute haben gar nicht mehr das Gefühl, dass sie der Souverän sind.«

Dialektik der Aufklärung

Piscator oder Mao?

Auch wenn nach 1972 der »maoistische« Einfluss auf die Programmgestaltung der Berliner Schaubühne fast vollständig verloren ging, gab es immer noch von uns inszeniertes Agitprop-Theater – es hatte sich nur auf die Straße und in »öffentliche« Räume verlagert. Wir orientierten uns an der sowjetrussischen Agitations- und Propaganda-Technik, mit der die Ideen der Revolution für die breite Masse aufbereitet und verständlich gemacht werden sollten. Während der Weimarer Republik gründete etwa der Volksbühnen-Oberspielleiter Erwin Piscator nicht nur ein eigenes »proletarisches« Theater am Nollendorfplatz, sondern zog mit seiner Schauspielertruppe auch durch Kneipen und Kulturhäuser. Seine Agitprop-Inszenierungen lieferten Anregungen für Brechts episches Theater und waren zugleich ein Vorbild für Laienschauspielergruppen, die bei Streiks oder Wahlkämpfen versuchten, auf der Straße neue Anhänger für die kommunistische Idee zu gewinnen. Und natürlich hatten auch die »FDJ-Sekretäre für Agitation und Propaganda« in der DDR eindeutige politische Aufträge, selbst wenn Angela Merkel, die eine solche Funktion bis 1985 innehatte, später behauptete, dabei habe es sich nur um harmlose »Kulturarbeit« gehandelt. Auch die chinesische Kulturrevolution entwickelte eine »Propagandakultur«, deren Zweck darin bestand, die Allmacht der Mao-Ideologie zu preisen. Dafür wurden Opern, Ballettstücke und Lieder gedichtet, in denen die Helden (Arbeiter, Bauern und Soldaten) alle Volksfeinde und Katastrophen im Sinne dieser Ideologie besiegen. Diese

»neue« Propagandakultur wurde zwar als Erfindung der Jugend verkauft, basierte aber auf einer alten Tradition, so gab es zum Beispiel für die Antikonfuziuskampagne schon Vorläufer in der frühen Republikzeit.

Unsere in der *Roten Fahne* dokumentierten Agitprop-Aktivitäten hatten meist mehr mit Piscator zu tun als mit Mao. Ob Maidemonstrationen, »antiimperialistische« Solidaritätsbekundungen, Streikunterstützungen oder Wahlkämpfe – alle diese Aktionen wurden wie »revolutionäres« Theater inszeniert. So präsentierte die »KPD« sich im März 1975 für die Westberliner Abgeordnetenhauswahlen unter der Losung: »Keine Stimme den Ausbeuterparteien. Für ein vereintes Berlin in einem vereinigten sozialistischen Deutschland. Die Arbeiterklasse an die Macht!« In allen 12 Bezirken Westberlins posierten insgesamt achtzig Kandidaten mit erhobenen Fäusten vor roten Fahnen und versuchten sich als Repräsentanten einer mächtigen Volkspartei darzustellen. Nach einer selbstgefertigten Statistik wurden 47 (59 Prozent) der Kandidaten als »Arbeiter und Werktätige« vorgestellt, 17 (21 Prozent) als »werktätige Intelligenz« und 16 (20 Prozent) als »Studenten und Schüler«. Unter den Kandidaten waren auch echte Schauspieler wie der Schaubühnen Mime Michael König, der im bürgerlichen Zehlendorf als »Betriebsrat der ÖTV« um Wählerstimmen warb – oder professionelle Laiendarsteller wie der Ex-Kommunarde Dieter Kunzelmann, der als »politischer Gefangener« in Reinickendorf auf der Liste stand. Das Wahlergebnis sollte enttäuschend ausfallen. Die Berliner Werktätigen schienen unsere Propagandalosungen nicht verstanden zu haben. Die drei »Ausbeuterparteien« (CDU, SPD und FDP) erhielten zusammen über 93 Prozent der Stimmen und wir nur 0,7 Prozent. Da das aber immerhin 10 125 Berliner waren, versuchten wir deren Votum als sichtbaren Protest »gegen das System der Arbeitslosigkeit und Krise« zu deuten. Vor allem das Wahlergebnis in Kreuzberg, wo die »KPD« 2 Prozent der Stimmen (in der Naunynstraße sogar 6,8 Prozent) erhielt, erschien uns als eine Belohnung für die »mit revolutionärer Stoßrichtung geführten Teilkämpfe«. Gemeint waren damit die militanten Aktionen »für eine Kinderpoliklinik Bethanien«, die uns in Kreuzberg zweifellos eine gewisse Sympathie und Profilierung eingebracht hatten. Einige »Rädelsführer« mussten dafür allerdings mit Gefängnisstrafen büßen.

1975 war insgesamt ein anstrengendes Propagandajahr – neben der »Entlarvung« der bürgerlichen und »revisionistischen« Parteien in den Wahlkämpfen (Berlin, Nordrhein-Westfalen, Baden-Württemberg, Rheinland-Pfalz und Schleswig-Holstein) ging es um die Unterstützung der »revolutionären Gewerkschaftsopposition« bei Mannesmann, Hoesch, AEG, der Vulkan-Werft, Ford und Opel, um eine »neue Kampffront« gegen den Bau von Atomkraftwerken (Wyhl) – und nicht zuletzt um die Verstärkung des »antihegemonistischen« Kampfes gegen die Sowjetunion im Sinne der »Maotsetung-Ideen«. Alle diese Aufgaben belasteten mich doppelt, da ich in Köln als Wahlkandidat aufgestellt wurde und gleichzeitig die Redaktionsleitung der *Roten Fahne* als Nachfolger von Christian Semler übernehmen sollte. In unserem Agitprop-Theater musste ich also gleichzeitig Schauspieler und Regisseur sein. Besonders peinlich erscheint in diesem Zusammenhang meine Kandidatenvorstellung. Während ich als Redakteur die Darstellungen der anderen Wahlkämpfer durch redigierende Eingriffe etwas vom Dogma und schwülstiger Klassenkampfrhetorik befreien durfte, blieb mein eigener Text unkorrigiert. So präsentierte ich mich in übertriebener Sozialromantik als »Sohn einer Bauern- und Handwerkerfamilie«, der aus »den Kämpfen der Studentenbewegung«, durch »Aufarbeitung der Geschichte der Arbeiterbewegung« und »durch das intensive Studium der Schriften Mao-Tsetungs« Einsicht »in die Notwendigkeit der Leninschen Kaderpartei« gewonnen habe. Außerdem sei ich durch meine frühere ÖTV-Mitgliedschaft und als vom Berufsverbot betroffener Studienreferendar in besonderem Maß für »revolutionäre Gewerkschaftsarbeit« qualifiziert. Was ich in meiner »Biografie« nicht erwähnte, war die mangelhafte Auseinandersetzung mit meinem Elternhaus. Mein Vater wollte über seine Nazi-Vergangenheit und Kriegserlebnisse nicht sprechen und verzichtete seinerseits darauf, mich wegen meines »kommunistischen« Engagements zur Rede zu stellen. Insgesamt motivierte unsere Propaganda in Köln und Nordrhein-Westfalen noch weniger Wähler als in Berlin. Nur knapp 8000 Stimmen wurden für die »KPD« gezählt. Bei den teilweise gleichzeitig stattfindenden Betriebsratswahlen hielten wir die die »Maotsetung-Ideen« weitgehend im Hintergrund und konzentrierten uns mehr auf den konkreten »Kampf gegen das System der Arbeitslosigkeit und Lohnraubpolitik«. So informierte die *Rote Fahne* in einem Leitartikel zu Beginn des Jahres 1975 über die Arbeitslosigkeit von einer Million Menschen (4,5 Prozent), wobei die Zahlen im Ruhrgebiet – in Städten wie Gelsenkirchen, Herne, Recklinghausen, Dortmund oder Bochum – sogar auf über 6 Prozent angestiegen waren. Der Artikel versuchte klarzustellen, dass daran keineswegs zu hohe Löhne schuld seien: »Rationalisierung und Lohnstopps, das ist der Weg der Profitsteigerung in der Stahl- und Eisenindustrie. Für das Jahr 1973 haben 16 Konzerngesellschaften hauptsächlich zu Thyssen, Krupp und Mannesmann gehörend bei einem Umsatzwachstum von 22 Prozent gegenüber 1972 einen Nettozuwachs von 44 Prozent realisiert. Jetzt in der Krise sollen diese Profite durch Entlassungen und weiteren Lohnabbau gesichert werden […]«. Diese Sozialkritik war offensichtlich mehr als berechtigt, denn sie wurde ausgerechnet von der Springer-Presse noch übertroffen. »Der Untertan zahlt und schweigt«, hieß es in der *Bild am Sonntag* radikaler und zielsicherer, denn wir hatten die »staatliche Preistreiberei« in diesem Zusammenhang nicht erwähnt. Und deutlicher als die *Rote Fahne* vermutete *Bild* auch, dass Bonn die Arbeitslosenzahl »frisiert« habe und kam sogar auf eine Zahl von zwei Millionen, »die nicht mehr im Arbeitspro-

Agitprop-Kunst zum 1. Mai 1974 in einer Zeitung der »KPD«-Zelle bei Siemens in Berlin.

zess« waren. Die Springer-Zeitungen kritisierten wie wir die sozialdemokratisch geführte Regierung – hatten aber eine systemimmanente Alternative anzubieten: die CDU/CSU. Wir verurteilten das als »plumpe Demagogie«, die »in der Arbeiterklasse nicht verfangen« werde: »Obwohl die Springer-Presse mit allen Mitteln gegen die von der SPD geführte Regierung hetzt, nimmt sie gerade die Maßnahmen von der Kritik aus, die sich direkt gegen die Arbeiter richten, z. B. das Milliardenprogramm zur Profitsicherung der Monopole. Dieses Geschenk der Schmidt-Regierung ist den Strauß-Freunden eher noch zu niedrig. In der Lohnfrage nehmen Springers Schreiberlinge natürlich auch die gleiche Haltung wie der SPD-Kanzler ein«. Obwohl unsere Agitation für oppositionelle Betriebsratslisten in der Regel chancenlos war, reagierten einige Gewerkschaftsführer, wie der Westberliner DGB-Chef Walter Sickert nervös und warnten vor »kommunistischer Infiltration«, womit nicht die DDR-abhängigen Parteien DKP und SEW gemeint waren. Wie aufgeheizt die Stimmung in einigen Betrieben damals war, veranschaulichen die gewaltsamen Attacken gegen einzelne »oppositionelle« Kandidaten. In der Nacht zum 30. Januar 1975 kam es sogar zu zwei Mordanschlägen. »In Bremen wurde«, wie die *Rote Fahne* und die *Rote Hilfe-Zeitung* berichteten, »der bekannte Betriebsrat der Vulkan-Werft Heinz Scholz (40 Jahre, Mitglied der KPD) im Anschluss an eine Sitzung der gewerkschaftsoppositionellen Gruppe seines Betriebes auf dem Parkplatz von hinten niedergestochen. Genosse Scholz gelang es noch, bevor er bewusstlos wurde, den Täter in die Flucht zu schlagen – deshalb kam er mit dem Leben davon.« Etwa zur gleichen Zeit gab es in Rüsselsheim eine tödliche Messerattacke auf den Opel-Arbeiter und linken Sozialdemokraten Heinz Dreisbach, der sich auf dem Weg zur Nachtschicht befand. In beiden Fällen hielten sich die Täter durch eine Strumpfmaske unerkannt. Die Behörden lehnten es ab, der Frage nach einem möglichen gemeinsamen politischen Hintergrund dieser Mordanschläge nachzugehen. Und Polizisten wurden immer häufiger vom Vorwurf des Mordes oder Totschlages freigesprochen. Allein im Zeitraum vom Juli 1971 bis April 1976 starben 41 Menschen als »Opfer des Polizeiterrors«, wie die »Rote Hilfe« dokumentierte.

Vor dem Hintergrund der Verschleppung von Auschwitz-Prozessen, repressiver Gesetzesentwürfe und »monopolkapitalistischer« Kontinuität waren solche Vorfälle dazu angetan, dass wir von einem »faschistischen« Staatsapparat sprachen, den es zu »zerschlagen« galt. Der für heutige Ohren kaum erträgliche Schematismus radikaler Phrasen schien in den Sechziger- und Siebzigerjahren mit lebendigen Beispielen belegbar. Auch wenn der Vorwurf der »Restauration« die gesellschaftlichen Zustände der Bundesrepublik nur ungenau benannte, traf dieser Begriff doch eine allgemeine Wahrnehmung. In diesem Sinn beklagte zum Beispiel der RAF-Anwalt und Autor Peter O. Chotjewitz in seinem autobiografischen Roman *Die Herren des Morgengrauens*, dass sich der Rechtsstaat als »fragile Fassade« einer »Notstandsdiktatur« entpuppt hätte. Neben den »Reaktionären« gerieten zunehmend die »Reformisten« ins Visier unserer Kritik. Nach der Enttäuschung über Willy Brandts Politik mischten sich die Slogans: »Wer hat uns verraten? Sozialdemokraten!« und »Sie sind alt, wir sind jung – Mao Tsetung!«

Im Mittelpunkt des Interesses von Medien und Ermittlern standen damals gewalttätige Aktionen, die sich nicht gegen Linke richteten, sondern von Linksterroristen ausgingen: Bombenattentate, Banküberfälle und Entführungen. So wurde am 27. Februar 1975, drei Tage vor der Westberliner Wahl, der CDU-Spitzenkandidat Peter Lorenz gekidnappt – ein Anschlag, der »die Republik verändern sollte«, wie die *Berliner Morgenpost* schrieb. Die Täter hatten dem Politiker in der Nähe seines Hauses in Zehlendorf aufgelauert, seinen Dienstwagen in einen fingierten Unfall verwickelt, den Fahrer überwältigt und Lorenz quer durch die Stadt nach Kreuzberg in ein Kellerverlies (»Volksgefängnis«) verschleppt. Am nächsten Morgen erhielt die Deutsche Presse-Agentur eine Botschaft und ein Polaroid-Foto, das Lorenz mit einem Plakat zeigte, auf dem in handgeschriebenen Großbuchstaben stand: »Peter Lorenz – Gefangener der Bewegung 2. Juni«. Die Entführer verlangten als Austausch für ihre Geisel die Freilassung und Ausreise von sechs »politischen Gefangenen«: Horst Mahler, Verena Becker, Gabriele Kröcher-Tiedemann, Ingrid Siepmann, Rolf Heißler und Rolf Pohle. Die Auswahl ihres Opfers begründeten sie mit dem Hinweis: Lorenz sei ein »Vertreter der Reaktionäre und der Bonzen, verantwortlich für Akkordhetze und Bespitzelung am Arbeitsplatz«. Mit dieser Formulierung gaben sie ihrer Aktion bewusst eine auch in den Wahlkampf eingreifende antikapitalistische Note. Die in Westberlin gegründete

»Bewegung 2. Juni« verstand sich wie die RAF als terroristische »Stadtguerilla«, war aber weniger autoritär und hierarchisch strukturiert als diese. Ihr Name sollte an den »Märtyrer« Benno Ohnesorg erinnern. Die Gründungsmitglieder Ralf Reinders und Roland Fritzsch erklärten dazu: »Im Januar 1972 schlossen wir uns zur Bewegung 2. Juni zusammen. Das war ein Datum, welches alle noch miteinander verband. Studenten wie Jungproleten. Alle wussten, was der 2. Juni bedeutete. Eine andere Überlegung war dabei für uns genauso wichtig: Dieses Datum wird immer darauf hinweisen, dass sie zuerst geschossen haben!«

Die Gruppe, zu der auch Michael Baumann, Till Meyer, Fritz Teufel und Inge Viett gehörten, hatte sich schon mehrfach mit Sprengstoff- und Brandanschlägen in Szene gesetzt. Nach der Lorenz-Entführung traf sich in Bonn erstmals der sogenannte Große Krisenstab unter Bundeskanzler Helmut Schmidt, setzte zur Ergreifung der Täter eine Belohnung von 100 000 Mark aus – entschloss sich aber, auf die Forderung nach einem »Gefangenenaustausch« einzugehen. Bis auf den früheren Anwalt und RAF-Mitbegründer Horst Mahler, der einen Austausch abgelehnt hatte, wurden die Gefangenen am 3. März nach Aden im damaligen Jemen ausgeflogen. Der Pastor und ehemalige Westberliner Bürgermeister Heinrich Albertz, der als Vermittler tätig war, verkündete am Abend im Fernsehen die verabredete Losung: »So ein Tag, so wunderschön wie heute«. Daraufhin wurde auch Peter Lorenz freigelassen. Einen überraschenden Fernsehauftritt hatte es schon am 1. März gegeben, als Horst Mahler in der Spätausgabe der »Tagesschau« seine Ablehnung des Austausches verkündete.

In seiner Erklärung hieß es, dass »die Entführung des Volksfeindes Peter Lorenz als Mittel zur Befreiung von politischen Gefangenen Ausdruck einer von den Kämpfen der Arbeiterklasse losgelösten Politik« sei, die »notwendig in einer Sackgasse enden« müsse. »Die Aktionen des individuellen Terrors« hätten sich »wie Provokationen« ausgewirkt. »Der Weg zum gewaltsamen Sturz der Ausbeuterklasse« führe »allein über die revolutionäre Mobilisierung der Werktätigen unter der Führung ihrer Kommunistischen Partei.« Und er sei davon überzeugt, »dass sich durch den Kampf der revolutionären Massen gegen dieses kapitalistische Ausbeutersystem die Gefängnistore für alle politischen Gefangenen öffnen werden«, deshalb »lehne er es ab, sich auf diese Weise außer Landes bringen zu lassen«. Der Schlussappell lautete: »Vorwärts mit der KPD!«

Hegel und die Gegenöffentlichkeit

Für viele war diese Distanzierung Mahlers vom individuellen Terror und die Unterstützung der maoistischen »KPD« ein verblüffender Wandel. Doch das wirkliche Ausmaß der Veränderung sollte erst später sichtbar werden. Im Oktober 1970 war Mahler in Berlin verhaftet und wegen Bankraubs und Gefangenenbefreiung zu 14 Jahren Gefängnis verurteilt worden. Seine damaligen Anwälte waren Otto Schily und Hans-Christian Ströbele. Nach zehn Jahren (1980) gelang es seinem neuen Anwalt, dem späteren Bundeskanzler Gerhard Schröder, eine vorzeitige Haftentlassung zu bewirken. Im selben Jahr veröffentlichte Mahler ein Buch, das über seine Gespräche mit dem damaligen Innenminister Gerhart Baum (FDP) und den Einfluss des national-konservativen Philosophen Günter Rohrmoser informiert. Doch der eigentliche Mentor seines Wandels wurde der idealistische deutsche Großphilosoph Hegel, zumindest in einer recht eigentümlichen Auslegung. Sinnigerweise war es der »Law and Order«-Experte Otto Schily, der ihm die rechts- und staatsphilosophischen Schriften Hegels besorgt hatte, wie Mahler selbst mitteilte. Ich traf ihn nach seinem Fernsehauftritt im Gefängnis Tegel, als ich dort den Parteigenossen Christian Heinrich besuchte. Mahler schien sich mit relativer Freizügigkeit bewegen zu können und hatte sich eine regelrechte Bibliothek eingerichtet, die er stolz präsentierte. Er hatte sich verändert und trug nicht mehr den Anarchistenbart. Ich erinnerte ihn an unser letztes Treffen irgendwann im Winter 1969/1970 im »San Marino« am Savignyplatz in Charlottenburg. Er saß dort mit Mitgliedern der »Wielandkommune« zusammen – und Christian Semler und ich versuchten ihnen die Idee einer »Berliner Stadtguerilla« auszureden. »Ja«, meinte Mahler, »wir hätten damals alle Hegel statt Marx lesen sollen!« In seinen Äußerungen gab er sich den Anschein, im Gefängnis Tag und Nacht Hegel gelesen zu haben. Aber ist er wirklich ein Hegelianer geworden? 1997 versuchte er in einem *Zeit*-Interview sein neues Verständnis von Staat und Freiheit zu formulieren: »Hegels ganzes Staatsdenken geht gegen den Liberalismus, so wie er verstanden wurde und noch heute verstanden wird. Ihm geht es um die Einsicht, dass wir nicht nur für uns sind, dass wir das Leben teilen. Erst das bringt uns zu einem Freiheitsbegriff, wo nicht der Egoismus herrscht, der tödlich ist.« Dann trat er in die NPD ein und wieder aus, forderte die Wiederherstellung des Deutschen Reiches und leugnete den Holocaust. War das für ihn die »selbstbewusste Freiheit«, von der auch Hegel gesprochen hatte? Mahler meinte offenbar jene von Hegel beschriebene deutsche Version von »Herrschaft und Knechtschaft«, die als das Gegenstück von westlichem Freiheits- und Gleichheitsstreben verstanden wurde. In seiner *Phänomenologie des Geistes* konstruiert der Meisterdenker des deutschen Idealismus die soziale Stellung von Herr und Knecht aus der gegenseitigen Anerkennung ihres Selbstbewusstseins: Der Herr ist selbstbewusst aufgrund seiner Macht über »die anderen«, die ihrerseits als Knecht ihren Herrn fürchten, sich ihm aber im wörtlichen Sinn der »Ehr-Furcht« unterwerfen und mit seinem Selbstbewusstsein identifizieren. Je mächtiger die Herrschaft ist, umso beeindruckender wirkt sich auch ihr Glanz auf die Knechtschaft aus. So entsteht eine spannungsvolle, scheinbare Harmonie der Ungleichheit. Das waren die Hegel'schen Verhältnisse, die Marx vom Kopf auf die Füße stellen wollte. Denn das herrschaftliche Selbstbewusstsein wurde zum deutschen Wesen (v)erklärt. Herren und Knechte fanden im deutschen Obrigkeitsstaat eine angemessene Ordnungsform, um sich gemeinsam gegen den Wandel zur Wehr zu setzen. So erhielt der kriegerische deutsche Sonderweg gegen westliche Demokratie, Gleichheit und Freiheit eine metaphysische Begründung. Auch er habe sich »immer als Krieger begriffen«, erklärte Mahler im Gespräch. Er habe »mit Hegel erkannt, dass nur im Widerspruch die Wahrheit« liege. So war auch seine »Dialektik« ein typisch deutscher Weg zwischen den Extremen: Utopie oder Auschwitz, Sozialismus oder Faschismus, Freiheit oder Unterdrückung.

Auf den ersten Blick erscheinen die radikalen Wahlaufrufe (mit und ohne Horst Mahler) in der *Roten Fahne* wie Lehrbeispiele für die Berechtigung der Propagandakritik von Adorno und Horkheimer. In ihrer *Dialektik der Aufklärung* heißt es dazu: »Propaganda für die Änderung der Welt, welch ein Unsinn! Propaganda macht aus der Sprache ein Instrument, einen Hebel, eine Maschine. Propaganda fixiert die Verfassung der Menschen, wie sie unterm gesellschaftlichen Unrecht geworden sind, indem sie sie in Bewegung bringt. […] Suspekt ist nicht die Darstellung der Wirklichkeit als Hölle, sondern die routinierte Aufforderung, aus ihr auszubrechen.« Doch birgt diese Betrachtung nicht einen Kurzschluss? Wenn Propaganda oder Agitprop die Menschen nur zu dem macht, was sie schon sind, ist sie überflüssig – sie ändert die Welt nicht. Wenn eine Frage so total gestellt wird, kann es keine Antwort mehr geben. Es bliebe nur die Hoffnung auf Naturgesetzlichkeit der gesellschaftlichen Entwicklung – die aber gerade von den kritischen Theoretikern ausgeschlossen wird. Ihr Ideengebäude lässt im Grunde nur zwei Möglichkeiten zu: sich ohnmächtig dem System zu fügen, oder die anarchistische Dezision, die glaubt, in der freien Aktion eine neue Gesellschaft emanzipatorisch vorwegzunehmen.

Das Problem war nicht die Krise der »Propaganda«, sondern die Unfähigkeit der radikalen Linken, die Strategie der »Gegenöffentlichkeit« weiterzuentwickeln. Entstanden ist dieses Konzept im Rahmen des »Strukturwandels« der bürgerlichen Öffentlichkeit, über den Jürgen Habermas 1962 umfassend informiert hat. Schon bei Kant war Publizität ein »transzendentales« Prinzip zur Vermittlung von Politik und Moral – und noch im Begriff der »Gegenöffentlichkeit« des 20. Jahrhunderts lebte die Erinnerung an das utopische Potenzial der bürgerlichen Ideale weiter. Vor 1968 war die Forderung nach Gegenöffentlichkeit das noch relativ friedliche Anliegen von Minoritäten, an der Konkurrenz der öffentlichen Meinungen teilnehmen zu dürfen. Nach den tödlichen Polizeischüssen auf Benno Ohnesorg am 2. Juni 1967 radikalisierte sich das Konzept. Im September wurde auf einer SDS-Konferenz in Frankfurt am Main eine »Resolution zum Kampf gegen Manipulation und für Demokratisierung der Öffentlichkeit« verabschiedet. Der Text ging davon aus, dass die demokratische Öffentlichkeit zerstört sei, da krisenhafte Ökonomie Aufklärung systematisch untergrabe. Herrschaft beruhe auf der »erkauften Zustimmung der Beherrschten«, und der Kampf um die »Befreiung des Bewusstseins« werde zur wichtigsten gesellschaftlichen Auseinandersetzung. Für 1968 plante der SDS zusammen mit der studentisch-oppositionellen »Kritischen Universität Berlin« und dem radikaldemokratischen »Republikanischen Club« ein »Springer-Tribunal«. Gleichzeitig gründeten Redaktionsmitglieder von *Spiegel* und *Stern* das »Institut für Presseanalyse und Öffentlichkeitsforschung«. Das Tribunal fand nicht statt, da das Attentat auf Rudi Dutschke am 11. April 1968 die Organisation der Gegenöffentlichkeit direkt auf die Strasse verlagern sollte. So zogen am Ostersonntag in Westberlin und in zahlreichen anderen Städten Zehntausende Demonstranten vor die Verlagshäuser und Druckereien des Springer-Konzerns und versuchten die Auslieferung der *Bild-Zeitung* zu verhindern. Der

Medienwissenschaftler und Kulturredakteur Klaus Kreimeier, der praktische Erfahrungen in öffentlich-rechtlichen Fernsehanstalten und im *Spiegel* – aber auch in maoistischen Zeitschriften – machen konnte, weist allerdings darauf hin, dass »bezeichnenderweise nicht die Studenten, die in den Osteraufständen von 1968 die Auslieferung der Springer-Zeitungen blockierten, den Begriff Gegenöffentlichkeit in Umlauf brachten«. Es seien »die ihnen nachfolgenden alternativen Bewegungen« gewesen, »die ihn als Kampfbegriff in die Selbstverständigungs-Diskurse einführten und ihn zugleich um eine Bedeutungsvariante erweiterten«, die »Protestform Film«. Diskutiert und entwickelt wurde die neue »Protestform« vor allem an der Deutschen Film- und Fernsehakademie in Westberlin. Anarchistische, maoistische, feministische und dadaistische Projekte vermischten sich, so in den Filmen von Holger Meins (der 1974 als RAF-Häftling nach einem Hungerstreik starb), Harun Farocki, Rüdiger Minow oder Helke Sander. Schon bald aber begann in der westdeutschen Linken ein Auflösungsprozess in Splittergruppen, Mini-Parteien und Teil-Öffentlichkeiten, der ohne die besondere Nachkriegsgeschichte nicht zu erklären ist. Der Niedergang der 68er-Bewegung wirkte sich bei uns drastischer aus als zum Beispiel in Italien oder Frankreich, weil dort noch traditionelle linke Parteien mit einflussreichen Medien als Auffangbecken existierten. Die Spaltung Deutschlands nach 1945 in West und Ost sowie die Zwangsvereinigung von SPD und KPD in der sowjetischen Besatzungszone sollten einen historisch besonderen »Strukturwandel« der Öffentlichkeit bewirken. »Kommunistische« und »antikommunistische« Propaganda standen sich in einer geteilten Medienlandschaft gegenüber. In den politischen Neuanfängen fehlten überzeugende Bezüge zu den antifaschistischen Traditionen. Dadurch, dass sie Springers Manipulationsapparat wie Nazipropaganda bekämpften, schienen 68er-Aktivisten diesen Mangel zumindest in ihren Köpfen ausgleichen zu wollen.

Propaganda als Waffe

So kursierte zum Beispiel von Willi Münzenbergs Exilschrift *Propaganda als Waffe* (1937) bereits einige Jahre vor der 1972 im März-Verlag erschienenen Neuausgabe ein Raubdruck. Auf den Büchertischen der Freien Universität Berlin lag er neben den Texten von Wilhelm Reich und Erich Fromm. Auch für unser maoistisches Agitprop-Theater sollte diese historische »Anleitung« eine große Rolle spielen.

»Die Nationalsozialistische Deutsche Arbeiterpartei« habe, so heißt es in der Einleitung, »die Propaganda in einem Umfang entwickelt wie bisher keine andere politische, wirtschaftliche oder religiöse Bewegung«. Allerdings verstehe Hitler »grundsätzlich etwas anderes unter Propaganda als die sozialistische Bewegung«. Für ihn sei »Propaganda nicht die geistige Übertragung wissenschaftlicher Erkenntnisse, nicht ein Mittel, um durch Wissen und Überzeugung kleinere und größere Kreise von Menschen ideologisch für eine Weltanschauung zu gewinnen, Hitler teilt der Propaganda nur die Aufgabe zu, möglichst große Massen kritikloser ›Anhänger‹, Mitläufer, Beifallsrufer einzufangen.« Es gehe Hitler »nicht darum, Menschen durch Ideen, wissenschaftlich fundierte Theorien, Argumente zu überzeugen, eine feste, begründete Weltanschauung zu bilden und zu entwickeln, vielmehr sucht er nur, zustimmende Massen für bestimmte, meist getarnte politische Manöver durch politische Parolen und Schlagwörter einzufangen.« Die Frage jedoch, »ob und in welchem Ausmaß eine Bewegung oder Partei Propaganda entwickelt«, werde »nicht allein von ihrem Entschluss bestimmt, für ihre Ziele und Ideen Propaganda zu machen, sondern im wesentlichen mitbestimmt von Stärke und Umfang der gegnerischen Propaganda«. Eine »Offensive der Gegenpropaganda« sei »nicht nur als nächster Zug in dem großen geschichtlichen Ringen zwischen den faschistischen Unterdrückern und den Unterdrückten notwendig«, sondern berge »die Möglichkeit des Erfolges und Sieges in sich«. Und als unterstützende Autorität zitierte Münzenberg am Schluss nicht Plechanow oder Lenin, sondern den deutschen Exilschriftsteller Thomas Mann, der im Mai 1937 in New York erklärt hatte: »Wir haben erlebt, daß es falsch ist, den Mächten des Bösen und der Gewalt allein die Offensive zu überlassen, es ihnen zu überlassen, die Mittel moderner Propaganda zu ihrem menschenfeindlichen Nutzen zu verwenden. Die Weltlage verlangt, dass der Geist seiner angeborenen Milde und Lässigkeit zum Trotz zu kämpfen und sich zu wehren lernt.«

Es ist im Rückblick erstaunlich, dass Oskar Negt und Alexander Kluge 1972 in ihrer aufwendigen »Organisationsanalyse von bürgerlicher und proletarischer Öffentlichkeit« zwar Texte von Lenin und Walter Ulbricht bemühten, sich aber nicht mit dem legendären kommunistischen Propagandachef Münzenberg auseinandersetzten. 1967 hatte seine Lebensgefährtin Babette Gross, die ihm ins Exil gefolgt war und nach dem Krieg zum Gründerkreis der *Frankfurter Allgemeinen* gehörte, eine aufsehenerregende Biografie veröffentlicht. Der 1898 geborene Kommunist, Verleger und Filmproduzent Münzenberg war kein blasser Theoretiker, sondern ein genialer Organisator, Netzwerker und mutiger Mensch.

Babette Gross berichtet über Münzenbergs Jugendzeit als Arbeiter in einer Erfurter Schuhfabrik. Vor dem Ersten Weltkrieg kam er als Wandergeselle in die Schweiz und geriet dort unter Einfluss des dort im Exil lebenden Lenin. Nach der Oktoberrevolution erhielt er aus Moskau den Auftrag, eine »Jugendinternationale« ins Leben zu rufen. Angesichts der Hungerkatastrophe in Russland gründete er 1921 die »Internationale Arbeiterhilfe« (IAH) und später die »Liga gegen den Imperialismus«. Mit der IAH entwickelte er jene neuen Formen der Öffentlichkeitsarbeit, für die er berühmt wurde. Solidarität mit der notleidenden Bevölkerung in der Sowjetunion war ein Thema, für das man auf internationalen Kongressen prominente bürgerliche Schriftsteller, Künstler und Wissenschaftler mobilisieren konnte. In diesem Klima der organisierten Empathie ließ sich eine modern aufgemachte Zeitschrift *Sowjetrußland im Bild* gut verkaufen. Aus ihr ging die *Arbeiter-Illustrierte-Zeitung* (AIZ) hervor, die mit einer Auflage von 500 000 Exemplaren zur zweitgrößten Illustrierten in der Weimarer Republik aufstieg. Der Verlag, dessen praktizierende Geschäftsführung die Lebensgefährtin Babette Gross übernahm, gab neben der *AIZ* die Tageszeitung *Welt am Abend* sowie zahlreiche Propagandabroschüren heraus. Die *Welt am Abend* entwickelte sich zur ersten linken Boulevardzeitung. Dem Feuilletonchef Kurt Kesten gelang es auch, angesehene bürgerliche Autoren zu verpflichten. Als Produzent und Verleiher (zum Beispiel für *Panzerkreuzer Potemkin*) war der »rote Pressezar« Münzenberg auch im internationalen Filmgeschäft erfolgreich. Trotz seiner nicht immer kontrollierbaren Aktivitäten nahm die KPD ihn ins Zentralkomitee auf, delegierte ihn regelmäßig zu den Komintern-Kongressen und verschaffte ihm ab 1924 ein Reichstagsmandat, das er bis 1933 innehatte.

Im französischen Exil setzte er seine Organisations- und Propagandaarbeit scheinbar bruchlos fort. Er gründete das »Welthilfskomitee für die Opfer des deutschen Faschismus« nach bewährtem Muster mit prominenten Aushängeschildern, rief die »Deutsche Freiheitsbibliothek« als Kommunikationszentrum der Pariser Emigrantenszene ins Leben, initiierte Schriftstellerkongresse und übernahm Schirmherrschaften. Auch die Neuorganisation seines Medienkonzerns verlief zunächst planmäßig in Absprache mit der Komintern. Allein in seinem Pariser Verlag Éditions du Carrefour erschienen von 1933 bis 1937 über fünfzig deutschsprachige Bücher und Broschüren, alte Zeitschriften mit Symbolwirkung, wie die *AIZ*, wurden weitergeführt (anfangs in Prag) und neue Blätter wie *Unsere Zeit* oder der *Gegen-Angriff* gegründet. Den größten publizistischen Erfolg im Exil, an den er nie wieder anknüpfen konnte, errang Münzenberg bereits im Jahr 1933 mit dem *Braunbuch über Reichstagsbrand und Hitlerterror.*

Wie konnte er über so viele Jahre hinweg seine dynamische Medienpolitik mit einer engstirnigen Parteidisziplin in Einklang bringen? Er war keineswegs von Anfang an der unabhängige und kritische Kommunist, wie ihn Babette Gross überhöhend darstellt. Im Widerspruch zum modernen Erscheinungsbild seiner Massenmedien war das Grundmuster seines Denkens ein naiver Fortschrittsoptimismus. Es bleibt die Frage, ob seine Verlage, Zeitungen und Filmproduktionen in der Weimarer Republik wirklich eine aufklärerische Gegenöffentlichkeit darstellten oder nur eine Marktkonkurrenz zur nationalkonservativen Mediengruppe des Hugenberg-Konzerns waren, mit dem er bei allen politischen Unterschieden die gleichen Ausdrucksformen teilte. Dennoch war Münzenberg für uns eine Art *role model*, dem wir in seiner Umtriebigkeit und in seinen Strategien – im sektiererischen Miniformat – nachzueifern versuchten. Wie ambivalent dieses Vorbild war, kam dabei auch in einer eigentlich euphorischen *Zeit*-Rezension von Gross' Buch zum Ausdruck, in der Carola Stern empfahl, dass Münzenbergs Lebensgeschichte »von allen gelesen wird, [...] von Managern und Maoisten, von Reaktionären und Revolutionären. Aus ihr können Springer und Dutschke lernen.«

Am Schluss waren wir auf der Suche nach einer Gegenöffentlichkeit im eigenen Lager. Als im November 1979 unsere Erklärung als resignierte *Rote-Fahne*-Redaktion zum »Verlust der alten Identität« und »zur Krise des Marxismus« unterdrückt werden sollte, ließen wir sie heimlich in der damals noch alternativ-frischen *tageszeitung* veröffentlichen, was den Auflösungsprozess unserer dogmatischen Organisationstrukturen noch beschleunigen sollte.

Der gläserne Sarg

Biografische Heilserwartungen

Maos Tod im September 1976 und die anschließenden Berichte über Trauerveranstaltungen und Herabwürdigungen beschäftigten die Redaktion der *Roten Fahne* noch wochenlang und halfen uns auch, unser klägliches Ergebnis (knapp 23 000 Stimmen) bei den Bundestagswahlen vom 3. Oktober zu überdecken. Uns erschien es wichtig, in der Trauerrede des Nachfolgers Hua Guofeng klare ideologische Kontinuitäten zum Denken Maos aufzuweisen. Es ging um den Nachweis der Gültigkeit von Mao-Zitaten zur »Gefahr einer Restauration des Kapitalismus«, der »wachsenden Bedrohung durch den Sozialimperialismus« – und vor allem zur Bedeutung der »Großen Proletarischen Kulturrevolution«. Gleichzeitig konnte die *Rote Fahne* berichten, dass die chinesischen Genossen Beileidstelegramme aus der Sowjetunion und der DDR als »Provokationen revisionistischer Parteien« zurückgewiesen hätten. Zu diesen »Provokationen« gehörte auch das »Pamphlet des Vorsitzenden der moskauhörigen DKP«, der »die Hoffnung zum Ausdruck« brachte, »dass das chinesische Volk den Maoismus überwinden wird«. Mehr Ehrerbietung erwiesen Mitglieder des Verbandes Deutscher Schriftsteller (VS) dem Verstorbenen. Während ihrer Jahresversammlung am 10./11. September in Arnsberg unterzeichneten 47 Autoren – unter ihnen auch Carl Amery, Ingeborg Drewitz, Josef Büscher, Horst Krüger, Josef Reding, Gerd Sowka oder Dieter Wellershoff – ein Kondolenzschreiben, in dem »tiefe Trauer« »um den großen Führer der Kommunistischen Partei Chinas und des ganzen chinesischen

Volkes, des großen Freundes und Lehrers der Arbeiter und Werktätigen aller Länder, der unterdrückten Völker und unterjochten Völker« bekundet wurde. An der Berichterstattung der »bürgerlichen Presse« ärgerte uns vor allem das Verhalten der *Frankfurter Rundschau*. Wir hatten der Redaktion unser ZK-Beileidstelegramm zum Abdruck angeboten und erhielten auf Nachfrage die hämische Antwort, dass für eine Ablehnung »das Telefongeld zu schade« sei. Stattdessen durfte sich die DKP über den Abdruck ihrer »Provokation« freuen. Als empörte Gegenreaktion verteilten Westberliner Genossen in Ostberlin wagemutig ein Flugblatt, in dem zu lesen war, dass »Mao Tsetung im modernen Revisionismus den Machtantritt einer neuen Bourgeoisie erkannte. Er zerriss den Schleier des ›Sozialismus‹, den Breschnew und Honecker über ihre Ausbeuterherrschaft breiten wollten.«

Alle diese Aktivitäten und Initiativen, einschließlich des vergeblichen Versuches, die verschiedenen westdeutschen ML-Sekten für eine gemeinsame Trauerveranstaltung zu gewinnen und auf eine bedingungslose Loyalität gegenüber dem Mao-Nachfolger zu verpflichten, imponierten der chinesischen Botschaft in Bonn. So übermittelte der Botschaftsrat Sun Yi-fing unserer Partei den »innigsten Dank« und war »überzeugt, daß sich die Freundschaft zwischen dem deutschen und dem chinesischen Volk geleitet von den glänzenden Maotsetung-Ideen und -Linien mit Gewissheit einer weiteren Entwicklung erfreuen wird«. Und wenig später erfolgte aus Peking die offizielle Einladung zum Besuch einer Parteidelegation. Wir hatten den Wettbewerb um die Anerkennung als »Bruderpartei« durch die neue Führung gewonnen.

Der *Spiegel* glossierte damals: »Während im fernen China der Machtkampf um das Erbe des Großen Vorsitzenden tobt, vollzieht sich im bundesdeutschen Maoisten-Lager nicht minder Verwirrendes: Auch hier wird ›im der Kampf zweier Linien‹, wie einst Mao Tse-tung notierte, ›die rote Fahne gegen die lote Fahne geschwenkt‹. Seit dem Tode Maos beschimpfen sich die bundesdeutschen Maoisten-Sekten in ihren ›Zentralorganen‹ mehr denn je als ›Lumpen‹ und ›meschugge Typen‹. Die rund 15 000 Pekinesen organisiert in etwa zehn verschiedenen ›Bünden‹ und ›Parteien‹, sind, seit der Steuermann sie verlassen hat, heillos zerstritten über den rechten Kurs.« Allerdings, erfreue sich, so der *Spiegel*, »eine westdeutsche Polit-Gruppe der ungeteilten Gunst der neuen Herren Chinas: die aus einer studentischen ›Aufbauorganisation‹ (AO) hervorgegangene ›KPD‹«. Diese »Partei – rund 1000 Mitglieder und ›Kandidaten‹ stark –« habe »gleich nach der Machtübernahme Huas dem neuen chinesischen Mehrheitskurs applaudiert. Dank blieb nicht aus: Eine Delegation, von Semler angeführt, durfte Ende letzten Jahres [im November 1976] drei Wochen lang durch China reisen. ZK-Mitglied Keng Piao gab zu Ehren der westdeutschen Gäste ein Bankett. Das Klima der Gespräche zwischen den weißen Golfmützen- und den gelben Ballonmützenträgern war, wie Radio Peking funkte, ›herzlich und freundschaftlich‹.«

Wichtiger als der Empfang durch Geng Biao, den damaligen Leiter der ZK-Abteilung für auswärtige Beziehungen, war jedoch das Treffen mit dem Politbüromitglied Li Hsien-nien (Li Xiannian), über das Christian Semler stolz auf einer Pressekonferenz in Bonn berichtete. Li Hsien-nien hatte seit den Fünfzigerjahren großen Einfluss in der Parte, fiel während der Kulturrevolution in Ungnade, stieg dann aber 1973 unter Zhou Enlai zum Finanzminister auf und leitete in dieser Position erste Schritte zu einer Öffnung in Richtung Marktwirtschaft ein. In der Übergangsperiode nach Maos Tod war Li Hsien-nien offenbar eine wichtige Vermittlungsinstanz zwischen Hua Guofeng und Deng Xiaoping, und von 1983 bis 1988 sollte er als erster Staatspräsident Chinas amtieren. Das Problem bestand für uns als um die Kommunikation einer klaren chinesischen Linie bemühte inoffizielle Botschafter darin, die damalige Machtbalance zwischen der Hua-

und der Deng-Fraktion in der chinesischen Parteispitze objektiv zu erläutern. Obwohl Hua im Frühjahr 1976 mit den Linksradikalen gegen Deng zusammengearbeitet hatte, sah er sich gezwungen, nach Maos Tod eine neue Koalition der Mitte zu bilden.

Semler beschrieb die neue Parteiführung auf der Pressekonferenz als eine von Mao »geforderte Verbindung älterer, mittelaltriger und junger Genossen«, die die kulturrevolutionäre Rebellion überwunden hätte. In einem *Rote-Fahne*-Gespräch beklagte er sich, dass *Süddeutsche Zeitung* und *FAZ* ihn deshalb »falsch« als Deng-Xiaoping-Anhänger bezeichnet hätten. Er wiederholte zwar seine scharfe Verurteilung der ultralinken »Viererbande«, ergänzte sie aber um den Hinweis, dass auch der von Deng entfachte »rechte Wind« schädlich für Chinas Entwicklung sei. Doch er schwieg zum Konflikt zwischen Hua und Deng und zu den Gerüchten, dass es in Peking einen »Putsch« gegeben habe. Ende Oktober 1976, also unmittelbar vor Abreise der Parteidelegation nach China, hatte die *Rote Fahne* im Aufmacher auf der ersten Seite Hua Guofeng bereits als neuen »Vorsitzenden« der KP Chinas vorgestellt. Unsere Redaktion kritisierte die »imperialistischen und revisionistischen Gerüchtemacher«, die eine »antichinesische Hetzkampagne« entfacht hätten. Die Klärung der Nachfolge Maos habe als Ergebnis des notwendigen »Kampfes zweier Linien« nichts mit »Cliquenkämpfen« zu tun, sondern sei »die Sache der Millionenmassen« gewesen. Deshalb beglückwünschten wir den »Genossen Hua Guo-feng aufs herzlichste« zu seiner Machtfestigung und versicherten ihm, dass »die Mitglieder und Freunde unserer Partei, sowie alle klassenbewussten Arbeiter und fortschrittlichen Menschen in unserem Lande das feste Vertrauen« hätten, »dass die Kommunistische Partei Chinas dem revolutionären Vermächtnis des Genossen des Mao Tsetung treu bleiben wird.« Gleichzeitig begannen wir mit dem Abdruck einer im traditionellen Jargon der *Peking Rundschau* verfassten mehrteiligen Artikelserie »Mao Tse-tung – ein Leben für die Revolution«. Die letzte Folge endete im Dezember 1976 mit dem auch im diplomatischen Sinn nicht mehr ganz aktuellen Spagat, dass Maos letzte »Ideen« sich sowohl gegen die »konterrevolutionäre Viererbande« als auch gegen den »Revisionisten« Deng Xiaoping gerichtet hätten. Und Hua Guofeng wurde als »würdiger Nachfolger« gelobt, weil er »sich in der Kulturrevolution im Kampf gegen die kapitalistischen Machthaber gestählt« habe. Wer in China diese »Machthaber« genau sein sollten, wurde angesichts der rasanten Volten der dortigen politischen Verhältnisse wohlweislich nicht konkretisiert.

Auch den Sinologen und Journalisten Tilman Spengler, der zwar keiner »maoistischen« Sekte angehörte, der Kulturrevolution aber eine gewisse Sympathie entgegengebracht hatte, bewegte noch 1979 im *Kursbuch* die bange Frage nach der Alternative, »wenn China nicht klappt«. Bisher hatte er insgeheim gehofft, dass »die Bauvorlage für eine neue sozialistische Gesellschaft« auch aus »der anderen Welt, der armen Welt« kommen könnte, nach dem Motto: »Chinamann, geh' Du voran!« Vor allem »nach der sowjetischen Okkupation der CSSR, die die Chinesen – anders als die vietnamesischen Kommunisten – heftig kritisierten«, wuchs bei ihm und anderen »im wahren Wortsinn unorthodoxen Sozialisten die Sehnsucht nach einer Alternative zur Realpolitik der UdSSR nach innen, wie nach außen«.

Ein wesentlicher Teil der Sympathie der Neuen Linken für die chinesischen Kommunisten, so Spengler, rührte aus deren »dezidierten Stellungnahmen […] für die nationalen Befreiungsbewegungen der Dritten Welt und der Absage an eine Wirtschaftspolitik, die die Bauern ausbeutete, um einem fiktiven Industrieproletariat auf die Beine zu helfen, wie Stalin es vorexerziert hatte; eine Politik, die – auch ein Novum in der Geschichte sozialistischer Aufbautechniken – das Programm einer aufzuhebenden Trennung zwischen Kopf- und Handarbeit zu einem Zeitpunkt anpackte, da Kopf und Hand noch einander zuarbeiteten«.

Gerade weil die Kulturrevolution und die chinesische Entwicklung als Ganzes so widersprüchliche Elemente berge, sei sie für die Linke erst so attraktiv geworden, wobei Spengler sich im Spektrum der Bewunderer einen Seitenhieb nicht verkneifen konnte. Er richtete sich gegen die »Unerschütterlichen«, die sich »in der Mehrzahl in verschiedenen Freundschafts- oder wechselseitigen Verständigungsgesellschaften zusammengeschlossen« hatten und versuchten, »aus der Leidenschaft der frühen Jahre eine stabile Dauerbeziehung zu formen«, wobei sie »heftig mitgeformt« worden seien. Zu dieser Rubrik zählten zweifellos auch unsere Partei und ihre Freundeskreise. Nur eine »unerschütterliche Stabilität« garantierte in der Tat »eine weitgehende Immunisierung gegen die Wechselfälle des politischen Lebens« in der Volksrepublik China, beziehungsweise ihrer »jeweils neuesten Erscheinungsform«.

Doch ganz so unerschütterlich war ich nicht, als ich von der Gehorsamsverweigerung des französischen Ökonomen und Soziologen Charles Bettelheim erfuhr. Er galt als einer der loyalsten Vertreter der Sache der Kulturrevolution im Westen und hatte die maoistische Revolution in zahlreichen Studien über Teilaspekte und globale Zusammenhänge nachvollziehbar erläutert. Noch 1974 äußerte sich der Autor hoffnungsfroh über das *China nach der Kulturrevolution,* und 1975 hatten Mitglieder und Sympathisanten unserer Partei begeistert die eintausend Seiten seines grundlegenden Werkes *Die Klassenkämpfe in der UdSSR* für eine Edition des Oberbaum Verlags übersetzt. Dann aber, im Mai 1977, trat Bettelheim von seinem langjährigen Posten als Vorsitzender der »Gesellschaft für Französisch-Chinesische Freundschaft« zurück. Er begründete seinen Schritt in einem kurzen Brief an *Le Monde* und in einer längeren Stellungnahme für die amerikanische Zeitschrift *Monthly Review.* Er kritisierte die »unbefriedigenden« Formen und Begründungen des Sturzes der »Viererbande« und warnte vor möglichen Folgen eines »konterrevolutionären Umschwunges« in China. Die von der neuen Führung der Kommunistischen Partei praktizierte »Verdammung« der politischen Kämpfe des letzten Jahrzehnts »in Bausch und Bogen« verhindere ein mögliches Anknüpfen an die »progressiven Errungenschaften« der Kulturrevolution und die Ideen Mao Zedongs. In den neuen Entwicklungen gehe es nicht um die Korrektur bestimmter Fehler, sondern es drohe eine totale Negation aller sozialistischen »Innovationen«. An die Stelle »demokratischer Verwaltungsstrukturen« in den Sektoren der industriellen und landwirtschaftlichen Produktion sei ein »hierarchisches Kommandogefüge« getreten. Die »revisionistische Gegenoffensive« ziele auf alle Bereiche der chinesischen Gesellschaft, auf ihre Institutionen und ihre Ideologie.

Es fällt auf, dass Bettelheims Ausführungen, die typisch für die Frustration vieler Anhänger der Kulturrevolution waren, die Legitimität dieser radikalen Bewegung nicht inhaltlich und konkret begründeten, sondern nur durch grundsätzliche Glaubensbekenntnisse beschworen. Bettelheims Enttäuschung trug dieselben Züge wie seine einstmalige Begeisterung. Denn wie in den Jahren der Kulturrevolution schloss er auch danach von der politischen Programmatik auf die soziale Realität. Der emphatisch vorgetragene Leitsatz »Die Kulturrevolution schafft den neuen Sozialismus« wurde durch den nicht weniger emphatisch vorgetragenen Leitsatz »Die Negation der Kulturrevolution schafft den Revisionismus« ersetzt. Alle anderen Aussagen schienen mehr oder weniger von dieser Prämisse abgeleitet und waren dementsprechend voraussehbar. Meist werden die widersprüchlichen Ausprägungen der historischen China-Euphorie und ihrer biografischen Wunschbilder auf das Problem der Quellenkenntnis zurückgeführt – doch das reicht als Erklärung nicht aus. Angesichts der Machart der Propagandabilder, die die neue und schöne Kulturwelt Chinas idealisierten, ist heute kaum mehr nachzuvollziehen, wie kritiklos wir damals in die Jubelgesänge einstimmten.

Zu Recht wird gefragt, warum die bunte Ansichtskartenromantik von *China im Bild*, das lotusblütenreiche Idiom der *Peking Rundschau* oder die Hurra-Klänge des staatlichen Mao-Senders *Radio Peking* (für den wir ausgewählte Sendungen als eine deutschsprachige Printversion zusammenstellten) keine ästhetischen Irritationssignale gesetzt haben. Schließlich existierte seit Horkheimers und Adornos *Dialektik der Aufklärung* eine viel gelesene Kritik der kulturindustriellen Ästhetik.

Wahrscheinlich hatte jener von Tilman Spengler im *Kursbuch* zitierte »nörgelnde« Deutschlehrer recht, der sich über den Propaganda-»Kitsch« und den Mangel an »demokratischer Bewußtseinsäußerung« in Peking beklagte und vermutete: »Aber das will ja keiner wissen. Ihr habt doch alle Angst, ihr müsstet Sozialdemokraten werden, wenn hier nichts läuft.« Die Sorge, dass »nichts läuft«, oder die Vermutung, dass vieles »falsch gelaufen« sei, förderte nach 1968 die Konjunktur von politischen Wunschbiografien. Dazu gehört auch der dreibändige Roman *Ästhetik des Widerstands* von Peter Weiss, dessen erster Teil 1975 erschien. Der Autor verarbeitet darin seine Enttäuschungen über den Verlauf der deutschen Geschichte nach 1933. Hauptfigur ist ein namenlos bleibender fiktiver deutscher Arbeiter und Widerstandskämpfer, den Weiss, wie er ausdrücklich betont, nach seiner eigenen »Wunschbiografie« agieren lässt. Der proletarische Held erkennt, dass er Bildung benötigt, um die Welt zu deuten und im Klassenkampf zu ändern. Kunst und Kultur müssen revolutioniert werden, um als Nährboden für den politischen Widerstand gegen totalitäre Systeme dienen zu können. Die »Wunschbiografie« ist eine Beschreibung, wie revolutionäre Kunst und Kultur den Menschen, die sich dem Faschismus widersetzten, persönliche Kraft und politische Orientierung vermitteln konnten. In gewisser Weise war dieses kulturrevolutionäre Wunschbild des deutschen Antifaschismus eine Entsprechung der biografischen Heilserwartungen einer »neuen maoistischen Kultur«.

Mit Mao Zedong verbundene Heilserwartungen wurden damals nicht nur durch die *Peking Rundschau* oder die Analysen marxistischer Autoren und Reiseerzählungen – wie Joachim Schickels *Kursbuch*-Essay »Dialektik in China« und Jan Myrdals *Bericht aus einem chinesischen Dorf* – verbreitet, sie entsprachen auch den »wunschbiografischen« Darstellungen bürgerlicher Sinologen und Publizisten wie Edgar Snow, Tilemann Grimm, Stuart R. Schram, Helmut Martin, Klaus Mehnert, Karl-Heinz Janßen oder Roxane Witke. So erhielt ich meine ersten beeindruckenden Informationen über Maos Leben und Werk aus Tilemann Grimms im Juni 1968 erschienener Rowohlt-Monografie. Der Autor wusste sich zwar, wie er selbst erklärte, den biografischen Vorarbeiten von Edgar Snow und Stuart R. Schram »vielfach verpflichtet«, doch die lagen in deutscher Übersetzung noch nicht vor. Tilemann Grimm war Professor für Chinesische Kultur und Sprachen an der Universität Bochum und hatte sich auf Arbeiten über *Erziehung und Politik im konfuzianischen China der Ming-Zeit* spezialisiert. Schon als Kleinkind war er nach China gekommen und lebte bis zu seinem 14. Lebensjahr in Tianjin, wo sein Vater als Augenarzt praktizierte. Er besuchte die deutsche Botschaftsschule in Peking und setzte sich früh mit seiner chinesischen Umgebung auseinander. Seinen Ruf als Maoismus-Experte begründete er 1967 mit der Herausgabe und Kommentierung der »Mao-Bibel« im Fischer-Verlag unter dem Titel *Das rote Buch*. Die Bezeichnung begründete er damit, dass Rot nicht nur »revolutionäre Begeisterung« symbolisiere, sondern in China generell »die Farbe der Lebensfreude, der Jugend und des Frühlings« sei. Auch bei seinem »biographischen Versuch«, ein Jahr später, wollte er sich in der Bewertung der Vorgänge in China noch nicht eindeutig festlegen. Mao sei »vielleicht schon als eine historische Persönlichkeit zu bezeichnen«, aber er nehme »auch noch teil an den täglichen Vorgängen in unserer Zeit«, alles sei »noch in Fluß«. Allerdings sei jetzt schon eindeutig, dass die mit dem Maoismus verbundene »neue Radikalisierung der Gegensätze« über Chinas Grenzen hinweg »alle in Mitleidenschaft ziehen« werde. Man erkenne das »Dilemma zwischen dem Erbe Lenins und dem des großen alten China, zwischen den ideologischen ableitbaren und für Diskussionen sich anbietenden Thesen der Revolutionen seit 1789 und der kaum gesichteten Masse der chinesischen Geschichte«. Trotz gegenteiliger Kampagnen vermutete Grimm, dass sich in Maos Bildungsideal alte konfuzianische Traditionen mit neuen marxistischen Ideen mischten, so zum Beispiel in der Betonung der Bedeutung des Lernens. Und in der mit zahlreichen Portraitfotos illustrierten Einleitung seiner Monografie versuchte er sogar die auf Konfuzius zurückgehende altchinesische Methode der Gesichtsdeutung auf den »Führer Chinas« anzuwenden: »Wenn wir eine große Anzahl von schriftlichen Äußerungen und Taten, die wir auf seine Initiative zurückführen dürfen, dahin zusammenfassen, daß wir in diesem Mann einen Hang zum Kampf, zum heroischen Einsatz und zum unbedingt gültigen Leitbild einer bestimmten Konzeption, seiner Konzeption, erkennen, dann ist dies alles verhüllt durch etwas Feminines, das ihn schon als jungen Menschen mädchenhaft und als altgewordenen Führer Chinas wie eine Frau wirken lässt. Das ist in China nichts Außergewöhnliches. Die dort häufiger anzutreffende ›Glätte‹ des Gesichts betont nicht die maskulinen Merkmale, kantige Formen und Bartwuchs, aber dieses Feminine beim Mann deutet auch nicht auf Weichheit, sondern auf Geschlossenheit, sie zeigt weniger Schwäche als unabdingbaren Willen. Das entspricht altem, kulturellen Erbe. Der Konfuzianismus, der sich, wie wir wissen, in China durchgesetzt hat, geht auf Milde und Weichheit zurück, hinter der jedoch ein unbeugsamer Wille zur guten Sitte, zur ethischen Vervollkommnung, ja zur ethischen Norm steht. […] Es fällt schwer, einen solchen Menschen mit gewöhnlichem Maß zu messen. Man kann ihm wohl nur Gefolgschaft leisten – oder man muß ihn fürchten.«

Der amerikanische Journalist Edgar Snow schien Mao nicht zu fürchten, auch wenn der ihn zunächst für einen CIA-Agenten hielt. Die deutsche Übersetzung seiner Biografie erschien erst 1969. Sie war zum größten Teil aus Interviews entstanden, die er mit dem chinesischen Parteiführer und anderen Funktionären im Sommer 1936 geführt hatte. Und so wirkte Mao auf den ersten Ausländer, dem er sich zum Gespräch stellte: »Am 16. Juli 1936 saß ich auf einem viereckigen Hocker in Maos Wohnung. Es war nach neun Uhr abends, Zapfenstreich war geblasen, kaum brannte noch ein Licht. Wände und Decken der Maoschen Behausung waren aus hartem Felsgestein, der Fußboden unten mit Ziegeln ausgelegt. Baumwollgaze bedeckte zur Hälfte die aus dem Fels gehauenen Fensterhöhlen, und Kerzen flackerten auf dem viereckigen Tisch aus Naturholz, den ein sauberes, rotes Filztuch bedeckte. Frau Mao [damals He Zizhen, W. J.] machte im Nebenraum wilde Pfirsiche ein, die sie am Tag von einem Obsthändler erstanden hatte. Mao selbst saß mit gekreuzten Beinen in einer tiefen Nische, die aus dem Fels herausgehauen war, und rauchte eine Tjiänmen-Zigarette.« Bei der Erstellung des Buches überließ Mao nichts dem Zufall, sondern redigierte die Endfassung der Fragen und Antworten sehr gründlich. So entstand eine Mischung aus wichtigen authentischen Darstellungen und bewusst gefälschten Informationen. Das Buch bemühte sich, die Entwicklung der KP Chinas von einer Intellektuellensekte zu einer Massenpartei in einem positiven Licht erscheinen zu lassen. Das galt auch für die sich über mehr als 10 000 Kilometer erstreckenden, verlustreichen Kämpfe gegen die Truppen Chiang Kai-sheks, der zum Heldenmythos eines siegreichen »Langen Marschs« verklärt wurde. Verschwiegen wurden das Ausmaß des Terrors und auch die Bedeutung der jahrzehntelangen Verbindungen der chinesischen Kommunisten zu Moskau und Stalin. In späteren Interviews warb Edgar Snow auch um Verständnis für den katastrophalen »Großen Sprung«.

1969 erschienen auch Stuart R. Schrams Mao-Biografie und Klaus Mehnerts Analyse *Peking und die neue Linke*. Schram, ein angesehener amerikanischer Politikwissenschaftler und Sinologe, ging davon aus, dass Mao seit dem Herbst 1935 (nach dem »Langen Marsch«) auch Stalin als Gegner einstufte. Zwar war er nicht in der Lage, ihm »öffentlich Hohn antun zu können«, doch habe er deutlich darauf hingewiesen, »daß Moskaus Rechte und Einfluß in China ihre Grenzen« hätten. Wenn Mao später die »Entstalinisierung« missbilligte, dann weniger, weil er sie für unberechtigt gehalten habe, sondern weil er die »Art und Weise« verabscheute, auf die die »einstigen Jünger« Stalins gegen den Toten polemisierten. Mao habe eine Analyse der Fehler Stalins in ihrem historischen Zusammenhang gefordert. Ähnlich wie Tilemann Grimm betrachtete auch Schram den »Maoismus« nicht als neue marxistische Synthese, sondern als eine Mischung von marxistischen und chinesischen Ideen. Er verfolgte anfangs die Kulturrevolution mit Sorge und glaubte, dass sie zum Untergang der Partei führen könne, indem die Armee zum »tragenden Pfeiler der Diktatur« erhoben würde. Im aktualisierenden Nachwort korrigierte Schram diese Prognose als Irrtum, schloss aber die Möglichkeit einer »offenkundigen Militärdiktatur« nicht aus.

Besonders spannend fand ich den Versuch des Publizisten, Politikberaters und Hochschullehrers Klaus Mehnert, die kulturrevolutionäre Bewegung in China mit der »neuen Linken« in Europa zu vergleichen. Ein deutschkonservativer Akademiker als Sympathisant der Roten Garden? Um diesen Widerspruch zu verstehen, muss man seine abenteuerliche Biografie als Weltenbummler kennen. Mehnert wurde 1906 in Moskau als Sohn eines Kunstdruckereibesitzers geboren und hielt sich nach seinen Studienjahren in Deutschland (Tübingen/München) und Kalifornien (Berkeley) von 1928 bis 1936 als Korrespondent und Historiker abwechselnd in Amerika, Japan, China und der Sowjetunion auf. Von 1936 bis 1937 lehrte er als Gastprofessor für Geschichte in Berkeley, danach im gleichen Fach in Honolulu. Und von 1941 bis 1945 war er in dem von den Japanern besetzten Schanghai unter anderem an der St. John's University tätig. Nach der Einnahme Schanghais durch die Truppen der USA und Chiang Kaisheks wurde er vorübergehend interniert und kehrte 1946 nach Deutschland zurück. Bis Ende der Vierzigerjahre arbeitete er für das Evangelische Hilfswerk und als Osteuropa-Referent im »Deutschen Büro für Friedensfragen« und dann als Redakteur der Zeitschriften *Christ und Welt* und *Osteuropa*. Zu Beginn der Sechziger wurde er als Fernsehkommentator bekannt und erhielt an der RWTH Aachen einen Lehrstuhl für Politikwissenschaften. Als außenpolitischer Experte war er für die deutschen Regierungen – von Adenauer bis Helmut Schmidt – ein unentbehrlicher Berater. Seine Bücher, so *Asien, Moskau und wir* (1956), *Peking und Moskau* (1962) oder die Erinnerungen *Ein Deutscher in der Welt* (1981), wurden alle Bestseller.

Ein wenig irritiert waren die »bürgerlichen« Leser indes über Mehnerts wohlwollende Beschreibung der ultralinken Szene. In seinem 1969 erschienenen Buch *Peking und die neue Linke* vergleicht der Autor die Roten Garden einfühlsam sympathisierend mit der außerparlamentarischen Bewegung Europas und konstatiert, dass sie »noch revolutionärer« als Mao selbst sein wollten. Habe dieser anfangs mit »seiner« Kulturrevolution gegen die etablierte Kommunistische Partei Erfolg gehabt, so bildeten inzwischen die neuen Machtorganisationen, die »Revolutionskomitees«, schon wieder ein Establishment, das Ruhe und Ordnung halten und seine Vorrechte bewahren wolle. »Nach all dem Wirbel – alles beim alten«, seufze daher die »neue Linke« Chinas über den für sie enttäuschenden Ausgang der Kulturrevolution. Anhand von Dokumenten, die er zum Teil schon 1966 als Materialsammlung *(Maos zweite Revolution)* veröffentlicht hatte, analysierte Mehnert nun Geschichte und Chance der rebellierenden »jungen Intellektuellen« in China. Sie wollten Räte und Kommunen (nach dem Pariser Vorbild) bilden, hätten aber keinen Rückhalt bei der Arbeiterschaft gefunden. Bemerkenswert erschien dem Autor auch, dass sich die jungen chinesischen Linksradikalen von der westlichen Neuen Linken allerdings insofern unterschieden, als in ihrem Programm der Ruf nach sexueller Freiheit fehlte. Die Pekinger Parteiführung bekämpfe die Linksoppositionellen im eigenen Land »strategisch«, da ihre anarchistische und undisziplinierte Haltung perspektivlos sei. Solange aber ihre Existenz prochinesische Sympathien in West und Ost stärke, gebe es eine »taktische« Unterstützung. Offensichtlich räumte Mehnert damals der westlichen Neuen Linken größere Aussichten auf gesellschaftliche Veränderungen ein als den radikalen Chinesen. Doch er musste eingestehen, dass es sich bei seinem Buch *Peking und die Neue Linke* nur um »theoretische Studien« handele, die er nicht »durch Beobachtungen an Ort und Stelle« habe »überprüfen« können. »Zu seinem Bedauern« habe ihm »die Regierung in China seit 1957 kein Einreisevisum erteilt.« Aber er hoffte, dass »in dem Maße, in dem sich die Verhältnisse in China verbessern«, die dortigen Behörden »selbstsicher genug sein« würden, »um die Grenzen den Freunden Chinas zu öffnen.« Ein Jahr später beantragte der kambodschanische Staatschef Prinz Norodom Sihanouk für seinen Freund Mehnert erfolgreich ein Visum bei dem chinesischen Ministerpräsidenten Zhou Enlai. So konnte 1971 der Reisebericht *China nach dem Sturm* in einer Erstauflage von 100 000 Exemplaren erscheinen. Diesmal beschrieb Mehnert wohlwollend ein Land, an dem »von den destruktiven Zügen« der Kulturrevolution »äußerlich kaum noch Spuren zu erkennen« waren. »Wie im Dorf Dadschai die Einwohner ihre Felder nach der Zerstörung durch Wolkenbrüche in emsiger Tag- und Nachtarbeit wieder in Ordnung gebracht haben«, so habe »sich das China nach dem Auslaufen der Kulturrevolution in gewaltiger Kraftanstrengung wieder voll funktionsfähig gemacht«. Dabei fand der Autor aber selbst bei den Anhängern Deng Xiaopings weiterhin »treue Ergebenheit zum Vorsitzenden Mao und seinen Ideen«. Doch die Ideen wurden immer blasser. In seinen letzten beiden Chinabüchern, die nach Maos Tod erschienen, spiegelten sich nur die jeweils herrschenden Meinungen der neuen Machthaber. Der »Kampf« um das »Erbe« und das »Lernen aus der Geschichte« war scheinbar bei der Wertschätzung einer »Modernisierung« Chinas gelandet.

Auch der Historiker und *Zeit*-Redakteur Karl-Heinz Janßen hat versucht, *Das Zeitalter Maos* (so der Titel seines 1976/79 erschienenen Buches) aus den mythischen Herleitungen aus dem »Maoismus«, den es »strenggenommen« gar nicht gegeben habe, auf den realpolitischen Boden der Geschichte zurückzuholen. Neben der von Kaiser Wilhelm II. bis Helmut Schmidt reichenden Bezogenheit der Deutschen auf China, die die »deutsche und chinesische Geschichte auf wundersame Art und Weise verwoben« erscheinen ließen, stellte Karl-Heinz Janßen darin die Bedeutung der Person Maos bewundernd ins Zentrum, auch wenn dieser die Mythen vom Kommunismus als dem »Reich der großen Gleichheit« nicht habe realisieren können. Dennoch: »Er löste sein Volk von den Fesseln einer mittelalterlichen, erstarrten Kultur. Er zwang die chinesischen Bauern, ungeachtet härtester Opfer und Entsagung, auf den steilen Weg zur modernen Supermacht. Er hielt sie an, den Gelben Fluß zu zähmen, und verpflichtete sie, jederzeit auf Naturkatastrophen und Kriegsfälle vorbereitet zu sein – ein Gebot, das sogar in die Präambel der Verfassung hineingeschrieben wurde.« Während das Hauptanliegen fast aller China-Bücher der Siebzigerjahre darin bestand, den »Maoismus« der Kulturrevolution zu »erklären«, erweiterte Janßen den Horizont durch die Relativierung der kulturrevolutionären Phase. Schon in der Einleitung verwies er mit Nachdruck darauf, dass »der Name Mao« nicht für eine, sondern für mehrere »historische Zäsuren« stehe: »die Niederlage des christlich-kapitalistischen Westens in China, den Triumph der kommunistischen Lehre im größten Volk der Erde, die Befreiung von 800 Millionen Menschen aus Hunger, Krankheiten, Armut und Unwissenheit, das Schisma im Weltkommunismus«. Alle revolutionären Phasen sind so anschaulich beschrieben, dass die geneigten Leser die Möglichkeit bekamen, sich auch schon mit dem jungen Mao zu identifizieren. Als Student und Lehrer vertrieb er illegal sozialrevolutionäre Flugschriften und beteiligte sich nach dem Ersten Weltkrieg bereits an der ersten Kulturrevolution, der »Bewegung des 4. Mai«. Genau wie unser 1970 gegründeter maoistischer Verein war die Kommunistische Partei Chinas damals noch eine winzige, studentisch geprägte Sekte. Wir konnten mit Wiedererkennungsfreude lesen, dass Mao als frischgebackener Parteisekretär von Hunan sich »mit Feuereifer der Aufgabe widmete, Industriearbeiter und Handwerker für den Klassenkampf zu rüsten«. Offenbar waren seine ersten »Basiserfahrungen« ganz ähnlich wie unsere im Ruhrgebiet, denn auch »die Bergarbeiter im südhunanesischen Anyuan staunten, als ein junger ›Gelehrter‹ im langwallenden Gewand mit ihnen in die Grube einfuhr, um ihr menschenunwürdiges Dasein ›vor Ort‹ kennenzulernen«. Die wohl wichtigsten Textmaterialien, die – über die roten Bibelweisheiten hinausgehend – Mao als originalen marxistischen Theoretiker *und* Praktiker vorstellten, waren seine kritischen *Notizen zum sowjetischen Lehrbuch Politische Ökonomie*. Sie kursierten zwar schon vor und während der Kulturrevolution, wurden aber nie Bestandteil der offiziellen Editionsplanungen. Der Sinologe Helmut Martin, der gemeinsam mit seiner Frau Tienchi Liao (der späteren Präsidentin des unabhängigen chinesischen PEN) bereits 1974 eine Auswahl unveröffentlichter Schriften, Reden und Gespräche Maos in deutscher Sprache *(Mao intern)* herausgebracht hatte, ließ ein Jahr später – ebenfalls in nichtautorisierter Form – die kritischen *Notizen* folgen: *Das machen wir anders als Moskau*. Parallel dazu erschienen englische, französische und japanische Übersetzungen. Für den Herausgeber war das »unbestrittene Generalthema dieser vielschichtigen Texte eine Analyse und Wertung des sowjetischen und chinesischen Weges«. Nach Ansicht seiner »Befürworter«, zu denen auch Martin gehörte, würde China »auf diesem Weg zur vorbildlichsten und mächtigsten Nation des Erdballs aufrücken, womit gleichzeitig der Dritten Welt ein theoretisches Modell für die eigene Entwicklung an die Hand gegeben« sei. Damit gerate »für jeden, der den Chinesen auf diesem Wege« folge, sowjetischer ›Revisionismus‹ zum abschreckenden Anti-Modell«. Die zwischen 1958 und 1960 entstandenen *Notizen* waren zunächst als Studienmaterial für die Kader der höheren Ebenen gedacht. Sie beziehen sich fast ausschließlich auf jenen zweiten Teil des sowjetischen Lehrbuchs, worin die sozialistische Produktionsweise behandelt wird – es geht also vor allem um den Übergang vom Kapitalismus zum Sozialismus, um materielle Anreize und den Komplex der Kollektivierung. Dabei lassen sich bereits vor der offiziellen Polemik in Maos Gedanken die prinzipiellen Unterschiede in der sowjetischen und chinesischen Sozialismus-Konzeption ausmachen. So kritisierte er explizit Stalins Buch über *Ökonomische Probleme des Sozialismus in der UdSSR* und merkte an, dass es »von Anfang bis Ende nicht den Überbau erörtert. Es bezieht den Menschen nicht mit ein, betrachtet Dinge und nicht Menschen.« Der »Standpunkt Stalins« sei »nahezu vollkommen falsch; das Mißtrauen gegenüber der Landbevölkerung ist sein grundlegender Fehler«.

Aber auch für Mao sollten die Probleme der aus 500 Millionen Menschen bestehenden Landbevölkerung »grundlegend« werden. Als seine *Notizen* entstanden, wurde der zweite Fünfjahresplan der chinesischen Wirtschaft proklamiert, der die propagandistische Bezeichnung »Großer Sprung vorwärts« trug und durch Massenmobilisierungen von unvorstellbarem Ausmaß und mit katastrophalen Folgen in die Geschichte eingehen sollte. Durch den »Großen Sprung« sollte das gewaltige Reservoir der bäuerlichen Bevölkerung in Form von »Volkskommunen« politisch und organisatorisch mobilisiert werden. Mit dem konzentrierten Masseneinsatz menschlicher Arbeitskraft zur Umwandlung der agrarischen Infrastruktur sollte zugleich eine Umerziehungskampagne einhergehen. Eine wesentliche Kritik Maos am sowjetischen Lehrbuch war, dass dort im Zusammenhang mit der »Diktatur des Proletariats« die Umerziehung der Klassen ausgespart blieb. Den *Notizen* zufolge sei die revolutionäre Umerziehung »ohne einen mehrfachen wiederholten Kampf« nicht erfolgreich zu Ende zu führen. Doch der »Große Sprung« in den Jahren 1959 bis 1961 erwies sich als utopischer Mobilisierungswahn und sozialtechnischer Fehlschlag, der China die größte Hungersnot seiner Geschichte mit Millionen von Todesopfern einbringen sollte. Mao wurde Ziel heftiger Kritik und erlitt einen Prestigeverlust in der Parteiführung. In der Praxis wurde seine radikale Wirtschaftspolitik revidiert, theoretisch hielt er jedoch an seiner Linie fest und forderte ein vertieftes Studium der Politökonomie bis hinab auf die Ebene der Kommune-Funktionäre. Um den Einfluss der restlichen Kräfte der Bourgeoisie ganz zurückzudrängen, so sein kulturrevolutionäres Fazit, benötige man noch mindestens ein halbes Jahrhundert.

Auch Helmut Martin empfahl in seinem Kommentar zu den *Notizen* Geduld, denn »der sich hier niederschlagende Widerspruch zwischen pragmatisch-ökonomistischem Planungskonzept und maoistischem Kampagnenrhythmus der ›fortgesetzten Revolution‹« werde »sich wohl erst langfristig ausgleichen« lassen. Sein eigener Widerspruch zur chinesischen Entwicklung ließ sich hingegen nicht mehr ausgleichen. Seit seiner Übersetzung und Herausgabe unveröffentlichter Schriften Mao Zedongs war Martins Verhältnis zu den offiziellen Stellen der Volksrepublik angespannt. Diese verschärften sich, als er gemeinsam mit seiner Frau zur Solidarität mit gesellschaftskritischen chinesischen Schriftstellern und Intellektuellen aufrief. Nach seiner deutlichen Kritik an der gewaltsamen Auflösung der Demonstrationen auf dem Tiananmen-Platz im Juni 1989, verhängte die chinesische Regierung ein Einreiseverbot gegen den Wissenschaftler. Doch noch mehr als die Menschenrechtsverletzungen im modernen, staatskapitalistischen China belasteten Helmut Martin die Auseinandersetzungen mit neuen Enthüllungen über den Terror der Kulturrevolution und die historische Rolle Maos. Seine Enttäuschungen waren mitverantwortlich für die schweren Depressionen, an denen er in seinen letzten Jahren litt. Als 59-Jähriger nahm er sich selbst das Leben.

»Nichtautorisierte« und damit gefährliche Informationen über Mao Zedong und die internen Machtstrukturen Chinas weitergegeben zu haben, war auch einer der Anklagepunkte gegen Maos Witwe Jiang Quing (Tschiang Tsching). Ihre Verhaftung einen Monat nach dem Tode Maos wurde unter anderem damit begründet, dass sie mit unerlaubten Mitteln versucht habe, die Macht zu ergreifen, wozu auch ein Interview mit einer »amerikanischen Professorin« im Jahr 1972 gehöre. Sie habe das Interview benutzt, um einen »Kult um ihre Person« zu begründen, und dabei persönliche Probleme mit Mao und Parteigeheimnisse an eine Ausländerin zu verraten. Im Oktober 1976 hingen überall in Peking Wandzeitungen mit Karikaturen von Jiang Quing, auf denen sie als »Kaiserin« und »Verräterin« gebrandmarkt wurde. Einige Plakate zeigten auch Aufnahmen, auf denen sie in denunziatorischer Absicht zusammen mit der »amerikanischen Professorin«, das heißt im Gespräch mit der Harvard-Historikerin Roxane Witke, zu sehen war. Was noch 1972 als ihr Privileg gegolten hatte, wurde jetzt als Verbrechen definiert. Als die Aufzeichnungen des Gesprächs nach großen Schwierigkeiten dann 1977 als kommentierte Autobiografie *(Genossin Tschiang Tsching. Die Gefährtin Maos erzählt ihr Leben)* außerhalb Chinas erscheinen konnten, befand sich die »Autorin« bereits im Gefängnis.

Dieses Buch sei nur insofern »autorisiert«, erklärte die Herausgeberin und Kommentatorin Roxane Witke, als Jiang Quing

»den Wunsch nach seiner Veröffentlichung« geäußert habe. Nie habe sie verlangt, das Manuskript vor der Drucklegung einsehen zu können. Interesse an einer Einsichtnahme und »Überarbeitung« hätten indes schon früh der Premierminister Zhou Enlai und Yao Wenyuan, der engste politische Mitarbeiter der »Autorin«, gezeigt. 1973 ließen sie Roxane Witke in New York durch den chinesischen UN-Botschafter und dessen Frau mitteilen, sie sollte »keine Biografie« schreiben, sondern »eine Geschichte der chinesischen Revolution«, dargestellt »vom Standpunkt des Vorsitzenden Mao« aus. Wenn dabei einige wenige Kapitel seiner Frau gewidmet würden, sei dagegen nichts einzuwenden. Für ein solches Vorgehen boten sie sogar eine »finanzielle Entschädigung« an. Rabiater scheinen Geheimdienste ihr Interesse an den privat und politisch brisanten Aufzeichnungen (nach denen auch der amerikanische Außenminister Kissinger neugierig fragte) bekundet zu haben, wie ein Einbruch in Witkes Universitätsbüro nahelegt. Gestohlen wurden jedoch nur Kopien, das Originalmanuskript konnte, so die Herausgeberin, wie geplant in Druck gehen. Roxane Witke fasste zusammen: »Dass sie eine Frau war, brachte sie in ein Dilemma, das in ihrem Leben von zentraler Bedeutung war. Schließlich erkämpfte sie sich einen Weg bis zum Gipfel der revolutionären Macht. Ihre Ehe mit Mao, die ihren Erfolg begünstigte, schien sie an die Spitze einer Gesellschaft zu führen, in der Männer und Frauen angeblich gleich waren. Aber in Wirklichkeit sah sie sich gezwungen, im Schatten des großen Mannes zu stehen.«

Putsch gegen die »Maotsetung-Ideen«?

Die Botschaft dieses Buches machte Jiang Quing noch vor ihrem mutigen Prozessauftritt und Suizid zu einer feministischen Kultfigur, die auch Sympathisantinnen in unseren Parteikreisen fand.

Die *Rote-Fahne*-Redaktion erhielt Zuschriften mit der Aufforderung, wir sollten Jiang Quing als »Kulturrevolutionärin« im Geiste Maos rehabilitieren und stattdessen den »reaktionär-chauvinistischen« Deng Xiaoping an den Pranger stellen. Doch an einer solchen Diskussionswende waren wir aus »diplomatischen« Gründen nicht interessiert. Lieber hätten wir über positive Einzelheiten der »revolutionären Realpolitik« *nach* Maos Tod berichtet. Wie war Hua in so kurzer Zeit an die absolute Macht gekommen? Darüber hatte auch unsere erste offizielle Parteidelegation im November 1976 keine Details erfahren. An allen öffentlichen Gebäuden, Wänden und Triumphbögen Chinas prangte ein in immer neuen Variationen kopiertes Gemälde: Ein noch blühend aussehender Mao umfasst herzlich und vertraulich die Hand seines Nachfolgers: »Wenn du die Sache in die Hand nimmst, bin ich beruhigt!« Diese Botschaft soll er irgendwann im Frühjahr 1976 wie ein Kaiser verkündet oder seinem Erbprinzen mit zittriger Hand aufgeschrieben haben. Doch sie wirkt irreal und inhaltsleer. Das einzige Foto, das von den beiden Parteiführern existiert und als Vorlage gedient haben soll, wirkt ganz anders: Mao sieht alt und verfallen aus, während Hua strahlt – und er es ist, der den Greis an der Hand hält, der seelenlos an ihm vorbeischaut. Huas Karriere begann in den Wirren der Kulturrevolution. 1973 stieg er zum Mitglied des Politbüros auf und zwei Jahre später wurde er Minister für Öffentliche Ordnung. Seitdem strebte er einen Interessenausgleich zwischen Gewinnern und Verlierern der Kulturrevolution an, was ungewollt die Rehabilitierung von Deng Xiaoping begünstigte. Als Ministerpräsident Zhou Enlai am 8. Januar 1976 starb, wurde Hua zunächst provisorisch zum geschäftsführenden Nachfolger ernannt und übernahm das Amt wenig später dauerhaft. Über das, was sich dann Anfang Oktober in Peking wirklich abgespielt hat – ob es »halb Staatstreich, halb Palastrevolution« war, wie der *Spiegel* vermutete –, lässt sich nur durch Indizien und kolportierte Zeugenaussagen mutmaßen. Entscheidend ist, dass Hua durch eine handstreichartige Aktion im Politbüro die Macht an sich riss, seine Konkurrenten verhaften und sich zum neuen Parteichef ernennen ließ. Das zu dieser Nominierung allein befugte Zentralkomitee hatte jedoch gar nicht getagt. Doch für die Chinesen und die ausländischen »Maoisten« – natürlich auch für uns – war die weitere Information beruhigend, dass der verstorbene Mao in einem Mausoleum öffentlich aufgebahrt werden sollte – und die Erklärung, dass die Fortsetzung seiner Werk-Edition gesichert sei. »Die Aufgabe wird direkt der Führung des Politbüros unterstellt, mit Genossen Hua Guofeng an der Spitze«, schrieb die *Pekinger Volkszeitung* und unterstrich nachdrücklich, dass »die Bearbeitung« unter persönlicher »Aufsicht« Huas erfolgen werde. Das war ein untrügliches Signal dafür, dass die Machtverhältnisse in China geregelt waren. Um der Stabilität und Einheit des Systems willen konnten die neuen Machthaber gar nicht anders, als an der Leitfigur Mao festzuhalten. Hua Guofeng verwendete große Sorgfalt darauf, vor dem eigenen Volk und der Welt als der legitime Nachfolger des Großen Vorsitzenden zu erscheinen. Er beließ es nicht beim Vorweis der hingekritzelten angeblichen Erbverfügung, er nahm sich auch das Recht, Maos Werk zu interpretieren, und imitierte den Vorgänger, soweit es ging. Hua legte sich den gleichen Haarschnitt zu, schulterte demonstrativ die Schaufel wie Mao und unternahm ähnliche Inspektionsreisen durchs Land. Obwohl an die Rhetorik der Kulturrevolution anknüpfend, wandte sich das Regime Huas gegen antiautoritäre und anarchische Inhalte. Während Mao zeitweilig die »revolutionäre Unordnung« gefördert hatte, propagierte Hua die »große Ordnung« als Fortsetzung der Revolution. Ganz offensichtlich ging es ihm um die Wiederaufnahme von Zhou Enlais Programm der »Vier Modernisierungen« (in Landwirtschaft, Industrie, Wissenschaft und Armee), das die »Viererbande« sabotiert hatte. In der Außenpolitik wurde die in den späten Mao-Jahren entstandene, vor allem gegen die Sowjetunion gerichtete

»Theorie der drei Welten« offiziell zur Doktrin erhoben. Auch Hua hielt an der Auffassung fest, ein neuer Weltkrieg sei auf Dauer unvermeidlich, wobei der »sowjetische Sozialimperialismus« zur gefährlichsten kriegstreiberischen »Supermacht« erklärt wurde. Aber obwohl der 11. Parteitag im August 1977 den neuen Vorsitzenden in allen Ämtern bestätigte, blieb die unstabile Machtbalance zwischen der Hua- und der Deng-Fraktion im Politbüro bestehen. Hua hielt an seiner Orientierung am »Dadschai«-Modell fest, das heißt, an dem Programm, auf dem Land ganz allgemein die Bildung großer Kollektiveinheiten voranzutreiben, in denen eine umfassende Mechanisierung möglich erschien. Die Reformer um Deng wollten genau das Gegenteil: die Auflösung schlecht funktionierender Kollektive und die Übergabe des Landes an die Bauernfamilien zur privaten Bewirtschaftung. Maos alte Widersacher, von denen manche gedemütigt, verbannt oder eingekerkert worden waren, ruhten nicht eher, bis der zweimal gestürzte Pragmatiker Deng Xiaoping wieder in Amt und Würden kam. Aber auch er berief sich mit seinem Reformprogramm zunächst noch auf die Ideen Maos. Nach dem Parteitag vom August 1977 interpretierte er das Mao-Zitat »Die Wahrheit in den Tatsachen suchen« mit dem Hinweis: »Wenn wir nur vergangene Dokumente Wort für Wort kopieren, dann würden wir kein Problem lösen.« Das war zugleich eine Kritik an der bisherigen Edition der *Ausgewählten Werke* Maos. Im April 1977 war unter Aufsicht von Hua der fünfte Band mit Texten aus der Zeit zwischen 1949 und 1957 erschienen, musste allerdings bald wieder eingestampft werden, weil die Reformer Einwände gegen die Bewertung der Kulturrevolution in der Vorbemerkung und die »einseitige« Werkauswahl hatten. Maos Lehre war fortan keine Religion mehr, aber die »Entmaoisierung« erwies sich als ein windungsreicher Prozess, der sich noch über Jahre hinziehen sollte. Man darf diese Entwicklung nicht einfach als Parallele zur Entstalinisierung in der Sowjetunion unter Chruschtschow begreifen. Mao wurde nicht wie Stalin aus dem Mausoleum geholt und zur Unperson erklärt. Deng und seine Gruppe verkündeten einen neuen Staatsmaoismus, der allerdings mit seinem Begründer lediglich noch den Namen gemein hatte.

Unser II. Parteitag im Juli 1977 hatte aufgrund dieser rasanten Wechsel große Mühe, eine aktuelle, auch für den kapitalistischen Westen und das geteilte Deutschland gültige Version der »Maotsetung-Ideen« zu definieren. Erkennbar war die Gemeinsamkeit eigentlich nur in der Bestätigung der »Theorie der drei Welten« und der simplen Schlussfolgerung »Staaten wollen Unabhängigkeit, Nationen wollen Befreiung, und Völker wollen Revolution« sowie in einer allgemeinen Loyalitätserklärung für Hua Guofeng, der »tatkräftig damit begonnen« habe, »das Vermächtnis des Genossen Mao Tsetung zu erfüllen«, um »China noch in diesem Jahrhundert zu einem mächtigen sozialistischen Industrieland aufzubauen«. Wie dieses aber Vorbild für ein »unabhängiges, vereintes und sozialistisches Deutschland« sein könnte, blieb unklar, da weder die »Widersprüche des westdeutschen Kapitalismus« noch die Entwicklung des »sowjetischen Sozialimperialismus« und der »Restaurationsprozess« in der DDR »genauer erforscht« waren. Die zeitliche Parallelität von neuen Studentenprotesten, Anti-AKW-Bewegung, Terrorismus und osteuropäischer Bürgerrechtsbewegung führte 1976/77 zu einer Verschärfung des politischen Klimas in Deutschland. Seit dem 26. Januar 1976 wurden die Grundsätze der Hochschulen und die studentische Mitbestimmung bundeseinheitlich vom Hochschulrahmengesetz geregelt. Gegen diese als Verschlechterung der Studienbedingungen empfundene »autoritäre« Maßnahme äußerte sich bei den Studenten zunehmend Unmut. Im Wintersemester 1976/77 kam es an den Berliner Universitäten und Fachhochschulen zu einem Streik, der sich nach Westdeutschland ausweiten sollte. Unmittelbarer Anlass für die Berliner Aktionen war die Suspendierung der Germanistikhochschullehrer Gerhard Bauer und Friedrich Rothe

Deutsche Printauswahl von *Radio Peking* im Verlag Rote Fahne.

an der FU, aufgrund eines Wahlaufrufes für die »KPD«. Im November 1976 fand im Audimax der Freien Universität eine Protestversammlung statt, an der sich 4000 Studenten beteiligten. Der Andrang war so groß, dass die Diskussion per Lautsprecher in weitere Hörsäle übertragen wurde. Bei der Ausweitung der Aktionen verband sich der »Berufsverbotestreik« mit Protesten gegen das neue Hochschulrahmengesetz. Das ganze Jahr 1977 hindurch fanden nicht nur in Berlin – sondern auch in anderen Universitätsstädten wie Bremen, Frankfurt, Göttingen, Heidelberg, Münster oder Tübingen – Streiks und Demonstrationen statt. Die Medien sprachen von einer neuen Studentenbewegung. In Berlin ging der Protest auch nach der erreichten Rücknahme der Suspendierung der beiden Hochschullehrer weiter. Die emotionale Nähe zur Gewaltspirale des »Deutschen Herbstes« war unübersehbar, wie auch der *Tagesspiegel* registrierte:

»Als die Studenten im November aus den Semesterferien in die Hörsäle zurückkehrten, waren sie geprägt von Ereignissen wie der Ermordung von Generalstaatsanwalt Buback, der Entführung Schleyers und seiner Ermordung, der Kaperung der Lufthansa-Maschine und der Geiselbefreiung, dem Kontaktsperregesetz und der Großfahndung. Mit Wut reagierten viele auf die von konservativen Zeitungen und der CDU/CSU inszenierten Suche nach sogenannten Sympathisanten und Verharmlosern des (RAF-)Terrorismus, ob sie nun Willy Brandt heißen, Böll, Grass oder Professor Gollwitzer. Den Sympathisantensumpf des Terrorismus an den Hochschulen wollte die CDU austrocknen – die Voraussetzungen für ein Semester des Aufruhrs schienen gegeben zu sein.«

»Wut« und »Aufruhr« beherrschten auch die Anti-Atomkraft-Bewegung, die sich – so der Rückblick des Historikers Joachim Radkau – zum »größten und gedankenreichsten öffentlichen Diskurs der Bundesrepublik« entwickelte. Hier verband sich das Engagement der »neuen« Studentenbewegung mit den Ideen der 68er und weckte die Hoffnung, endlich den Kontakt zu den »breiten Massen« zu finden. Die Anti-AKW-Bewegung entwickelte sich zu einem netzwerkähnlichen Zusammenhang von Organisationen, Gruppen und Einzelpersonen, der sich gegen die militärische und zivile Nutzung von Kernenergie wandte. Dabei verlieh der Gedanke an den »Super-GAU« dem Protest eine neue Radikalität.

Eine Leitfigur der Bewegung war der Atomphysiker Jens Scheer, der wegen seiner »KPD«-Mitgliedschaft während der gesamten Siebzigerjahre gegen Berufs- und Hausverbote an der Universität Bremen kämpfen musste. Bereits zwei Jahre vor Robert Jungks Bestseller *Der Atomstaat* (1977) hatte Scheer zusammen mit einer Autorengruppe eine programmatische Aufklärungsschrift herausgegeben: *Zum richtigen Verständnis der Kernindustrie. 66 Erwiderungen*. 1976 und 1977 beteiligten sich Zehntausende an den Protestdemonstration gegen die AKW-Pläne in Wyhl, Brokdorf, Grohnde oder Gorleben. Es kam zu Bauplatzbesetzungen und bürgerkriegsähnlichen Auseinandersetzungen mit der Polizei. Zum Höhepunkt der deutschen Anti-AKW-Bewegung wurde der Widerstand gegen das Gorleben-Projekt, den Plan der damals größten Wiederaufbereitungsanlage der Welt. Wie schon in Wyhl mit den Winzern kam auch in Gorleben eine vorübergehende Protestgemeinschaft mit den Bauern der Region zustande. Im Wendland erweiterte sich der Kampf gegen das Atomprojekt Gorleben zu einer »Umweltbewegung«, die mit alternativen Lebensformen experimentierte. Dabei wurde die »Freie Republik Wendland« nicht nur zum grünen Mythos, sondern auch zur romantischen Legende vom »maoistischen« Bauernbündnis. Die Diskussion über die vermeintliche Aktualität dieser Legende führte im Sommer 1977 zur Wiederentdeckung des sozialrevolutionären Märtyrers und Bauernkriegers Thomas Müntzer. In einer Resolution des II. Parteitages der »KPD« wurde diese Ikone des 16. Jahrhunderts sogar als Vorläufer in eine Reihe mit den deutschen »Klassikern« des Kommunismus gestellt:

»Im Kampf gegen die drohende Vergiftung von Luft, Wasser und Erde ist eine breite Bewegung entstanden, die ihre Speerspitze in der Bewegung gegen den Bau von Atomkraftwerken hat. Obwohl Stimmungen eines ›Zurück zur Natur‹ in dieser Bewegung mitschwingen, ist sie doch im Kern fortschrittlich und fortschrittsbejahend und wendet sich mit wachsender Stärke gegen die menschenfeindliche Form, in der sich die Entwicklung der Produktivkräfte unter den Bedingungen des Kapitalismus vollzieht [...]. Unsere Politik, die die Interessen der ganzen deutschen Nation berücksichtigt, macht es uns zur Pflicht, die revolutionären und demokratischen Traditionen unseres Volkes hochzuhalten, Gewicht auf die gemeinsamen Kampftraditionen der deutschen Arbeiterbewegung zu legen, das Selbstbewußtsein und das Zusammengehörigkeitsgefühl aller Patrioten und Demokraten zu stärken und die Massen nach unseren großen Vorbildern von Thomas Müntzer über Karl Marx und Friedrich Engels bis Rosa Luxemburg, Karl Liebknecht und Ernst Thälmann zu erziehen.«

Für diese Erziehungsaufgabe sollte – wie bei allen Linienkorrekturen – hauptsächlich die Redaktion der *Roten Fahne* zuständig sein. Ihre Propagandaartikel müssten, so die Resolution, »richtungsweisend auf die gesamte antihegemonistisch-demokratische Bewegung einwirken«, dabei das Ziel des »Sozialismus« nicht aus dem Auge verlieren – und das alles natürlich »auf der Grundlage des Marxismus, des Leninismus und der Maotsetung-Ideen«.

Schon vor dem Parteitag hatten wir eine Einladung der Chinesen erhalten, den 1976 begonnenen »Erfahrungsaustausch« im Herbst 1977 zu vertiefen. Diesmal sollte auch ich als *Rote-Fahne*-Redakteur zur Reisedelegation gehören. Mir war klar, dass es bei diesem »Erfahrungsaustausch« nicht einfach sein würde, den Zusammenhang zwischen Anti-AKW-Bewegung und »Maotsetung-Ideen« darzustellen. Nach dem noch gültigen Denkmodell des Marxismus wurde der gesellschaftliche Fortschritt durch den

Fortschritt der Produktivkräfte vorangetrieben und dieser beruhte auf fortschreitender Verwissenschaftlichung. Folglich müsste eigentlich die Kerntechnik als »wissenschaftlichste« Technik an der Spitze des Fortschritts stehen. Das war auch die Auffassung des am 4. August 1977 gestorbenen Philosophen Ernst Bloch. Er hatte für die Segnungen des »friedlichen Atoms« geschwärmt und die ersten Brokdorf-Demonstrationen noch als »latenten Maschinensturm des Spätkapitals« verurteilt. Und selbst Rudi Dutschke klagte im März 1977 in seinem Tagebuch: »Die ganze Atom- und Massenmobilisierung in Brokdorf und Itzehoe bereitet mir theoretische und politische Schwierigkeiten. ›Old Surehand II‹ mit und für die Kinder zu lesen ist leichter.« Auch Hinweise auf den Missbrauch der Kernenergie durch die Sozialimperialisten und Revisionisten waren in diesem Fall unangebracht, da Mao ja selbst im März 1965 eine Atombombe hatte zünden lassen und man wusste, dass die Chinesen fieberhaft an der Realisierung eigener AKW-Pläne arbeiteten. Daher erschien es mir sinnvoll, in den bevorstehenden Gesprächen die »antihegemonistisch-demokratische« Tendenz der deutschen Anti-AKW-Bewegung zu betonen und diese als »Arbeiter-Bauern-Bündnis« darzustellen. Dabei wäre die Erinnerung an das revolutionäre Vorbild Thomas Müntzer ganz sicher ein Novum für die chinesischen Gesprächspartner. Als Germanist wusste ich, das Heinrich Heine ihn einen der »heldenmütigsten und unglücklichsten Söhne des deutschen Vaterlandes« genannt hatte, und ich machte mir entsprechende biografische Notizen.

Der 1489 geborene Müntzer bewunderte als Priester zunächst die reformatorischen Anliegen Martin Luthers. Doch sein Rebellentum richtete sich schon bald nicht nur gegen den Papst und die geistliche Obrigkeit, sondern auch gegen die ständisch geprägte weltliche Ordnung, in der Bauern, Handwerker und Tagelöhner unterdrückt und ausgebeutet wurden. Seine Ansichten verbreitete er nicht nur in Predigten, sondern er forderte auch die Umwidmung von Klöstern und Herrschaftsgebäuden zu Armenküchen und Obdachlosenasylen. Den Mächtigen in den Rathäusern und Klöstern roch das nach Aufruhr, und sie vertrieben ihn immer wieder. Müntzer trat jetzt als Revolutionär auf, der sich zur Gewalt bekannte, und brach mit Luther, der sich mit den herrschenden Fürsten verständigen wollte und die aufständischen Bauern als »mörderische und räuberische Rotten« verdammte. Im Frühjahr 1525 gingen die verschiedenen örtlichen Unruhen in einen bewaffneten Aufstand über. Als Symbol der Hoffnung ließ Müntzer für seinen Bund eine weiße Fahne mit Regenbogenfarben anfertigen und rief auch die Bauern und Bergknappen im Eichsfeld zum Kampf gegen die Schlossherren auf. Nach der verlorenen Schlacht bei Frankenhausen wurde er im Mai 1525 gefangen genommen, gefoltert und öffentlich enthauptet. Vor seinem Tod soll er noch erklärt haben: »Am Volk aber zweifle ich nicht!« Das wäre auch als ein letztes Wort Mao Zedongs durchgegangen.

An Mao – und an alle widersprüchlichen Informationen über sein Werk und Leben – musste ich denken, als wir im September 1977 vom Pekinger Flughafen kommend, mit einem Tianjin-Kleinbus auf einer Pappelallee in Richtung Stadtzentrum zu unserem Gästehaus fuhren. Es war mein erster Chinabesuch – und ich wurde durch das spätsommerliche Grün und die wechselnden Bilder der fremden Landschaft schnell von meinen fragenden Gedanken abgelenkt. Auf der zweispurigen Landstraße begegneten wir Radfahrern, Eselskarren und Armeelastwagen, die auf offener Ladefläche Gemüse, Obst und Menschen transportierten. Die Fahrt ging vorbei an großen Feldern und kleinen Ortschaften mit grauen Ziegelhäusern, die bald durch Wohnblocks im Rohbau und Fabrikgebäude abgelöst wurden, an denen weithin sichtbare Transparente mit großen Schriftzeichen angebracht waren. Nach einer knappen Stunde Fahrtzeit hatten wir unser offenbar im Westen der Hauptstadt gelegenes Quartier erreicht. Es war, wie ich mich erinnern kann, bewacht und von der Umgebung isoliert. Nach einer Ruhepause gab es einen Teeempfang und ein erstes Gespräch über unsere Reisestationen. Schon für den nächsten Tag war ein großes Ereignis geplant: der Besuch des Mao-Mausoleums.

Das Mausoleum war soeben eingeweiht worden, und wir gehörten zu den ersten ausländischen Gästen, die den imposanten Tempel aus Marmor betreten durften. Das Mausoleum war auf der Südseite des riesigen Platzes des Himmlischen Friedens (Tiananmen-Platz) errichtet, der bereits andere Repräsentationsbauten, wie die Große Halle des Volkes oder das chinesische Nationalmuseum nebst der Verbotenen Stadt, beherbergte. Die Architektur erinnert mit der Säulenstruktur mehr an das Lincoln Memorial in Washington als an die alte chinesische Tempeltradition. Die Ming-Kaiser des Mittelalters waren weit entfernt von den Toren Pekings in einem stillen Tal beigesetzt, in monumentalen Grüften tief unter der Erde. Auch Mao hätte sich wohl eher ein Grab in einem Tal seiner Heimat in Südchina gewünscht. »Bringt meinen Leichnam nach Xiangtan«, soll er wenige Wochen vor seinem Tod dem Politbüro der Partei übermittelt haben. Nach seinem Tod war der Kristallsarg zunächst in der Großen Halle aufgebahrt, während Tausende von Arbeitern und Soldaten das Pflaster des Platzes aufrissen, um innerhalb von sechs Monaten die Gedenkhalle mit ihren Säulen und Balustraden zu errichten. Der Umgang mit dem Tod eines Herrschers ist stets ein symbolischer Akt von großer macht- und gesellschaftspolitischer Bedeutung. Denn der Kampf um die Nachfolge ist nicht nur ein Machtkampf, sondern zugleich ein Kampf um die politische Deutungshoheit. Diese schloss im Fall Maos die unmittelbare Vergangenheit ebenso ein wie die an die Zukunft gerichteten Erwartungen. Als sein Sarg sich noch in der Großen Halle befand, fiel ein riesiger Kranz aus Sonnenblumen, Weizenähren, Mais und Blüten des Gelbhornstrauchs ins Auge. Es war der letzte Gruß seiner Frau Jiang Qing und sollte an die Bauernbefreiung und die »rote

Sonne« der Kulturrevolution erinnern. Auf der Schleife, die alle Namen der noch lebenden Nachkommen Maos aufführte, hatte sie sich als »Schülerin und Kampfgefährtin« des »hochgeachteten großen Lehrers« dargestellt und wollte damit wohl auch ihren Erbanspruch demonstrieren. Beim chinesischen Volk aber war sie wenig beliebt und ihr Verhalten bei der Trauerfeier trug kaum dazu bei, ihr Ansehen zu verbessern. Nach westlichem Vorbild hatte sie ein großes schwarzes Tuch um den Kopf gebunden und verstieß damit bewusst gegen die Konventionen des Landes und der Partei. Wenig später wurde sie als Mitglied der »Viererbande« verhaftet.

Der rehabilitierte Deng Xiaoping kommentierte den Vorgang sarkastisch: »Ohne die Große Kulturrevolution hätten wir niemals so deutlich erkennen können, dass es in der Partei solche Karrierejäger wie die Viererbande gibt.« Nach der Einweihung des Mausoleums wurde über die »Bande« kein Wort mehr verloren, natürlich durfte auch der Kranz von Maos Witwe nicht mehr in der Gedenkhalle sichtbar sein. Die Anzahl und Reihenfolge der Kranzniederlegungen an Maos drei Meter hoher Marmorskulptur, die durch eine Mauer vom Sarg getrennt ist, folgte einem strengen Protokoll, das unsere Delegation offenbar begünstigte, wie die *Zeit* damals verblüfft konstatierte: »Ehe Bundesaußenminister Genscher im Pekinger Mao-Mausoleum vor der übermannsgroßen Skulptur des Großen Vorsitzenden seinen Kranz niederlegen konnte, hatten andere Westdeutsche, flinker noch als er, bereits ein Angebinde hinterlassen – fünf Funktionäre der ›Kommunistischen Partei Deutschlands‹«. Auch beim Betrachten des Sarges brauchten wir uns nicht in die Schlange der geduldig Wartenden einreihen, sondern wurden als »Privilegierte« vorgelassen. Doch was war im schummrigen Licht zu erkennen? Der gläserne Sarg war durch eine Parteifahne halb bedeckt, der Tote trug eine hochgeschlossene grüne Jacke und sah bleich aus. An mehr kann ich mich nicht erinnern. Der *Zeit*-Redakteur Karl-

Heinz Janßen, der zur gleichen Zeit in Peking war, glaubte mehr erblickt zu haben. Für ihn hatte »das Antlitz im Kristallsarg nicht die Züge eines friedlich Schlummernden – eher die eines kranken, alten Mannes, der bis zum letzten Atemzug von Schmerzen, Sorgen, Zweifel umgetrieben wurde«. Und er war sich sicher: »Der Tote gehört der Partei, dem Volke, der Geschichte.«

Drei Jahre später, als auch der Mao-Nachfolger Hua Guofeng auf Druck von Deng Xiaoping vor dem Ende seiner Regierungszeit stand, schien das nicht mehr gültig zu sein. Im Sommer 1980 verschwand sogar vorübergehend das riesige Mao-Bild über dem Eingang zum alten Kaiserpalast, und die Besuchsmöglichkeiten für das Mausoleum wurden stark eingeschränkt. Dennoch kamen immer noch Pilger, unter ihnen auch deutsche Autoren und Wissenschaftler wie Jürgen Theobaldy oder Hans Mayer. Zu der Zeit ging allerdings schon das Gerücht um, dass der Inhalt des gläsernen Sargs nicht mehr »echt« sei. Die Chinesen hätten Probleme mit der Konservierung des toten Mao und würden den Leichnam in einem Kühlraum aufbewahren – im Sarg befände sich nur noch eine Nachbildung. Später hat Maos Leibarzt Li Zhisui in seiner Autobiografie beschrieben, wie er mit zwanzig Experten aus den Bereichen Anatomie, Pathologie und organischer Chemie monatelang unter strengster Geheimhaltung vergeblich versucht habe, den Leichnam dauerhaft zu konservieren. Als auch Erkundigungsversuche über die Konservierungspraktiken bei Lenin und Ho Chi Minh scheiterten, habe man sich für ein Wachsfigurenmodell des Pekinger Instituts für Kunsthandwerk entschieden. Gleichwohl blieb das Mausoleum ein eindrucksvoller Ort für den Vermächtnisstreit. Der von der 68er-Bewegung beeinflusste Autor Jürgen Theobaldy brachte seine Desillusion im Mai 1980 in dem Gedicht »Unter Glas« zum Ausdruck:

»Glänzend das Gesicht, die rosa Falten, / die alte, stark geschminkte Haut, / die Haare ölig: so immer angeschaut / im echolosen Neonlicht von Tausenden / und keine Ruhe, kein Verfall,

Vergehen. / Was nicht neu wird, neu von neuem, / wie soll es noch erhalten bleiben? / Hier Geflüster: Ehrfurcht steht und Stille. / Aufbewahrt, nicht aufgehoben, diese Hülle.«

Dem widersprach der Literaturwissenschaftler Hans Mayer wenig später (Januar 1981) in der *Zeit* mit seinem Chinareisebericht »Noch ist Mao nicht tot«. Er zitierte das Gedicht und kommentierte es geschichtsphilosophisch:

»Bleibt zu fragen, ob sie stimmt, diese letzte Zeile: daß Mao Tse-tung in seinem Mausoleum bloß aufbewahrt wird, gleichsam konserviert. Daß hier aber nicht die Hegelsche Dialektik des Wortes ›aufheben‹ walten könne. In dem Sinne nämlich, daß Mao ein ›Vermächtnis‹ hinterließ, welches – nach seinem Tode und der Mumifizierung – nach wie vor geistiges Leben bewirkt auf einer höheren Stufe der Entwicklung. Daß die von Mao weitgehend mitgeschaffene Chinesische Volksrepublik auch nach seinem Tode emporgehoben und weiterentwickelt werden kann. Theobaldys Gedicht scheint Mao und den Maoismus als ›abgelebte Gestalt‹ der Geschichte zu interpretieren. Ich bin durchaus nicht so sicher. Die Kultur nach Mao, und natürlich auch nach der Kulturrevolution, ist undenkbar als totale Negation des Maoismus. Wenn irgendwo, so scheint mir gerade bei diesem komplexen geschichtlichen Vorgang der dreifache Wortsinn einer ›Aufhebung‹ berechtigt zu sein. Sie kann Annullierung bedeuten, indem der Maoismus von nun an aufgehoben wird. Sie kann auch die Konservierung des Maoismus bedeuten, und darum geht es vermutlich im Augenblick im Zeichen der Gerichtsverhandlungen. Sie kann aber schließlich eine neue geschichtliche und gesellschaftliche Synthese meinen. Man soll sich nicht täuschen über die Dimensionen dieses Mannes im gläsernen Sarg, der so viel nachdachte über Dialektik und gesellschaftliche Antagonismen.«

Er sei »nicht zu vergleichen als Denker mit der grobschlächtigen und ehrgeizigen Besserwisserei eines J. W. Stalin«, der nur als »ein Praktiker der Macht« zu werten sei, weil er »unbedingt dem

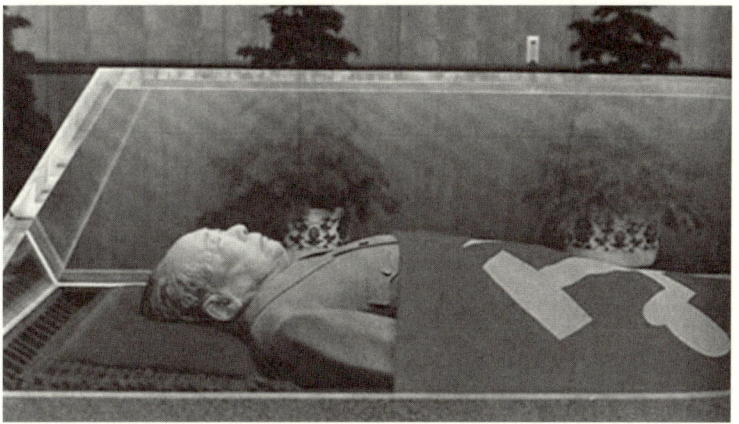
Mao Zedong aufgebahrt im Glassarg in Peking.

verhaßten und insgeheim bewunderten Intellektuellen Trotzki nacheifern wollte.« Mao sei »ein wirklicher Denker, offenbar auch ein begabter Dichter« gewesen. »Muß man bei ihm nicht«, fragte sich Mayer, »vom *intellektuellen Selbsthaß* sprechen, wenn er ausgerechnet in seiner Politik die Verachtung der Intellektuellen immer wieder zu praktizieren suchte?«

Die Kultur der Kulturrevolution

Als ich das im Januar 1981 las, war ich über dieses Lob Maos überrascht. Unsere Partei war längst aufgelöst, und ich war auf der Seite Theobaldys, hatte aber eine große Ehrfurcht gegenüber Leben und Werk Hans Mayers. Er war damals 73 Jahre alt und bereitete die Herausgabe seiner Autobiografie *Deutscher auf Widerruf* vor. Als Jude und sozialistischer Publizist hatte er 1933 Berufsverbot erhalten und floh ins Exil, während seine Eltern in Auschwitz ermordet wurden. Im Exil diskutierte und korrespondierte er als Lukács-Schüler auch mit Walter Benjamin und Max Horkheimer und schloss sich 1937 dem von Georges Bataille und Michel Leiris gegründeten Collège de Sociologie an. 1948 ging Mayer zusammen mit dem befreundeten Stephan Hermlin in die Sowjetische Besatzungszone und erhielt in Leipzig eine Professur für Literaturwissenschaft. Mit seinen Vorlesungen machte er sich bald bei den DDR-Autoritäten unbeliebt, da er Autoren wie Franz Kafka, James Joyce oder auch den geläuterten Ernst Bloch demonstrativ gegen stalinistische Dogmatiker verteidigte. 1963 kehrte er nach einem Besuch in Tübingen nicht in die DDR zurück. Als Literaturwissenschaftler und kritischer Publizist gewann Mayer nicht unerheblichen Einfluss auf die westdeutsche Studentenbewegung. In den Seminaren gehörten seine frühen Schriften, wie *Georg Büchner und seine Zeit* (1946), *Karl Marx und das Elend des Geistes* (1948) oder *Wandlungen der bürgerlichen Literatur in Deutschland* (1959), zur kritischen Pflichtlektüre.

Hans Mayer war 1980 von Mitgliedern der Chinesischen Akademie für Sozialwissenschaften zu Vorträgen in Peking, Nanking und Schanghai eingeladen worden, von Germanistikprofessoren wie Feng Zhi, die er noch aus seiner Leipziger Universitätszeit Ende der Fünfzigerjahre kannte. Mayer sollte in seinen Vorträgen vor chinesischen Studenten und Professoren »die Etappen der deutschen Literaturentwicklung seit Kriegsende« nachzeichnen. So musste er logischerweise auch über die Literatur und Literaturrezeption der 68er sprechen. Seine verblüffendste Erfahrung war dabei, dass immer dann, wenn er diese Literatur mit dem Begriff »Kulturrevolution« in Verbindung brachte, verständnislose Heiterkeit bei seinen Zuhörern ausbrach. Das sei am heftigsten geschehen, als er versucht habe, Peter Schneiders 1969 erschienenen *Kursbuch*-Essay »Die Phantasie im Spätkapitalismus und die Kulturrevolution« vorzustellen: Der Autor propagiere die Entfesselung der Fantasie aus den Gehegen der Kunst und Literatur, um sie zu einem produktiven Gestaltungsfaktor des sozialen Lebens werden zu lassen, nach dem Vorbild des Pariser Mai und mit Hinweis auf Maos »kulturrevolutionäre« Lehren. Als Mayer nach den

Gründen der besonderen Heiterkeit fragte, bekam er keine zufriedenstellende Antwort, nur den Hinweis, man finde es einfach »komisch«, dass das Wort »Kulturrevolution« in diesem Zusammenhang verwendet werde. Der Vortragende gab sich selbst eine Erklärung:

»Meine chinesischen Zuhörer, die Professoren, Dozenten und Studenten der Deutschen Literatur, hatten aufmerksam zugehört, dann auch Fragen gestellt, die bewiesen, daß sie sich auskannten. Allein, sie betrachteten solche Gedankengänge als ein literarisches, vielleicht allgemein-ideologisches Problem der Deutschen. Solches Reden von ›Kulturrevolution‹ hatte im mindesten nichts zu tun mit dem, was man selbst ungefähr im gleichen Jahrzehnt erlebt hatte: zwischen 1966 und 1975. Ich deute mir, heute darüber nachdenkend, das Gelächter fast als ein Aufatmen. Ein befreiendes Gelächter nach allem, was sich in jenem Jahrzehnt in dem ungeheuren Reich abgespielt hatte unter der Losung einer ›Kulturrevolution‹. Das Gelächter galt nicht einer anspruchsvollen Terminologie, die zeitweilig vergessen machte, daß jene Revolutionäre der Kultur nicht eine Erneuerung des kulturellen Lebens im weitesten Verstande betrieben, sondern Zerstörung einer vorhandenen Kultur, ihrer Träger, Zeugnisse und Institutionen.«

Auch andere überlebende Opfer, wie der über die Grenzen Chinas bekannte Linguist, Indologe und Historiker Ji Xianlin (der in den Dreißigerjahren in Göttingen studiert hatte), formulierten ihre schriftlichen Erinnerungen an die traumatischen Erlebnisse in einem humoristischen Stil. So berichtete Ji zum Beispiel 1998 mit bissiger Ironie, dass er bei der mühsamen Konstruktion des eigenen (Kuhstall-)Gefängnisses *(The Cowshed)* versucht habe, seine Peiniger mit Anekdoten aus seiner Studentenzeit bei Laune zu halten. Opfern und Tätern fiel es gleichermaßen schwer, sich öffentlich mit den Grausamkeiten der Kulturrevolution auseinanderzusetzen. Als die von Altmaoisten gegründete chinesische Reformzeitschrift *Yanhuang Chunqiu* ein halbes Jahrhundert später Interviews mit Zeitzeugen veröffentlichte, wurde das von den staatlichen Zensurbehörden immer noch als »Tabubruch« geahndet.

Begonnen hatte die von Mao initiierte Massenkampagne schon im Mai 1966, als die im Zentralkomitee der Partei gegründete »Gruppe Kulturrevolution« zum Kampf gegen »Konterrevolutionäre« und »Vertreter des Kapitals« aufrief, um Partei und Gesellschaft von »bourgeoisien und reaktionären Elementen« zu befreien. »Zerschlagen« werden sollten »die vier Alten«, das hieß: alte Kultur, alte Denkweisen, alte Gewohnheiten und alte Sitten. In den folgenden Monaten ergoss sich ausgehend von der Hauptstadt eine Welle der Gewalt und des Terrors über das Land, die in der ersten Phase überwiegend von Schülern und Studenten ausgeübt wurde.

Insgesamt wird die Zahl der im Verlauf der chinesischen Kulturrevolution ums Leben gekommenen Menschen auf 1,5 Millionen geschätzt, die überwiegende Zahl wurde umgebracht oder in den Selbstmord getrieben. Die meisten Toten forderte aber nicht – wie häufig vermutet – der Anfangsterror der Roten Garden, sondern die spätere Phase vom Herbst 1968 bis Ende 1971, als Militär und Parteiführung versuchten, mit »Säuberungs«-Aktionen das Chaos wieder in den Griff zu bekommen. Und – was ebenfalls meist übersehen wird – in keiner anderen Kampagne war die Zahl kommunistischer Parteifunktionäre unter den Opfern so hoch wie in der Kulturrevolution. Kaum eine Familie blieb von den Auswirkungen verschont. Etwa 100 Millionen Chinesen litten unter direkten oder indirekten Verfolgungsmaßnahmen und 15–20 Millionen wurden zur Umerziehung und Zwangsarbeit aufs Land geschickt. Aber die Gewalt war nicht nur gegen Personen gerichtet. Öffentliche und private Räume wurden nach »bourgeoisen« Objekten durchsucht, religiöse Bauten und jahrhundertealte Kultobjekte fielen der Zerstörung zum Opfer.

Wie kein anderes Ereignis in der Geschichte der Volksrepublik China symbolisieren die Ereignisse von 1966 bis 1976 einen Kontinuitätsbruch. Auch fünfzig Jahre nach ihrem Ausbruch gibt es keine eindeutige Erklärung für die Ursachen und Folgen der Kulturrevolution. Zwar kann kein Zweifel daran bestehen, dass die Bewegung ohne Mao Zedong nicht stattgefunden hätte – aber gleichermaßen gilt, dass sie ohne fundamentale innerchinesische und internationale Konflikte niemals eine solche gewalttätige Dynamik und Breitenwirkung entfaltet hätte. Die konkurrierenden Deutungen, so der Freiburger Sinologe Daniel Leese, »reichen in ihren Extremen von einer Charakterisierung der Bewegung als Holocaust bis hin zu einer Verteidigung der Kulturrevolution als letztem, wenngleich gescheiterten Versuch der Errichtung einer gerechten sozialistischen Gesellschaftsordnung jenseits der totalitären Parteidiktatur«.

Seit der Mao-Biografie von Jung Chang und Jon Halliday *Das Leben eines Mannes, das Schicksal eines Volkes* (2005) ist der Hitler- und Holocaust-Vergleich Mode geworden. Jung Chang, die sich mit 14 Jahren den Roten Garden anschloss, beschrieb in einem Zeitungsgespräch ihre damalige Bindung an Mao mit den Worten: »Er war unser Gott«. Erst spät habe sie erkannt, dass er in Wirklichkeit »der größte Schlächter des 20. Jahrhunderts« gewesen sei. In fast allen Feuilletons wurden ihre Aussagen mit kritikloser Zustimmung aufgenommen. So fühlte sich die *Süddeutsche Zeitung* an die Memoiren von Maos Leibarzt Li Zhisui erinnert, in denen »das Bild eines zynischen, missgünstigen, von Sex besessenen, rachsüchtigen Politikers« gemalt wurde, dessen psychopathisches Bild jetzt um die historische und politische Dimension erweitert worden sei. »Das Böse« müsse Bestandteil der »Erlösungsphantasien« seiner Anhänger gewesen sein. Auch die *Zeit* empfahl dieses Buch »jedem, der mit China zu tun hat«, ganz gleich »ob als Politiker [...] oder als Tourist«. Denn darin werde endlich, sieben Jahrzehnte nach Edgar Snows hymnischem Portrait, das mythische Bild Maos als weiser Soldat und Repräsentant des besseren Kommunismus zerschmettert. Mao erscheine stattdessen als größter Massenmörder der Geschichte und als Sadist. Und der Rezensent der Neuen Zürcher Zeitung erfreute sich an der »sorgfältige[n] Sammlung der Schandtaten des Diktators«, der sich mit nicht »weniger als siebzig Millionen Tote[n]« als »für intensive psychiatrische Behandlung reifer Egomane« erweise.

Wenn sich die Geschichtsdarstellung der Volksrepublik China auf die Beschreibung von Schädelstätten *(Killing-Fields),* für die ein »wahnsinniger Führer« verantwortlich war, beschränkt, korrespondiert dies mit einem kybernetischen Modell nach dem schon Martin Heidegger Katastrophen und Massenmord gleichmacherisch betrachtet hat. Das »Wesen der Technik« nennt er »Ge-Stell«, von dessen »Walten« der Mensch abhängig sei. Wenn Heidegger die NS-Herrschaft auf ein System technischer Abläufe reduziert, dann gilt das auch für den Terror und Antisemitismus. Das hatte er bereits in seinen berüchtigten Bremer Vorträgen von 1949/1950 anschaulich erläutert. In Bildern und Vergleichen, die sich nicht mehr mit den herkömmlichen Kategorien von Rassismus und Antisemitismus erfassen lassen, hat er den nationalsozialistischen Völkermord nicht nur zahlenmäßig verharmlost, sondern mit Mao Zedongs frühen Landwirtschaftskampagnen verglichen: »Hunderttausende sterben in Massen. Sterben sie? Sie kommen um. Sie werden umgelegt. Sterben sie? Sie werden Bestandsstücke eines Bestandes der Fabrikation von Leichen. Sterben sie? Sie werden in Vernichtungslagern unauffällig liquidiert. Und auch ohne Solches – Millionen verelenden jetzt in China durch den Hunger in ein Verenden.« Oder: »Ackerbau ist jetzt motorisierte Ernährungsindustrie, im Wesen das Selbe wie die Fabrikation von Leichen in Gaskammern und Vernichtungslagern.« Das Ungeheuerliche an solchen Sätzen besteht darin, dass Heidegger die Vernichtung der Juden als »Seinsgeschick« auffasst. Da sie in den Vernichtungslagern wie die Chinesen in ihren elenden Dörfern nicht mit seinen »seynsgeschichtlichen« Sakramenten versehen waren, konnten sie gar nicht sterben (»den Tod in seinem Wesen vermögen«). Zu Recht hat der französische Philosoph Emmanuel Faye dies »ein Verdrängen des Holocaust« genannt – der Vergleich mit Chinas Katastrophenopfern sei unzulässig, da »diese keinem genozidalen Willen entsprangen«.

Zu den wenigen Einsprüchen gegen die einzig auf Mao als »Monster« fixierte Geschichtsschreibung gehört die Rezension von Joscha Schmierer in der *Welt*. Für ihn war das Buch von Jung Chang und Jon Halliday nicht nur wegen der dokumentierten Grausamkeiten »eine schreckliche Lektüre«, sondern auch wegen der »Beschränktheit, mit der die Autoren in ihrer Erzählung auf jeden Ansatz von Erklärung verzichten, der über üble Charaktereigenschaften Maos hinausweisen könnte«. Auf diese Weise sei dem »Mao-Mythos«, den zu zerstören die Biografen angetreten seien, nicht beizukommen. So habe das schon bei Stalin nicht funktioniert, »dessen Ansehen in der russischen Gesellschaft subkutan ziemlich ungebrochen« bleibe. Der »Untersuchungszweck«, den »Mao-Mythos« durch die Entlarvung von Maos Charakter und seines brutalen Machtstrebens zu zerstören, führe zu einer Serie von »Verharmlosungen« der Gegner, auf die Mao traf. Dass die Warlords »als Garanten der gesellschaftlichen Ordnung« zu sehen seien, solange sie nicht gestört wurden, nimmt Schmierer »mit Erstaunen« zur Kenntnis. Im Vergleich zu Maos blutigem Machtstreben erscheinen »selbst die japanischen Okkupanten oder Chiang Kai-shek, Stalin und Chruschtschow fast wie harmlose Waisenknaben«. Diese »provinzielle Betrachtungsweise« löse China immer wieder aus der imperialen Umgebung, »der es ja weitgehend ausgeliefert war«, heraus und lasse jede Bemühung, die Einheit und Unabhängigkeit Chinas wiederherzustellen, als »machtbesessenen Willkürakt« erscheinen. Entsprechend gelte bei der Bewertung der innerparteilichen Auseinandersetzungen allein »als Maßstab der Sympathie«, ob und wie man sich Mao widersetzt habe. Aufgrund seiner eigenen maoistischen Vergangenheit als ehemaliger KBW-Führer könnte man Schmierer Befangenheit vorwerfen und so seine Argumente entwerten. Aber gilt das auch für ähnliche Kritik von jüngeren Wissenschaftlern und China-Spezialisten, die von den Feuilletons und politischen Medien meist nicht wahrgenommen wird?

So lehnt auch Daniel Leese es ab, die Kulturrevolution ausschließlich als maoistischen Blutrausch zu betrachten. »Es wäre unzutreffend«, meint er in seiner aktuellen Studie, »die Rotgardistenbewegung pauschal als brandschatzende Hooligans oder gar Mörder zu charakterisieren«. Viele Rotgardisten hätten sich den Gewaltexzessen an ihrem Heimatort entzogen, um sich auf Reisen an bedeutende Orte der chinesischen Revolutionsgeschichte wie Yan'an, das Jinggang-Gebirge oder Maos Geburtsort Shaoshan zu begeben. »Unterstützt durch massive staatliche Subventionsleistungen, darunter im Herbst 1966 die kostenlose Benutzung der Eisenbahnen, gewannen viele Rotgardisten durch den revolutionären Tourismus häufig zum ersten Mal eine Vorstellung von der Armut zahlreicher Regionen«, aber auch von Individualität und den Folgen kommunistischer Parteipolitik. Nicht wenige hätten mit »erstaunlicher Kreativität« eigene Informationsnetzwerke aufgebaut. Zum umfassenden Bild der Kulturrevolution – und zu ihrer Faszinationsgeschichte – gehört daher eben auch, dass diese nicht nur aus Gewalt, Propaganda und Gleichschaltung bestand, sondern – wie die Heidelberger Sinologin Barbara Mittler unterstreicht – tatsächlich auch etwas mit individueller Kulturerfahrung und Vermittlung zu tun hatte. Mit dieser Erkenntnis wurde die Wissenschaftlerin erstmals konfrontiert, als sie in den frühen Neunzigerjahren Interviews mit chinesischen Komponisten führte, die während der Kulturrevolution aufs Land geschickt worden waren. Sie alle erzählten »ganz andere Geschichten« als die, die sie aus ihren Lehrbüchern kannte. Viele von ihnen hatten während der Kulturrevolution ihre Liebe für die Musik überhaupt erst entdeckt, komponieren und dirigieren gelernt: als Teilnehmer an Propagandatruppen und beim Üben auf dem Dorf. Keiner dieser Komponisten oder der späteren Interviewpartner aus verschiedenen Bevölkerungsschichten (Künstler, Hochschullehrer, Hausmädchen oder Taxifahrer), mit denen Mittler 2004 sprach, »verdammten die Zeit unter Mao, auch nicht die Kulturrevolution«. Sie sangen oder spielten ihr, »oft mit einem Schalk im Auge, aber nie mit Verachtung«, Passagen aus den Modellstücken oder Liedern vor, die sie damals aufgeführt und gesungen hatten.

Dass auch noch die Endphase der Kulturrevolution »viele verschiedene kulturelle Aktivitäten« zuließ, bestätigt eine in der Zeitschrift *Kunst und Gesellschaft* abgedruckte Dokumentation vom August 1976, in der es heißt: »Auf die Schaffung der revolutionären Modell-Theaterstücke folgte eine neue Blüte in Literatur und Kunst. Allein 1974 und 1975 wurden auf nationalen Festivals in Peking mehr als 190 Beiträge gezeigt – Opern, Theaterstücke, Musikstücke, Tänze und Balladen – die auf regionalen Festivals in verschiedenen Provinzen, Gemeinden und autonomen Gebieten ausgewählt worden waren. Die seit 1972 jährlich durchgeführten nationalen Kunstausstellungen mit Exponaten, die aus über 1800 in verschiedenen Provinzen entstandenen Bildern ausgesucht worden waren, zogen Millionen Besucher an. Die Zahl der jährlich veröffentlichten Erzählungen und Romane hat den höchsten Stand aus der Zeit vor der Kulturrevolution überschritten. Zu den bedeutendsten neuen Filmen zählen *Frühlingssprossen* und *Mit alten Ideen brechen* […]. In allen Teilen Chinas entstanden Bearbeitungen der Muster-Bühnenstücke, in denen die mit diesen Stücken gemachten Erfahrungen ausgewertet und weiterentwickelt wurden. Absterbende traditionelle Kunstformen wurden durch den revolutionären Geist unserer Epoche neubelebt. Viele Literatur- und Kunstschaffende sind zu den Arbeitern, Bauern und Soldaten gegangen, während diese sich in noch nie dagewesener Weise an der literarischen Kritik und dem Literatur- und Kunstschaffen beteiligten. Die neuen Reihen der Literatur- und Kunstschaffenden sind voller Lebenskraft.«

Manche von ihnen, so ergänzt Barbara Mittler, hätten erst durch die Kulturrevolution lesen gelernt, »und eben nicht nur Mao und die marxistischen Klassiker, sondern auch sogenannte schwarze Literatur – Balzac etwa, Tolstoi, Goethe, auch chinesische Klassiker oder chinesische Philosophie, letztere vor allem während der ›Anti-Konfuzius-Kampagne‹ in den frühen 1970er Jahren«. Ob es sich bei solchen erstaunlichen Kulturvermittlungen »sogar um ein Machtkalkül der Regierung« handelte, oder ob »es Zeichen des anarchischen Zustandes« der Bewegung waren, lasse sich »wahrscheinlich nicht endgültig ausmachen«. Bestreiten kann und will aber auch Mittler nicht, dass das zentrale Anliegen der »Kultur der Kulturrevolution« die Mao-Propaganda war. Doch die Frage, wie sich unterschiedliche Kultur(-erlebnisse) im »roten Jahrzehnt« nicht nur in China, sondern auch als globales Revolutionsvorbild politisch ausgewirkt haben, ist nach wie vor nicht geklärt.

Über Kultur und Kulturrevolution wollten unsere chinesischen Gastgeber im Herbst 1977 nicht so gern sprechen – weder über das Schicksal der Modell-Theaterstücke noch über die Rolle der Literatur nach der Aufhebung des politischen Diktats der »Viererbande«. Der Publizist Heinz Ludwig Arnold, der einige Monate vor uns China besuchen konnte, hatte etwas mehr Glück. Nach mehrfachen Bitten erhielt er im März 1977 in Schanghai die Gelegenheit zum Gespräch mit zwei »Amateurschriftstellern« und einem professionellen Kritiker und Lektor. Doch auch sein Gespräch »blieb steif über drei Stunden hinweg«. Auf seine Fragen kamen viele »allgemeine Antworten«, eine Diskussion entstand nicht, aber es wurde ihm erklärt, was ein »Amateurschriftsteller« sei. Einer der Gesprächspartner berichtete, wie er es geschafft hatte, als Fabrikarbeiter Schriftsteller zu werden. Wenn man sich berufen fühlt und ein Thema gefunden hat, dann trägt man seinen Plan dem Revolutionskomitee der Fabrik vor. Klingt das Thema überzeugend, erfolgt für Recherchen und Schreibarbeiten eine Freistellung, und der Lohn wird für einen befristeten Zeitraum bis zum Abschluss des Manuskriptes weiterbezahlt. Aber wer entscheidet, ob das Werk gedruckt wird? Der anwesende Lektor des »Volksverlages Schanghai« erklärte: »Bevor ein Buch veröffentlicht wird, prüfen wir, wie das Manuskript entstanden ist und ob es bei den Massen ankommt.« Für diese Prüfung würden »die Meinungen einiger ausgewählter Leute« eingeholt. Die entscheidenden Kriterien für eine Publikation seien: »Das Buch soll 1. das Volk zusammenschließen, 2. das Volk erziehen und 3. den Feind bekämpfen.« Um diese schematische Formel zu verdeutlichen, versuchte er ein Mao-Zitat mit den Weisheiten des Dichters und Literaturprofessors Lu Hsün (Lu Xun, 1881–1936) zu verknüpfen: »Die Schriftsteller studieren das Leben und sammeln Materialien. Im Leben gibt es viele Helden, die in den Werken als Vorbilder geschildert werden. Literatur soll das Leben widerspiegeln, aber nicht unmittelbar, sondern gesteigert, gehoben und erhaben – und sie soll dem Feind eine Wunde schlagen.« Auf die Frage, ob es im 20. Jahrhundert in China ähnlich bedeutende Anreger für eine neue chinesische Volkskunst gebe wie Lu Hsün, kam die Antwort: »Es gibt keinen Schriftsteller, der mit Lu Hsün zu vergleichen ist: Er hat die Richtung der großen kulturellen Revolution angegeben. Es gibt aber andere, einflußreiche Schriftsteller, z. B. Kuo Mo-jo, den Präsidenten der Pekinger Akademie der Wissenschaften, der den *Faust* von Goethe ins Chinesische übertragen hat.« Die Rehabilitierung von *Faust* und Goethe als symbolisches Ende der Kulturrevolution? Das wäre nun wirklich ein Anlass, Karl-Heinz Janßen zuzustimmen, dass »deutsche und chinesische Geschichte« manchmal »auf wundersame Art und Weise verwoben« waren.

Fußball in Peking

In gewisser Weise gilt das auch für Gemeinsamkeiten in der Entwicklung des Fußballsports zu einem modernen Massenkult. In den Jahren der Kulturrevolution bekam der Profispieler Paul Breitner Ärger mit den Funktionären seines Vereins Bayern München, weil er sich demonstrativ mit einer *Peking Rundschau* vor einem Mao-Plakat hatte fotografieren lassen. Wenig Verständnis für eine solche politische Geste brachte damals auch sein Teamkollege Franz Beckenbauer auf, der eher ein Anhänger der CSU war. Doch zwei Jahre nach dem China-Besuch von Franz Josef Strauß folgte auch Beckenbauer einer Einladung. Gemeinsam mit dem brasilianischen Superstar Pelé gehörte er zur Mannschaft von New York Cosmos, die im September 1977 in Peking und Schanghai zu Freundschaftsspielen gegen eine chinesische Nationalauswahl antrat. Kurz entschlossen wurde auch unsere in Peking weilende Parteidelegation über das bevorstehende Spiel informiert und überraschend zum Besuch eingeladen. Das Spiel sollte am 17. September im »Arbeiterstadion« stattfinden. Das Stadion verfügte über eine Kapazität von knapp 80 000 Zuschauerplätzen und gehörte zu den »Zehn Großen Gebäuden«, die 1959, zum zehnten Jahrestag der Gründung der Volksrepublik China, im Stil des »sozialistischen Klassizismus« errichtet worden waren. Eingefädelt hatte dieses außergewöhnliche Ereignis zweifellos Deng Xiaoping vor allem aus politisch-diplomatischen Gründen – doch gleichzeitig galt er seit seiner Pariser Studentenzeit auch privat als ein leidenschaftlicher Fußballfan. Die Spiele gegen Cosmos waren eine der wenigen Gelegenheiten, die Weltstars Pelé und Beckenbauer bei einem gemeinsamen Auftritt zu erleben. Beckenbauer hatte erst vor wenigen Wochen seine Karriere als deutscher Nationalspieler aufgegeben, um nach New York zu wechseln, während es für Pele eine Abschiedstour als aktiver Spieler war. Für Chinas Fußballer, die 1958 den Weltverband FIFA verlassen hatten, waren internationale Spiele, wie das gegen New York Cosmos, wichtig für den geplanten Wiedereintritt in den Weltverband. Entsprechend groß war dann auch der Besucherstrom. Als wir am frühen Nachmittag des Spieltages mit unserem Kleinbus den Stadtbezirk Chaoyang erreichten, waren die Zufahrtsstraßen zum Stadion durch Tausende von Fahrrädern nahezu unpassierbar. Und auch das Stadion schien bei unserer Ankunft schon überfüllt zu sein. Nur auf der Ehrentribüne, zu der wir mit großem Ordneraufwand geführt wurden, waren noch etliche Zuschauerbänke frei. Kaum hatten wir Platz genommen, erzwang sich eine größere Gruppe Jugendlicher gewaltsam Zugang zu den restlichen noch freien Ehrenplätzen. Sie rissen die Absperrungen nieder und drängten die hilflosen Ordner beiseite. Uns war nicht ganz wohl bei diesem Vorgang, der wie eine Mischung aus Hooligan-Krawall und Rotgardisten-Protest wirkte. Als ich mit unserem Dolmetscher darüber sprach, hatte er eine offensichtlich vorbereitete kulturhistorische Erklärung parat. Die impulsiven Handlungen der Jugendlichen hätten nichts mit den Relikten der Kulturrevolution zu tun. China sei das Geburtsland des Fußballspiels, deren Anfänge bis in die Zhou-Dynastie (einige Jahrhunderte v. Chr.) zurückreichten. Schon damals sei ein fußballähnliches Spiel (Cuju) als militärisches Ausbildungsprogramm durchgeführt worden, das sich später auch im Volke als »Mannschafts-Sport« verbreitete, wobei man mit strengen Regeln versucht habe, gewalttätige Übergriffe zu verhindern. Der Ball, der so viele Leidenschaften freisetzte, war damals aus Lederstücken zusammengenäht und mit Haaren und Federn ausgestopft. Bis zum 6. Jahrhundert n. Chr. soll sich diese Fußballspielart zum Nationalsport in ganz China entwickelt haben. Angeblich wurde in dieser Zeit auch schon der luftgefüllte Ball »erfunden«. Obwohl die Geschichte des modernen Fußballs dann im England der frühen Industrialisierung fortgeschrieben wurde, existierte vor dem Ersten Weltkrieg auch eine chinesische Nationalmannschaft, die 1913 ein erstes Spiel gegen die Philippinen gewann. Dass der Begriff »Nationalmannschaft« etwas mit Nationalismus zu tun hat, ist nirgendwo so offenkundig wie im Fußball. Das Spiel im Pekinger »Arbeiterstadion« am 17. September 1977 war für die Zuschauer auch ein symbolischer, nationaler Kampf Chinas gegen die USA. Die Emotionen wurden vom Stadionlautsprecher systematisch gesteuert. Bei den Angriffen der Cosmos-Stürmer herrschte eine totale Stille, auch Pelés und Beckenbauers Dribbelkünste wurden nicht beklatscht. Kamen aber die Chinesen in Ballbesitz, dann gab der Lautsprecher jedes Mal das Signal zu einer ohrenbetäubenden Jubelkampagne, die an die »Deutschland, Deutschland!«-Rufe bei den WM-Turnieren von 1954 und 1974 erinnerte. Obwohl Cosmos die überlegenere Mannschaft war, endete das Spiel »diplomatisch« mit 1:1. Doch offenbar waren einige radikal und nationalistisch gesinnte chinesische Jugendliche mit dem Ergebnis nicht einverstanden. Wie erst später bekannt wurde, gab es am Abend vor dem Pekinger Hotel des Cosmos-Teams eine Messerattacke auf den Torschützen Jadranko Topić, der aber nur leicht verletzt wurde. Beim zweiten Spiel, das einige Tage später in Schanghai stattfand, agierten die Gäste noch »diplomatischer« als in Peking und ließen die chinesische Mannschaft 2:1 gewinnen. So wie die deutsche Nachkriegsgeschichte und das Wirtschaftswunder mit einem nationalen Fußballmythos verwoben sind, sollte auch in China der staatskapitalistisch geförderte Fußballsport Patriotismus und Kollektivgeist fördern.

Inzwischen ist Fußball ein globales Geschäft, von dem China in besonderer Weise profitiert. Zwischen Peking und Guangzhou leben über eine Milliarde Menschen, deren Großteil sich leidenschaftlich für diesen Sport interessiert. In jeder Saison verfolgen 400 bis 500 Millionen Chinesen auf dem Bildschirm die Spiele ihrer Superliga (CSL), die noch 2004 nach dem deutschen Konzern Siemens benannt war. Inzwischen liegen die jährlichen Transferausgaben für Spieler in der chinesischen Profiliga bei

500 Millionen Euro. Aber auch die Einnahmen fließen. Fernsehrechte kosten für einen Fünfjahresvertrag mehr als eine Milliarde Euro. Während die »normalen« Regierungsgeschäfte Sache des Ministerpräsidenten Li Keqiang sind, kümmert sich der Staatspräsident und Parteichef Xi Jinping persönlich um die Entwicklung des Profifußballs und lässt sich gern mit Spielern und Spendern fotografieren. Das Ziel, China zur Fußballsupermacht werden zu lassen, genießt höchste politische Priorität. Als »Berater« sind neben deutschen Politikern und Unternehmern auch Fußballmanager gern gesehene Gäste. Kanzlerin Merkels deutsch-chinesische Regierungskonsultationen sind inzwischen zu unauffälligen jährlichen Routinebesuchen geworden. Auffälliger und symbolträchtiger demonstrierte im November 2014 der ex-»maoistische« Fußballstar und heutige Vereinsmanager Paul Breitner gemeinsam mit dem bayerischen Ministerpräsidenten Horst Seehofer »die Kooperation mit Chinas Staatsfernsehen« *(Die Welt)*. Und Franz Beckenbauer plante für den Herbst 2016 zusammen mit dem früheren chinesischen Nationalfußballer und heutigen Geschäftsführer Xie Hui in Schanghai ein globales Meeting zur »Zukunft des Sportes«. 1977 standen sich Beckenbauer und Xie Hui in Freundschaftsspielen gegenüber. Schon damals begann der lange Marsch des chinesischen Sozialismus mit staatskapitalistischen Merkmalen.

Symbol dieser Veränderung ist der Wandel der Architektur. War das »Arbeiterstadion« 1977 noch ein Repräsentationsbau des neuen China, wurde es in Größe und Bedeutung durch das neue »Nationalstadion« abgelöst, das 2008 anlässlich der Olympischen Sommerspiele eingeweiht wurde. An der Planung der riesigen dekonstruktivistischen Stahlhülle (»Vogelnest« genannt) war neben Schweizer Architekten auch der oppositionelle Künstler Ai Weiwei beteiligt. Noch modernistischer ragen die von deutschen Architekten konstruierten Türme des neuen Hochhauses des chinesischen Staatsfernsehens in den Himmel. Manche nennen es den »Eiffelturm des 21. Jahrhunderts«. Wie fast überall, ist auch in China die Geschichte des Wandels der Architektur eine Geschichte der Zerstörung. Über sechs Jahrhunderte blieb Pekings Stadtstruktur durch jene erstaunliche Präzision und Ordnungslust geprägt, mit der sie im 13. Jahrhundert angelegt worden war. Erst zu Beginn der Achtzigerjahre setzten der »Betonrausch« und ein »Stahlgewitter« (so Hanno Rauterberg in der *Zeit*) ein, die das Stadtbild innerhalb von dreißig Jahren radikal veränderten. Wenn einst Marco Polo die »Schönheit der symmetrischen Stadt und die Gleichförmigkeit ihres Stils« lobte, dann war damit die dominierende Nord-Süd-Achse gemeint. Sie bestand aus einem Straßenraster, das mit idyllischen Wohnhöfen (Hutongs) aufgefüllt war. Mitte der 1970er Jahre, als sich unsere Parteidelegation in Peking aufhielt, war diese traditionelle, teppichartige Stadtgeometrie mit niedrigen Gebäuden noch dominierend, auch wenn sich bereits neue Akzente andeuteten. Ordnete sich der Kaiserpalast als der größte Hofhaus-Komplex noch in die alte Stadtstruktur ein, so setzten die Gebäude der frühen sozialistischen Ära, wie der erweiterte Tiananmen-Platz, die »Große Halle des Volkes« oder das Hotel Peking, neue Maßstäbe. Auch am Stadtrand, in der Nähe von Fabriken, wurden neue vier- bis fünfgeschossige Wohnquartiere gebaut. Schon 1976 lebten im urbanen Ballungszentrum Pekings sechs Millionen Menschen – im gesamten Verwaltungsgebiet (ca. 17 000 Quadratkilometer) waren es fast doppelt so viele. Im neuen Bauboom entstanden weitere Ringstraßen mit acht- bis dreizehngeschossigen Wohnblöcken in Plattenbauweise, und ein Dutzend neue Satellitenstädte wurden auf dem Reißbrett entworfen.

Die vorherrschende Farbe Pekings, so meine Erinnerung, war damals grau. Unterbrochen wurde diese eintönige Häuserfarbe durch Plakatwände und rote Fahnen sowie durch schattenwerfende Bäume an den Alleen und in den grünen Parkanlagen. Eine besondere Abwechslung bot vor allem der nicht weit von der Verbotenen Stadt gelegene Beihai-Park, in dem bereits im 12. Jahrhundert der Kaiser Shizong (Jin-Dynastie) seinen Sommerpalast errichtete. Hier war (und ist immer noch) alles zu finden, was zu einem kaiserlichen Garten gehört: Bäume, Hügel, Brücken, Pavillons, Tempel und Seen mit der weithin sichtbaren Weißen Pagode auf einer Insel. Wir besuchten den Park am frühen Nachmittag des arbeitsfreien Nationalfeiertages zu einem Zeitpunkt, als Tausende bereits unterwegs zum Tiananmen-Platz waren, um sich am Ort des für den Abend geplanten staatlichen Feuerwerks Plätze zu sichern. Was mich überraschte: Fast ebenso viele Einwohner Pekings schienen die Erholung in den Parks vorzuziehen. Im Beihai-Park waren die Seeufer von Anglern besetzt, deren Familien sich auf einen privaten Picknickabend vorbereiteten. So verlockend die Picknickdüfte im Park waren – auf uns wartete ein besonderer Schmaus. Wir hatten die Ehre, zusammen mit eintausend Gästen aus aller Welt am abendlichen Festbankett in der Großen Halle des Volkes teilzunehmen. Der 1. Oktober 1977 war der 28. Jahrestag der Gründung der Volksrepublik. Alle öffentlichen Einrichtungen – einschließlich der Trolleybusse – waren entsprechend geschmückt und am Tiananmen- Platz begrüßten riesige Transparente prominente Gäste, so auch den Roten-Khmer-Führer Pol Pot. Später konnte ich ihn aus der Nähe betrachten, denn er saß zusammen mit unserem Delegationsleiter am Haupttisch, und vor dem Feuerwerk durften wir gemeinsam dem Vorsitzenden Hua Guofeng die Hand schütteln. Dem ebenfalls unter den Gästen weilenden CDU-Politiker und damaligen Vorsitzenden des Verteidigungsausschusses des Bundestages, Manfred Wörner, wurde diese Ehre zwar nicht zuteil, aber dafür erhielt er später die Gelegenheit für ein längeres Gespräch mit Deng Xiaoping. Der chinesische Vize-Parteichef, Vize-Premier und Generalstabschef interessierte sich für den deutschen Politiker nicht zuletzt deshalb, weil der von ehemaligen hohen Bundeswehroffizieren begleitet wurde – von Johann Adolf Graf von Kielmansegg (bis 1968 Oberbefehlshaber der Nato-Streitkräfte Europas), Konteradmiral Günter Poser (bis 1973 Abteilungsleiter der Nato) und dem Vier-Sterne-General Heinrich Trettner (Bundeswehrgeneralinspekteur bis 1966). Das Besichtigungsprogramm der CDU-Gruppe, das fast zeitgleich mit dem unserer Delegation abgewickelt wurde – hatte allerdings, wie Wörner vor Journalisten erläuterte, andere Schwerpunkte. Auch wenn seine Generäle Interesse am Besuch des Mao-Mausoleums gezeigt hatten, ging es doch in erster Linie um die Besichtigung militärischer Einrichtungen: um die Vorführung des unterirdischen Luftschutzsystems in Peking, den Besuch einer Panzerdivision und eines Düsenjagdgeschwaders an der sowjetischen Grenze, oder die Inspektion der chinesischen Küstenverteidigungsflotte in Schanghai. Uns wurden zwar auch Schießübungen der Volksmiliz gezeigt und Einblicke in das Selbstversorgungssystem der Armee gewährt – aber vor allem sollten wir Ölfelder, Fabriken, Kommunen, Museen und touristische Highlights bewundern.

Aber selbst wenn das Besucherprogramm unterschiedlich war, bemühten sich die chinesischen Polit-Funktionäre um eine einheitliche ideologische Beeinflussung ihrer deutschen Gäste. Sowohl den christdemokratischen Generälen als auch uns »maoistischen Revolutionären« wurde der politische und ideologische Gegensatz zur Sowjetunion als unüberbrückbar dargestellt. Denn die Sowjetunion, speziell unter Führung Breschnews, sei eben keine »friedliebende« Macht, sondern im Gegenteil, »die noch bösartigere, abenteuerlichere und raffiniertere der beiden imperialistischen Supermächte und die gefährlichste Quelle eines Weltkrieges«. Die Wörner-Gruppe erhielt – stellvertretend für deutsche Wirtschafts- und Militärkreise – die Warnung, mit der Sowjetunion Geschäfte zu machen, ihre technologischen Lücken zu schließen und ihren Konsumgüterbedarf decken zu helfen. Denn es gehe darum, die gefährliche Supermacht auf allen Gebieten zu schwächen. Und uns, den »Revolutionären«, wurde die vorrangige Pflicht auferlegt, gemeinsam mit der europäischen Arbeiterklasse in Ost und West »das Banner der nationalen Unabhängigkeit« hochzuhalten und sich aktiv an der »Vaterlandsverteidigung« zu beteiligen. Ein Aufruf zu nationalrevolutionären Befreiungskriegen auch in Europa (mit Unterstützung der USA), das war ein neuer Akzent in der »Drei-Welten-Theorie«. Diese ideologische Wandlung, die uns während unserer Rundreise erläutert wurde, konnte man wenig später anlässlich der Erinnerung an den sechzigsten Jahrestag der Oktoberrevolution ausführlich auf sechs Seiten in der *Pekinger Volkszeitung* (und am 8. November auch als deutsche Version in der *Peking Rundschau*) nachlesen: Eine nicht mehr gegen beide Supermächte, sondern nur noch gegen die Sowjetunion gerichtete antihegemoniale Einheitsfront zwischen China, den bedrohten Völkern der Dritten Welt, Japan und den Europäern sollte sich um einen »Flankenschutz« durch die Amerikaner bemühen. Die USA seien inzwischen eine Supermacht in der Defensive, ja sogar »im Niedergang«, besäßen aber ein nukleares Abschreckungspotenzial, das Schutz gegen die sowjetische Bedrohung biete.

Über diese Fragen wollten die Chinesen vor allem eindringlich mit dem deutschen Außenminister Genscher reden. So war ursprünglich auch sein Besuch aus Anlass des Nationalfeiertags angekündigt, doch verschob er sich, weil Deng Xiaoping ein gewünschtes Treffen abgelehnt hatte. Als man uns nach einer Einschätzung der deutschen Außenpolitik befragte, ließen wir kein gutes Haar an Genscher. Wir warnten vor ihm. Er sei ein unzuverlässiger Taktiker und werde sich als »Entspannungspolitiker« niemals auf eine Front gegen Moskau einlassen. Dass wir damals so leidenschaftlich gegen Genscher zu Felde zogen, hatte aber noch einen anderen Grund. Der deutsche Außenminister stand damals im Zentrum einer moralischen Empörung der linken Öffentlichkeit, da man ihn mitverantwortlich für den Tod der Studentin Elisabeth Käsemann in einem Gefängnis der argentinischen Militär-

Die Delegation der »KPD« auf ihrer Chinareise im Jahr 1977.

junta machte. Sie war im Juni 1977 als »Terrorismusverdächtige« von den Militärs verschleppt und nach wochenlanger Haft und Folter ermordet worden. Minister Genscher und dem deutschen Botschafter in Argentinien wurde vorgeworfen, trotz flehentlicher Bitten der Familie der Inhaftierten nicht diplomatisch interveniert zu haben. In dem späteren Dokumentarfilm des mehrfachen Grimme-Preisträgers Eric Friedler, *Das Mädchen*, wird belegt, dass man bewusst die Gelegenheit eines Freikaufs verstreichen ließ. Auch wenn sich unsere chinesischen Gesprächspartner durch unsere moralische Kritik an Genscher wohl kaum haben beeindrucken lassen, konnte ich eine gewisse Häme nicht unterdrücken, als ich den Bericht der *Volkszeitung* über seinen späteren Besuch sah. Es gab kein gemeinsames Bild mit Deng Xiaoping, sondern nur ein Gruppenfoto, das den deutschen Außenminister nach einem Festabend in der Großen Halle des Volkes zeigte, umgeben von Gauklern, Zauberern und Akrobaten.

Schanghai – Träume und Alpträume

Nach dem Nationalfeiertag begann in Begleitung eines ZK-Mitglieds und Dolmetschers die politische »Sightseeing«-Tour, die uns mit äußerst symbolträchtiger Geografie von den blühenden Landschaften des Südens bis an die Grenze zur kargen Steppe Sibiriens führen sollte. Die wichtigsten Stationen: Pekinger Parks, Große Mauer, Ming-Gräber, Maos Geburtshaus in Shaoshan, Schanghai, die Provinzen Hunan und Jiangxi sowie das Ölfeld von Datjing (Daqing/Taching). Das Protokoll war monoton: Die Kommunikation mit unseren Gastgebern beschränkte sich in der Regel auf das gegenseitige Verlesen vorgefertigter Erklärungen, wobei wir auf die Gunst oder Launen des Dolmetschers angewiesen waren. Bei den luxuriösen Empfängen machten sich die abgehärteten Provinzfürsten und Militärs regelmäßig einen Spaß daraus, unsere weniger trinkfesten Politbegleiter mit hochprozentigem Maotai-Schnaps (gebrannt aus Hirse und Weizen) abzufüllen und dadurch für die Diskussion auszuschalten. Auch solche scheinbaren Äußerlichkeiten warfen die Frage nach den wirklichen Machtverhältnissen in China auf. Über den wahren Ablauf und die mörderischen Ereignisse der realen chinesischen Kulturrevolution haben wir (und wollten wir wohl auch) nicht viel erfahren.

Mein Bild vom »real existierenden Kommunismus« in China wurde vor allem durch Erlebnisse in Schanghai und Datjing erschüttert. Besonders neugierig war ich auf Schanghai, eine Stadt, deren Geschichte wirtschaftliche, politische und kulturelle Umwälzungen gleichermaßen symbolisiert. Nicht nur als Maoist, sondern auch als Freund der Exilliteratur hoffte ich, an diesem Sehnsuchtsort verwehte Schicksalsspuren zu entdecken.

In seiner Entwicklung zur modernen Hafen- und Industriemetropole ist Schanghai eine Schöpfung der Kolonialmächte. Nach der Niederlage im Opiumkrieg (1839–1842) musste das Kaiserreich China sich den Interessen und Zwängen der westlichen Großmächte unterwerfen und den Hafen der Stadt für den Außenhandel öffnen. Einhundert Jahre lang war die Stadt mehr oder weniger ein »Pachtgebiet« der Briten und dann auch der Franzosen und Amerikaner und stieg zum wichtigsten Handels- und Finanzzentrum Asiens auf. In dieser Zeit entstanden zahlreiche Geschäftshäuser, Banken, Villen und Vergnügungszentren als Prachtbauten im europäischen Architekturstil. Auch wir konnten 1977 an der berühmten westlichen Uferpromenade (»Bund«) des Huangpu-Flusses noch solche Häuser aus der Kolonialzeit bewundern. Heute stehen sie in einem seltsamen Kontrast zu den fast 500 Meter hohen Wolkenkratzern (Jin Mao Tower und World Financial Center) des Pudong-Viertels auf der anderen Flussseite. Doch die Einordnung der modernen Entwicklung Schanghais in das Gefüge der chinesischen Geistes- und Kulturgeschichte war schon immer widersprüchlich. Das gilt auch für wichtige mit der Stadtgeschichte verbundene politische Biografien, wie die des demokratischen Revolutionärs und Kuomintang-Begründers Sun Yat-sen. Er wird heute sowohl in der Volksrepublik als auch in Taiwan als Gründer des modernen China verehrt. Als erster (provisorischer) Präsident der Republik China löste er 1912 die zweitausendjährige Kaiserherrschaft ab und versuchte seine politische Philosophie der »drei Prinzipien des Volkes« (Frieden, Freiheit und Gleichheit) zu verwirklichen. Doch gegen die Macht der »Warlords« kam er nicht an und musste wenig später ins Exil nach Japan fliehen. Nach seiner Rückkehr erhielt er Unterstützung von der Komintern und kooperierte mit der 1921 in Schanghai gegründeten Kommunistischen Partei. Nach Sun Yat-sens Tod im Jahr 1925 brach ein Machtkampf in der Kuomintang aus und sein Nachfolger Chiang Kai-shek löste die Allianz mit den Kommunisten auf. Suns junge Witwe Song Qingling, die aus einer einflussreichen Schanghaier Familie stammte, unterstützte während des Bürgerkrieges die Kommunistische Partei und war 1949 bis 1981

Vizepräsidentin der Volksrepublik China. Ihre Schwester Song Meiling hingegen hatte den »Reaktionär« Chiang Kai-shek geheiratet und musste mit ihm nach Taiwan fliehen. Sie wurde zum diplomatischen und fotogenen Gesicht Nationalchinas, das mehrfach die Titelseite des *Time Magazine* zierte, bevor sie 2003 als 106-Jährige in New York starb. Solche Biografien bestätigen den Eindruck des englisch-amerikanischen Schriftstellers Aldous Huxley, dass Schanghai der »Widerspruch des Lebens selbst« sei, man könne sich »nichts Intensiveres« vorstellen.

Schanghai scheint in der Entwicklung des modernen China ein Synonym für das »andere« China geblieben zu sein. Durch seine besondere koloniale Geschichte wurde die Stadt schon früh zum Schauplatz der Konfrontation der althergebrachten chinesischen Produktionsweise mit den aufgesetzten Bedingungen einer fortschreitenden Industrialisierung. Diese Entwicklung förderte notwendigerweise große Zuwanderungswellen. Heute leben fast 20 Millionen Einwohner in Schanghai, doch die Zuwanderungsgeschichte ist auch eine zum Teil vergessene Flüchtlingsgeschichte. Das gilt nicht zuletzt für die Geschichte der chinesisch-deutschen Beziehungen. Denn in den Dreißiger- und Vierzigerjahren traf eine bedrohte und beraubte Gruppe Vertriebener in der Stadt ein, für die es woanders keine Zuflucht mehr gab. Nach dem nationalsozialistischen Pogrom im November 1938 war Schanghai trotz japanischer Besatzung und der Existenz einer nazideutschen Kolonie der einzige Ort, wo Flüchtlinge ohne besondere Formalitäten noch aufgenommen wurden. Fast 20 000 Juden, überwiegend aus Deutschland und Österreich, fanden hier ein Exil.

1977 existierten die an die Kulisse von Manhattan erinnernden Hochhäuser am Huangpu-Ufer noch nicht, dafür war aber ein spezielles Denkmal jener »deutsch-jüdischen« Exilgeschichte erhalten: die Synagoge Beth Aron. Sie hatte selbst die Kulturrevolution überlebt und musste erst in den Achtzigerjahren dem Neubau einer Druckerei weichen. Ursprünglich als Stiftung für die sephardische Gemeinde der »Bagdad-Juden« entstanden, wurde sie auch zu einer wichtigen Einrichtung für die neue Flüchtlingsgemeinde. Es gab zahlreiche unterschiedliche und konkurrierende Hilfsorganisationen – die Immigrantenszene war vielschichtig. »In der Reihe der Sicherheit Suchenden bildeten die Flüchtlinge aus Mitteleuropa das letzte Glied«, heißt es in einem Bericht der Exilforschung. Und der Zeitzeuge Alfred Dreifuß beschreibt drastisch, wie er nach seiner »21 Tage dauernden Überfahrt von Triest« erschöpft in Schanghai ankam und dann, weil er mittellos war, einfach »auf einen Lkw verladen und in eines der sechs Flüchtlingsheime verfrachtet« wurde. Auch Michael Blumenthal, der spätere amerikanische Finanzminister und Direktor des Jüdischen Museums Berlin, gehörte im Mai 1939 als Achtzehnjähriger zu jenen »verfrachteten« Flüchtlingen. »Shanghai war eine miserable Zeit«, sagt er, »aber ich verdanke dieser Stadt mein Leben.«

Der deutsche Einfluss auf die verbündete japanische Besatzungsmacht führte 1943 zur Errichtung eines ghettoähnlichen Sperrbezirks für die jüdischen Flüchtlinge. Von antisemitischer Propaganda ließen sich die Chinesen jedoch kaum beeinflussen. Für Schanghai galt, dass die fremden Flüchtlinge und die einheimische Bevölkerung trotz vorhandener Gegensätze ähnliche Erfahrungen machen mussten. Gemeinsam erlittene Unterdrückung und Diskriminierung durch die beiden Achsenmächte beeinflussten ihr unfreiwilliges Nebeneinander positiv. So gab es vor allem in den politischen und kulturellen Aktivitäten Gemeinsamkeiten, die nicht nur von den Komintern-Direktiven Moskaus abhängig waren. Deutsche Flüchtlinge beteiligten sich spontan und individuell am heimlichen Waffenschmuggel der Mao-Partei, und deren Mitglieder unterstützten antifaschistische Exilzeitungen und Theaterinitiativen. So berichtet Alfred Dreifuß, dass chinesische Bühnentechniker dafür sorgten, dass Lessings *Nathan* am »Broadway Theatre« zur Aufführung kam, und dass

»gelehrige (Druckerei-)Kollegen rascher deutsch gelernt haben, als wir chinesisch«, damit die *Gelbe Post* oder eine deutschsprachige Beilage des *Shanghai Jewish Chronicle* erscheinen konnten. Dennoch blieb Schanghai, wie Dreifuss es ausdrückte, »eine Emigration am Rande«, die von der übrigen Welt »abgeschnitten« war. Der Aufenthalt der deutschen Flüchtlinge war ursprünglich nur für eine kurze Zeit gedacht, zumal die meisten auf eine baldige Genehmigung zur Einwanderung in die USA hofften. So klang das Glückwunschschreiben der »Gemeinschaft demokratischer Deutscher in Shanghai« an Heinrich Mann zu dessen 75. Geburtstag wie ein Hilferuf. Der prominente Jubilar antwortete am 7. Mai 1946 aus Los Angeles mit einem solidarischen Trost und »Dank« auch an die chinesischen Freunde:

»Verehrte Freunde in Schanghai, Ihre Briefe waren die überraschendsten von allen, die ich kürzlich erhielt. Von China nach Kalifornien sind ihre Glückwünsche gereist, während wir eigentlich in Berlin oder Hamburg uns hätten begegnen sollen. Aber dann wären wir nicht, was unsere Erlebnisse aus uns gemacht haben. Weil der Weg schwer war und wir ihn eingehalten haben, begrüßen wir uns heute als Freunde. Wie Sie mich, darf ich Sie beglückwünschen. Sie sind Ihrer menschenwürdigen Haltung treu geblieben und haben nach Kräften gut gehandelt: mehr vermag keiner. Ich möchte jedem einzelnen von Ihnen danken und bitte Sie, meinen Dank auch den chinesischen Gratulanten zu sagen, sie haben mich erfreut. Ihr Heinrich Mann.«

Dieser Briefwechsel macht deutlich, dass es fragwürdig wäre, das damalige Exil zeitlich einzuschränken. Es ging den politisch und kulturell motivierten Emigranten nicht nur um ein »Ausweichen« vor Verfolgung und Lebensbedrohung, sondern auch um den bewussten Versuch, eine neue geistige Identität zu finden. Diese Suche, die zwar in der Regel durch die deutsche Katastrophe von 1933 heraufbeschworen wurde, war aber 1945 nicht einfach beendet. Auch Schanghai blieb nach dem Abzug der Japaner am Ende des Krieges ein Unruheherd, der einen Neuanfang und Remigrationsbemühungen erschwerte. Für manche wurde die Stadt sogar ein neues Fluchtziel, ein dramatischer »Amoklauf nach Recht und Freude«, wie die Autorin Klara Blum ihr chinesisches »Lebensexperiment« nach 1945 bezeichnete. Es war ein Jahrzehnte andauernder Versuch, europäische Traditionen des Antifaschismus mit einer kulturrevolutionären Perspektive in China zusammenzubringen. Ein solches Experiment schien wohl nur in Schanghai möglich.

Wenn heute der Name Klara Blum fällt, denkt man zuerst an die »Tatort«-Rolle der Schauspielerin Eva Mattes, doch das Leben der 1971 in China als Zhu Bai-lan gestorbenen österreichisch-jüdischen Autorin war spannender als ein Bodensee-Krimi. Ich habe erst im November 1969 von ihrer Existenz erfahren, als ich in einer Sonderausgabe der *Roten Fahne* der österreichischen Maoisten ihren Beitrag »Die Lebensgeschichte Dr. Norman Bethunes« las. Bethune war ein kanadischer Mediziner, der nach seinem selbstlosen Einsatz für die spanischen Antifaschisten auch den chinesischen Kommunisten im Bürgerkrieg zur Seite stand. Von Mao wurde er 1939 nach seinem Tod während eines medizinischen Einsatzes an der Front zum »vorbildlichen ausländischen Freund« ernannt, eine Ehrenbezeichnung, die auch Klara Blum für sich selbst anzustreben schien. Ihr dokumentiertes Engagement für die Kulturrevolution und die im Vorspann angegebenen biografischen Daten weckten mein Interesse an weiteren Informationen über Werk und Leben der Autorin. Die erhielt ich vor allem von dem chinesischen Germanisten Adrian Hsia, der nach Studien- und Lehraufenthalten in Berlin und Köln im Begriff war, an die McGill University in Montreal zu wechseln. Er beschäftigte sich damals mit der Frage, wie sich China als Kulturphänomen in der europäischen Literatur (speziell am Beispiel Hermann Hesses) niedergeschlagen hatte, und verfügte auch über Archivmaterial über Klara Blum alias Zhu Bai-lan.

Sie wurde 1904 in Czernowitz als Tochter einer wohlhabenden jüdischen Familie geboren, wuchs in Wien auf, distanzierte sich von ihrer konservativen Familientradition und schloss sich später den Kommunisten an. Bereits als Studentin veröffentlichte sie erste Gedichte sowie Beiträge über die Emanzipation der Frauen. Mit ihrer »Ballade vom Ungehorsam« gewann sie 1934 bei einem Preisausschreiben der »Internationalen Vereinigung revolutionärer Schriftsteller« eine Studienreise in die Sowjetunion. Aus dieser Studienreise wurde ein längerer Aufenthalt. Sie erhielt die sowjetische Staatsbürgerschaft und war bis Kriegsende als Übersetzerin, Kritikerin, Lehrerin und Propagandistin der Sowjetarmee tätig. Das entscheidende Ereignis ihres Lebens aber war, dass Klara Blum Ende 1937 in Moskau den aus Schanghai stammenden Theaterregisseur Zhu Xiangcheng kennen und lieben lernte. Er hatte in den Dreißigerjahren eine Bühnentruppe gegründet, war Mitinitiator des chinesischen Schauspielerverbandes und hielt sich offenbar im Auftrag der KP Chinas in der Sowjetunion auf. Für Klara Blum sollte er zum einzigen »Splitter des Glücks« werden. Doch das Glück dauerte nur wenige Monate. Zhus westliche Orientierung – er sprach Englisch und hatte sich auch eine Zeitlang in Frankreich aufgehalten – machten ihn für Stalins Schergen verdächtig. Im Frühjahr 1938 verschwand er nach einem letzten Telefongespräch spurlos. Später wurde bekannt, dass man ihn verhaftet und in ein sibirisches Todeslager verschleppt hatte. Klara Blum weigerte sich, das zu glauben. Sie hielt an der Fiktion fest, Zhu sei in geheimer Mission nach China zurückbeordert worden, um am Widerstandskrieg gegen die Japaner teilzunehmen, und beschloss, ihm zu folgen. Doch sie durfte die Sowjetunion während des Krieges nicht verlassen. Von ihrer Hinwendung zu China aber war Klara Blum nicht abzubringen. Seit 1939 übersetzte sie chinesische Lyrik aus dem Englischen und schrieb selbst Gedichte über ihr neues Lebensthema. Sofort nach Kriegsende brach sie auf, um nach einer Odyssee durch halb Europa im

August 1947 völlig mittellos ihren Sehnsuchtsort Schanghai zu erreichen. Sie fand Unterkunft in der ehemaligen jüdischen Emigrantenkolonie und eine Stellung als Lehrerin für deutsche Sprache und Literatur an der Tongji-Universität – später auch eine Professur an der Fudan-Universität. Sie stellte einen Antrag auf Einbürgerung und nahm den chinesischen Namen Zhu (Dshu) Bai-lan an. Gleichzeitig entstand ihr autobiografischer Roman *Der Hirte und die Weberin*, der ihre tragische Liebesgeschichte und die Umbruchsphase Chinas dokumentiert. Im Roman verliebt sich eine polnische Jüdin in einen chinesischen Intellektuellen, der als »der Träumer von Shanghai« vorgestellt wird. Der Romantitel ist eine Anspielung auf ein gleichnamiges chinesisches Volksmärchen, in dem ein Liebespaar getrennt und an zwei Enden des Himmels verbannt wird. Doch ihre Liebe ist so stark, dass Vögel ihnen eine Brücke bauen, die von den Menschen als »Milchstraße« wahrgenommen wird. Die Brücke hält nur eine Nacht – kehrt aber alljährlich wieder. Das ist der traditionelle Festtag des Wiedersehens, an dem sich die Liebenden unter dem Sternenhimmel ewige Liebe schwören. Im therapeutischen Klartext: Die Autorin empfand die Trennung von ihrem geliebten Xiangcheng nicht als Strafe, sondern als bewusste Selbstaufopferung zugunsten der höheren Bedürfnisse des gemeinsamen Kollektivs China. So irritierend der Roman vielen Lesern erschien, von Lion Feuchtwanger kam aus Los Angeles ein Lob. Er war beeindruckt, »daß die chinesische Revolution aus dem Sehwinkel einer jüdischen Emigrantin gesehen ist«.

Klara Blum hat darüber hinaus nicht nur ein lange offiziell gültiges deutsch-chinesisches Wörterbuch geschaffen, sondern auch bei der Übersetzung von Goethe-Dramen und Texten von Hermann Hesse geholfen. Bis zum Bruch Maos mit der Sowjetunion akzeptierten selbst die DDR-Behörden ihre kulturpolitischen Vermittlungstätigkeiten. Aber mit der Kulturrevolution kam auch Klara Blums Einschränkung und Isolation. Der gnadenlose Zwang zur Konformität bedrohte auch Zhu Bai-lans neue Identität als »chinesische« Schriftstellerin. Obwohl sie ihr persönliches Schicksal, eine durch die Politik zerstörte Liebe, nach wie vor als literarisches Motiv verwandte, verlor sie die beobachtende Distanz zu ihrer Umwelt. Die Bilder, mit welchen sie die Kulturrevolution beschrieb, hatten mit dem realen China zu ihrer Zeit nur wenig gemein. Obwohl sie sich ideologisch an die maoistische Linie anzupassen versuchte und einen Dekan der Sun-Yat-sen-Universität in Guangzhou/Kanton (ihrem letzten Wirkungsort) öffentlich als »Revisionisten« kritisierte, wurde sie von Kollegen und Studenten immer mehr gemieden. Zuletzt blieb ihr nur noch die Wiener *Rote Fahne* als Publikationsforum. Warum sie Schanghai verlassen hat, ist unklar. Vermutlich sah sie durch die Radikalisierung der Fraktionskämpfe, die 1967 zur Gründung der ultralinken und antizentralistischen Schanghaier Kommune führten, das China ihrer Vorstellungen grundsätzlich bedroht. Es wird berichtet, dass Klara Blum während der bürgerkriegsähnlichen Spaltung der Roten Garden »provokativ« für die Einheit Chinas eingetreten sei, indem sie »mit den Abzeichen der verfeindeten Parteien an beiden Armen« öffentlich demonstriert habe. Dass sie sich dadurch noch weiter isolierte und wie andere Ausländer unter Spionageverdacht geriet, scheint ihr den Lebenswillen genommen zu haben. Sie erkrankte an Krebs, lehnte aber ärztliche Hilfe ab und starb 1971 in Guangzhou im Alter von 66 Jahren.

Weniger heroisch und tragisch verliefen die Chinakarrieren von nachgeborenen deutschen »Revolutionären«. So stellte die *Bejing Rundschau* im Februar 2014 die »Träume des am längsten in China lebenden Deutschen« vor. Es war ein wohlwollendes Portrait des ehemaligen KBW-Mitglieds und späteren »Filmproduzenten, Kulturvermittlers, Autors und Unternehmers« Uwe Kräuter, der seit 1974 in Peking lebt. Er fand damals seine erste Arbeitsstelle im Verlag für fremdsprachige Literatur, und China wurde gewissermaßen ein Exilland für ihn, denn in Deutschland drohte ihm eine Haftstrafe wegen Beteiligung an einer militanten Vietnam-Demonstration. Nach eigener Aussage war es aber nicht nur die Flucht vor dem Gefängnis, die ihn nach China trieb, sondern auch der faszinierende Gedanke, als deutscher Maoist die Kulturrevolution aus der Nähe erleben zu können. Doch »die schlimmste Zeit war ja schon vorbei«, und »so sehr viel davon« bekam er als Berater und Übersetzer für die *Peking Rundschau* nicht mit, wie er der *tageszeitung* im Interview erklärte. Er musste täglich zwischen dem »Freundschaftshotel« für Ausländer und dem Verlag pendeln und von acht bis achtzehn Uhr die »in rascher Folge gelieferten Artikel und Dokumente« übersetzen und korrigieren. Für Diskussionen und eigene Publikationen gab es offenbar kaum Gelegenheiten. 1977 propagierte Kräuter mit linientreuen Argumenten der *Peking Rundschau* das Ölfeld Datjing in einer Broschüre noch als idealen *Wegweiser für Chinas Industrie beim Aufbau des Sozialismus*. Nach der allmählichen wirtschaftlichen und politischen Öffnung – Hua Guofeng besuchte im Oktober 1979 als erster chinesischer Regierungschef Westeuropa und Deutschland – wurden auch in China »die Straßen bunter […], die Gesellschaft vielseitiger und interessanter als der kommunistische Einheitsbrei«. Kräuter lernte, sich diplomatisch zu bewegen, knüpfte neue Kontakte und engagierte sich für einen deutsch-chinesischen Kulturaustausch. Das wichtigste Ereignis war wohl seine Bekanntschaft und Heirat mit der Filmschauspielerin Shen Danping: »Die Erleichterung kam, als ich echte Freundschaften knüpfte und mich verliebte. Die Beziehung mit einer Chinesin war mir als Ausländer damals verboten. Ich hatte aber trotzdem heimlich meine Liebschaft. Ich fühlte mich angekommen. Dann begann ich, das Land zu verstehen.« Dem »Verstehen« folgte ein steiler Aufstieg als Medienunternehmer. Kräuter gründete das Joint Venture »Asia World Network Ltd.« und sorgte dafür, dass »Derrick« und »Forsthaus Falkenau« auch in Peking und Schanghai zu den beliebtesten Fernsehserien wurden. Früher hatte er gegen Karriere und Statussymbole rebelliert – Ende der Achtzigerjahre importierte er selbst einen Mercedes 500, trug Sonnenbrillen von Ray Ban und Uhren von Omega. Sein aktuelles Fazit in der *Bejing Rundschau*: »Ich habe keine Minute bereut, dass ich damals nach China gegangen bin und all die Jahrzehnte geblieben bin, und ich empfinde es bis heute als besonderes Privileg, die Abläufe und Veränderungen hier mitzuerleben.« Den Wandel seines Lebens in China hat Kräuter in seinen Erinnerungen mit dem wenig bescheidenen Titel *So ist die Revolution, mein Freund. Wie ich vom deutschen Maoisten zum Liebling der Chinesen wurde* dokumentiert. Antworten auf die Frage, wohin die frühere Kritik an Herrschaftsverhältnissen verschwunden ist, die den heutigen kapitalistischen Unternehmer einst nach China getrieben hat, sucht man in dem Buch allerdings vergeblich. Lieber posiert er neben Angela Merkel und Joachim Gauck bei ihren Chinabesuchen als »Kulturvermittler« und klärt die deutsche Öffentlichkeit über die andere Bedeutung von Menschenrechten für die chinesische Bevölkerung auf.

Auch unsere Chinadelegation war 1977 nicht auf kritische Reflexion eingestellt. Doch es ging nicht um eigennützige Anpassung, sondern eher um das Festhalten an Illusionen, um die Bewahrung von sozialrevolutionären Traumbildern, ähnlich wie sie auch Klara Blum gepflegt hatte. So hoffte ich tatsächlich, in Schanghai neben den Spuren von Exilexistenzen auch noch Reste des geistigen Klimas der Kulturrevolution vorzufinden. Schließlich wurde in dieser Hochburg des radikalen Kampfes eine Kommune nach dem Pariser Vorbild gegründet, die »Viererbande« dominierte die Medien und ihr intellektueller Führer, der Schriftsteller Zhang Chunqiao, hatte noch bis vor einem Jahr (Oktober 1976) das Amt des Bürgermeisters ausgeübt. Doch schon im ersten offiziellen Gespräch mit unseren Gastgebern wurde klar, dass wir es bei den neuen Herren der Stadt nicht mit Kulturhistorikern und Intellektuellen zu tun hatten. Uns saßen knochenharte Verwaltungsfunktionäre gegenüber, deren Chef Su Zhenhua nicht zufällig General und Politkommissar der Kriegsmarine war. Er hatte nach Maos Tod das ultralinke Widerstandsnest Schanghai zur Räson gebracht und knüpfte mit dem Segen Deng Xiaopings wieder an die Zentralisierungspolitik der fünfziger Fünfzigerjahre an. Obwohl die Handels- und Wirtschaftsstrukturen durch Besatzung und Bürgerkrieg große Schäden erlitten hatten, war in Schanghai damals immer noch etwa die Hälfte der gesamten industriellen Produktion Chinas angesiedelt. Die Kommunisten, die die imperialistische Tradition der »Hurenstadt« brechen wollten, konzentrierten sich ausschließlich auf schwerindustrielle Investitionen, wobei die lokalen Gewinne und Steuern an die Zentralregierung in Peking abgeführt werden mussten. Um diese staatskapitalistischen Pläne zu erfüllen, waren Schanghai und seine Bewohner in den Siebziger- und Achtzigerjahren einer doppelten Ausbeutung ausgeliefert. Einige Fabriken ließ man sogar demontieren und in anderen Teilen des Landes wieder aufbauen, wobei etwa eine Million Facharbeiter und Techniker gleich »mitgeliefert« wurden. Bei opulenten Empfängen versuchten uns zynische Parteifunktionäre diesen mehrfachen Raubbau (menschliche Ausbeutung, Zwangsumsiedlungen und Zerstörung von Naturlandschaften) als notwendige »moderne« industrielle Entwicklung zu erklären. Doch mich erinnerten die Erlebnisse in Schanghai immer mehr an die Frühzeiten des westlichen »Raubtierkapitalismus«.

Von Datjing lernen?

Diese Vorstellungen beschäftigten mich auch noch, als unser nächstes Besuchsziel – die Ölfelder von Datjing – angekündigt wurde. War den hymnischen Darstellungen der *Peking Rundschau* wirklich zu trauen? Die Felder wurden 1959 während des »Großen

Sprungs« in der Mandschurei (Provinz Heilongjiang) entdeckt und galten mit einer ursprünglichen Kapazität von 16 Milliarden Barrel nicht nur als wichtigste Förderstätte Chinas, sondern als eine der größten Ölquellen der Welt. Um dort hinzugelangen, mussten wir zunächst mit der Eisenbahn die 2300 Kilometer lange Strecke zwischen Schanghai und der Provinzhauptstadt Harbin bewältigen. Während die modernen Hochgeschwindigkeitszüge heute für diese Fahrt nur wenige Stunden benötigen, waren wir einen Tag und eine Nacht unterwegs. Obwohl im Startbahnhof Schanghai noch auffällig viele Dampflokomotiven rangierten, war vor unseren Zug bereits eine moderne Diesellok gespannt. Wir wurden während der langen Fahrt in unseren bequemen und abgeschirmten Abteilen unentwegt mit Speisen und Tee versorgt. Als es zu dunkeln begann, verbreiteten laternenähnliche Stehlampen und leise Opernmusik eine gemütliche, einschläfernde Atmosphäre. Von der vorbeihuschenden Landschaft nahmen wir zunächst in der Provinz Jiangsu die riesigen Reisterrassen im Jangtsekiang-Delta wahr und sichteten gelegentlich auch Bauern mit massigen Wasserbüffeln im Joch. Auf die Idee, dass sich die von Schanghai ausgehende Flussvergiftung bis in diese idyllisch anmutende Agrarlandschaft auszuwirken drohte, wären wir nie gekommen. Der nächste Halt war die Hafenstadt Tianjin am Golf von Bohai, eine wichtige, regierungsunmittelbare Millionenmetropole. Danach durchquerten wir eine relativ öde Steppenlandschaft und erreichten Liaoning, eine Region mit bedeutenden Kohle- und Eisenerzvorkommen, in der schon in der ersten Hälfte des 20. Jahrhunderts große Stahlwerke errichtet wurden. In der nordöstlichen Provinz Jilin war es bereits dunkel, und die Temperatur fiel spürbar ab, sodass uns warme Decken gereicht wurden. Als uns unsere chinesischen Begleiter Einzelheiten über die japanischen Kriegsverbrechen in dieser Provinz berichteten, begann ich auch innerlich zu frösteln und fand kaum Schlaf. Wir erfuhren, dass diese Provinz bereits 1932 der japanischen Marionettenregierung von Mandschukuo zugeschlagen wurde und dass hier im Zweiten Weltkrieg die »Einheit 731«, eine geheime Einrichtung der japanischen Kwantung-Armee, stationiert war. Diese Einheit produzierte chemische Waffen und nahm grausame medizinische Experimente an chinesischen Zivilisten und Kriegsgefangenen vor, wobei mehrere Tausend Menschen ums Leben kamen. Bei der Zerstörung der Produktionsstätten durch die japanische Armee bei Kriegsende wurden mit Pest infizierte Laborratten freigelassen, die in der Provinz eine Epidemie mit über 20 000 Todesopfern auslösten. Das war nur ein winziger Ausschnitt aus dem Gesamtspektrum der japanischen Kriegsverbrechen, unter denen vor allem das chinesische Volk zu leiden hatte. Bei den Historikern gibt es nach wie vor Kontroversen über Vergleiche deutscher und japanischer Militärtraditionen und die Bewertung des Ausmaßes der Massaker während der japanischen Okkupationszeit. Dem amerikanischen Militärhistoriker Chalmers Johnson zufolge waren sich die beiden Besatzungsmächte in ihrer Brutalität durchaus ebenbürtig. Den durch die Deutschen getöteten sechs Millionen Juden und 20 Millionen Russen (Sowjetbürger) stehen 30 Millionen Asiaten gegenüber, von denen mindestens 23 Millionen ethnische Chinesen gewesen seien. Beide Staaten plünderten und machten sich Millionen Zwangsarbeiter untertan.

Als wir nach einer unruhigen Eisenbahnnacht im Morgengrauen die Vororte von Harbin erblickten, rieben wir uns verblüfft die Augen: Auf den Dächern lag Schnee. Drastischer war der Landschafts- und Klimawechsel nicht zu dokumentieren. Aufgebrochen waren wir in einer subtropischen Umgebung, und jetzt näherten wir uns der sibirischen Grenze. Harbin wurde Ende des 19. Jahrhunderts nach der Besatzung der nördlichen Mandschurei durch Russland als Station der Transmandschurischen Eisenbahn gegründet. Die 1907 erbaute orthodoxe Sophienkathedrale und andere bröckelnde Stuckfassaden in der Altstadt dokumentieren immer noch das Erbe der russischen Architektur.

Auch die jährlichen Schnee- und Eisfeste sind eine Touristenattraktion geworden, nicht zuletzt weil sie mit der Nähe zu Sibirien und russischen Traditionen werben. 1932 wurde Harbin von den Japanern besetzt und am Ende des Zweiten Weltkrieges von den Sowjets »befreit«. Unter dem Schutz der Roten Armee konnten die Industrieanlagen von den chinesischen Kommunisten erfolgreich für den Bürgerkrieg genutzt werden. Nach der Gründung der Volksrepublik hat man in Harbin die Schwer- und Chemieindustrie so massiv ausgebaut, dass große Bereiche der natürlichen Umwelt zerstört wurden. Doch für die permanente Smog- und Schadstoffbelastung der Region, über die heute Bewohner und Besucher klagen, gibt es noch einen anderen Verursacher: die nur knapp 140 Kilometer entfernten Ölfelder von Datjing – das Ziel unserer damaligen Reise. Die alte sozialistische Parole »Von Datjing lernen«, die schon Mao verbreiten ließ, steht – was später auch mir ernüchternd klar wurde – für eine (beispiellose) Geschichte der Ausbeutung von Menschen und Zerstörung von Ressourcen. Als Erstes mussten wir bei unserem Besuch in Datjing das Denkmal des Vorarbeiters Wang Jinxi bewundern – er hatte in der Anfangsphase der Ölförderung eine leckgeschlagene Bohrstelle ganz allein mit Zement versiegelt und wird noch heute in chinesischen Schulbüchern als »eiserner Mann« verehrt. Andere Heldengeschichten handeln davon, dass Arbeiter auch bei 40 Grad minus nachts auf den Plattformen der Öltürme ausharrten, um undichte Stellen zu überprüfen und Bohrungen fortzusetzen. In einem historischen Bericht klingt das so:

»An einem Tag zu Beginn des Winters 1973 wurde das neue Revier von einem Schneesturm heimgesucht, wie er seit Jahren nicht mehr vorgekommen war. Meterdicker Schnee bedeckte die ganze Steppe. Es schien, als ob die Natur den Willen und die Kraft der Belegschaft auf die Probe stellte. Ein Kampf mit dem Sturm begann. ›Können die Bohrarbeiter im Freien bei minus 40 Grad aushalten?‹ fragten sich die Leiter. Sie besuchten eine Gruppe nach der anderen. Eis war an ihren Kleidern. Als sie die Arbeitsstelle der Gruppe 1202 erreichten, war es dunkel. Die ganze Gruppe war immer noch bei der Arbeit, obwohl sie bei dem Sturm kaum stehen und ihre Augen kaum aufhalten konnten. An ihren Brauen und Wimpern glitzerten Eis und Schnee. Trotzdem bedienten sie die Maschine, hantierten mit der fünfzig Kilogramm schweren Zange und ließen den Bohrer kontinuierlich drehen. Sie wurden aufgefordert, die Arbeit zu unterbrechen. Aber sie antworteten: ›Es schneit bloß. Selbst wenn es Steine hageln würde, könnte uns das nicht von der Arbeit abhalten.‹ Der Bohrturm schwankte im Sturm, aber die auf der 24 Meter hohen Arbeitsbühne tätigen Menschen leisteten stundenlang gelassen ihre Arbeit. Bekanntlich werden Eisen und Stahl bei starkem Frost in Mitleidenschaft gezogen. Die Datjinger haben jedoch niemals den Nacken gebeugt. Um so früh wie möglich Erdöl an den Staat zu liefern, boten sie der Naturgewalt die Stirn. Ihr Wille ist stärker als Stahl.«

Solche Helden wurden uns im Oktober 1977 nicht persönlich vorgestellt, sie waren offensichtlich alle beschäftigt. Besichtigen durften wir aber ihre leeren Unterkünfte – es waren Mannschaftszelte mit Deckenlagern auf dem nackten Boden. Als »Heizungen« dienten direkt aus der Erde kommenden Erdgasanschlüsse mit offener Flamme. Auch die Sanitäreinrichtungen waren entsprechend primitiv. Dafür bemühte sich ein leitender Ingenieur, uns wort- und gestenreich von dem technischen Fortschritt der Förderungsanlagen in Datjing zu überzeugen. Das Hauptproblem war, die gemeinsame Förderung und Nutzung von Öl *und* Gas zu organisieren. Beim Fördern von Erdöl wird nämlich auch Erdgas frei – in der Regel kommen auf 1000 Liter Erdöl etwa 800 Kubikmeter Erdgas. Das Gas abzutrennen und aufzubereiten bedeutet einen enormen Zeit- und Kostenaufwand. Um das Gas an den Ölquellen loszuwerden, wird es oft abgefackelt. Dann schießen riesige Flammen aus dem Boden, bis zu 30 Meter hoch, schwarze

Am Ende blieb die große Desillusionierung: Gruppenfoto der Reisedelegation vor Maos Geburtshaus in Shaoshan.

Rußwolken verdunkeln den Himmel und große Mengen schädlicher Stoffe wie Kohlendioxid, Schwefel und Stickoxide werden freigesetzt. So muss es auch jahrelang in Datjing gewesen sein. Weltweit werden noch heute jährlich 150 Milliarden Kubikmeter Erdgas im Rohstoffwert von 40 Milliarden Dollar abgefackelt. In Datjing hatte man sich offenbar seit einiger Zeit dafür entschieden, das »überflüssige« Erdgas nicht mehr abzufackeln, sondern einfach in die Luft zu blasen. Doch diese Methode ist noch schädlicher für das Erdklima als das Abfackeln, denn der so unkontrolliert verbreitete Hauptbestandteil Methan ist ein zwanzigmal stärkeres Treibhausgas als Kohlendioxid. Doch der Ingenieur wollte nicht über Umweltverschmutzung reden – sein ganzer Stolz bestand darin, uns über eine von ihm mitentwickelte neue Technik zu informieren, die die Gewinnung von Erdöl vereinfachte. Es gab schon damals in Datjing ein Ölfeld, auf dem die Förderung ohne Bohrtürme und die üblichen »Pferdekopfpumpen« durchgeführt wurde. Das heißt, es war möglich, durch eine hydraulische Methode die Öl- und Gasvorkommen aus Gesteinsschichten mit geringer Durchlässigkeit zu befreien. Dazu wurde ein Gemisch aus Wasser, Sand und chemischen Zusätzen unter hohem Druck in die Gesteinsschicht gepresst, um sie aufzubrechen. Ganz ähnlich funktioniert heute das berüchtigte »Hydraulic Fracturing« (»Fracking«), das allerdings durch die Verwendung »chemischer Zusätze« zu einer dramatischen Verunreinigung des Grundwassers führt.

Doch der Zustand des Grundwassers war nicht das eigentliche Problem Datjings. Mich hat vor allem die Arbeits- und Lebenssituation der »Avantgarde des chinesischen Proletariats« erschüttert. So hatte ich mir das Milieu für »kommunistischen Geist und Enthusiasmus« nicht vorgestellt. War die Ausbeutungssituation der »kommunistischen« Ölarbeiter nicht ähnlich wie die der Bergarbeiter in Hunan, die Mao als junger Agitator angeprangert hatte? Und unterschieden sich Datjings »Helden der Arbeit« wirklich von denen, die in Stalins Fabriken ausgezeichnet wurden?

Über diese Fragen stritten wir später in unserem Hotel in Harbin. Die Zimmer waren trotz erheblicher Minusgrade nicht geheizt, aber wir wagten nicht, uns zu beschweren – denn verglichen mit dem spartanischen Feldlager der Ölarbeiter war unsere Unterkunft luxuriös. Um uns aufzuwärmen, musste eine Porzellanflasche mit Maotai genügen. Erhitzt wurden die Gemüter vor allem durch die ungeklärte Frage, welchen Stellenwert das besichtigte Ölförderungsprojekt für die Zukunft des Sozialismus und das revolutionäre Bewusstsein beziehungsweise für das Bündnis zwischen Arbeiterklasse und Bauernschaft haben sollte. Früher wurde von den chinesischen Genossen gleichberechtigt mit dem Vorzeigemodell Datjing immer auch die landwirtschaftliche Musterkommune Dadschai erwähnt, denn Mao hatte betont, »dass die sozialistische Industrialisierung und die sozialistische Umgestaltung der Landwirtschaft unter keinen Umständen voneinander isoliert betrachtet werden dürfen«. Die Erringung der Staatsmacht durch die Kommunisten war kein »Sieg des Sozialismus«, denn China blieb noch lange ein »unterentwickeltes« Land. Vor 1949 existierte trotz einzelner im Verlaufe der Revolution »befreiter Gebiet« eine feudale Gesellschaftsordnung, die auf der gnadenlosen Ausbeutung der ländlichen Produzenten beruhte. Große Bereiche des Innenhandels, der gesamte Außenhandel sowie die geringen Ansätze industrieller Produktion in den Städten waren unter der Kontrolle der imperialistischen Staaten, die das Land ausplünderten. Maschinelle Produktion existierte kaum, und die große Mehrheit der Chinesen vegetierte in den ländlichen Gebieten dahin, ständig bedroht von Hungersnöten, Seuchen und Naturkatastrophen. Die chinesischen Kommunisten verdankten ihren Sieg einer Bauernrevolution und hatten keinen rationellen ökonomischen Plan zum Aufbau der Industrie. Mitte der Fünfzigerjahre wurden die Schranken dieser Organisation der Produktion auf der Basis des Vorhandenen unübersehbar. So führte auch der faszinierende Versuch, einen anderen Weg als die stalinistische Sowjetunion zu gehen, zunächst nicht nur in die Isolation, sondern auch in die Katastrophe des »Großen Sprungs«. Und dass die Dadschai-Kommune zum »leuchtenden Beispiel« werden konnte, lag nicht an ihren fragilen Lehmhochöfen, sondern an dem »übermenschlichen« Arbeitseinsatz der Mitglieder, die durch monatelange ausbeuterische Nachtarbeiten die Ernteerträge halten und teilweise sogar steigern konnten. Trotz des kommunistischen Vokabulars richtete sich auch die Kulturrevolution nicht wirklich gegen die besondere Form eines chinesischen Staatskapitalismus. Nach Maos Tod und dem Ende der Kulturrevolution wurde das System allerdings industrieller und marktradikaler. Deng Xiaopings Konzept der autonomen Entwicklung aller Produktionseinheiten mit den Prinzipien der »Eigenverantwortlichkeit der Leitung« und der »materiellen Anreize« für die Arbeiter setzte sich durch. Was in Datjing zu funktionieren schien, führte auf dem Lande aber zur Auflösung von staatlichen Kommunen und zu Massenarbeitslosigkeit, aus der sich ein Millionenheer von Wanderarbeitern rekrutierte, die heute als »temporäre Bewohner« in den neuen Slums der modernen Großstädte Chinas hausen.

So weit gingen unsere kritischen Befürchtungen nach der Datjing-Enttäuschung 1977 noch nicht. Doch überzeugend wirkte die *Peking Rundschau* damals nicht mehr, wenn sie in einem Interview Provinzfunktionäre aus Jiangxi erklären ließ: »Die Lücke zwischen Reichen und Armen hat augenscheinlich ihren Hauptgrund in der Arbeitsfähigkeit. Sie ist kein Ausdruck der Klassenpolarisierung durch Ausbeutung. Wir werden es niemals zulassen, dass sich auf dem Lande ein zweites Mal zwei antagonistische Klassen herausbilden. Unser Ziel ist der Wohlstand für alle. Aber wie beim Radfahren können nicht alle gleichauf sein. Auch unseren Bauern kann es nicht allen auf einmal besser gehen. Einigen geht es früher besser als anderen; aber wir dürfen nicht zur Gleichmacherei zurückkehren, sonst würde es niemandem gutgehen.« Der amerikanische Sinologe Orville Schell traf Anfang der Achtzigerjahre in China nur noch »wenige, die für den Marxismus mehr als die oberflächlichste Verbeugung übrighatten«. Stattdessen »sah und fühlte« er »den ›Glanz‹ von Leuten, die Geld verdienten«. Hinter der »offiziellen Fassade der Zuversicht« konnte er wahrnehmen, »wie der Sozialismus seine Nerven verlor«. Überzeugte Marxisten »erkannten mehr und mehr, wie irrelevant sie für das waren, was in ihrem Lande wirklich neu und lebenskräftig war«. In ihrer »Polemik« war »eine Spur von Demütigung zu erblicken, wenn sie nach Worten rangen und kämpften, um alle Unstimmigkeiten der neuen Situation in ein überzeugendes sozialistisches System einzubauen«. Aber auch noch Jahrzehnte später hat Richard McGregor, der langjährige Chinakorrespondent der Washingtoner *Financial Times*, große Mühe, die Widersprüche des »in den späten siebziger Jahren von Deng

Xiaoping entwickelte Regierungsmodells« zu erklären. Er kann sie nur durch Fragen umschreiben:

»Handelt es sich um eine wohlwollende Autokratie à la Singapur? Ein Land mit einer staatlich geförderten kapitalistischen Entwicklung, wie Japan häufig beschrieben wurde? Eine Mischung aus Neokonfuzianismus und Marktwirtschaft? Eine Zeitlupenversion des postsowjetischen Russland, wo sich die Elite produktive öffentliche Vermögenswerte aneignete, um sich persönlich zu bereichern? Einen Raubrittersozialismus? Oder um etwas völlig Anderes, ein gänzlich neues Modell, einen ›Peking-Konsens‹ – so ein in Mode gekommener Ausdruck –, der auf der Basis problemlösungsorientierter Politik und technologischer Innovationen funktioniert?«

Immerhin wird Karl Marx in China noch als Säulenheiliger und Symbolfigur der deutsch-chinesischen Freundschaft verehrt. So erhielt seine Geburtsstadt Trier zum zweihundertsten Geburtstagsjubiläum ein überraschendes Geschenk aus Peking: eine überlebensgroße und tonnenschwere Bronzestatue der Ikone, die von der städtischen CDU, SPD bis zur Linken dankend angenommen wurde.

Stichworte zur geistigen Situation der Zeit

Solche Ernüchterungen trugen dazu bei, dass unsere maoistische Ideologie allmählich brüchiger und die Partei offener für neue Ideen wurde: Teilnahme an demokratischen Bündnissen, Sympathie für die Anti-AKW-Bewegung und Unterstützung der Opposition in der DDR, in Osteuropa und in der Sowjetunion. In der *Roten Fahne* schlug sich das ab 1977/78 in einer wachsenden Zahl von undogmatischen Berichten und Interviews nieder. So wurden zahlreiche Gespräche mit Vertretern der tschechoslowakischen »Charta 77«, dem polnischen »Komitee zur Verteidigung der Arbeiter« (KOR) oder mit sowjetischen Dissidenten, wie dem Generalmajor Pjotr Grigorenko, abgedruckt. Auffällig dabei ist, dass sich die alte maoistische These vom »sowjetischen Sozialimperialismus als Hauptfeind« nicht selten als nützliche Kontinuitätsbrücke erwies, um sich zum konservativ-antikommunistischen Osteuropaspezialisten zu wandeln. Im Zentrum stand natürlich die Solidaritätsbekundung mit der DDR-Opposition. Nach der Biermann-Ausbürgerung erschienen auch Portraits von Wissenschaftlern und Schriftstellern wie Robert Havemann oder Stefan Heym – gefolgt von der Kampagne »Freiheit für Rudolf Bahro!«

Rudolf Bahros »Alternative«

Im August 1977 veröffentlichte der *Spiegel* einen Text eines bis dahin in West und Ost unbekannten SED-Oppositionellen – den Vorabdruck aus Rudolf Bahros Buch *Die Alternative*, einer schonungslosen Kritik des DDR-Systems und des »real existierenden Kommunismus«. Einen Tag später wurde der Autor verhaftet, und im Juni 1978 verurteilte ihn ein Ostberliner Gericht zu acht Jahren Haft, wegen angeblich »nachrichtendienstlicher Tätigkeit«. Inzwischen war das Buch im Westen erschienen und erreichte in kürzester Zeit eine Auflage von mehr als 150 000 Exemplaren. Das internationale Protestecho im Fall Bahro war enorm. Nicht nur linke Organisationen und Komitees, zu denen die »KPD« gehörte, sondern auch prominente Intellektuelle wie Heinrich Böll, Günter Grass, Graham Greene, Arthur Miller oder Jean-Paul Sartre forderten die Freilassung des in Bautzen Inhaftierten, der dann auch im Oktober 1979 in den Westen abgeschoben wurde. Hier erwarteten oder befürchteten nicht wenige, dass Bahro so etwas wie eine »Integrationsfigur« der zersplitterten Linken außerhalb der SPD werden könne. In gewisser Weise knüpfte seine *Alternative* an Thesen von Herbert Marcuse an, der das Buch selbst als »wichtigsten Beitrag zur marxistischen Theorie und Praxis in den letzten Jahrzehnten« bezeichnete.

Der SED-Kritiker Bahro beschränkte sich nicht darauf, bestimmte »Deformationen« des Systems zu beschreiben und zu denunzieren. Er stellte die gesamte Entwicklung des Staatssozialismus infrage. So erklärte er, »daß die traditionellen Klassenbegriffe durch die strukturelle Entwicklung der Produktivkräfte überholt worden« seien. »Die intellektuelle Arbeit« marschiere »heute an der Spitze der subjektiven Produktivkräfte.« Die »allgemeine Emanzipation des Menschen, oder auch einfach die menschliche Emanzipation (im Unterschied z. B. zur bloß politischen)« sei »nichts anderes als die subjektive Seite der kommunistischen Bewegung«. Und auch ein wenig Maoismus klang an, wenn der Autor verkündete, dass in einer »zweiten Kulturrevolution der Mensch seine Existenz auf sein Bewußtsein gründen« müsse, »auf die höchste ›Daseinsweise der Materie‹«.

Der Bahro-Biograf Kurt Seifert, der nach eigener Aussage sich selbst »während knapp eines Jahrzehnts [...] im Umfeld der maoistischen Kommunistischen Partei Deutschlands *(KPD)*« bewegte und sich für die Parole »Dem Volke dienen« begeisterte, beschreibt den Einfluss der *Alternative* für sein damaliges Umdenken. Das Buch sei »zum richtigen Zeitpunkt« gekommen, »weil es half, die Augen zu öffnen: Die ›Kulturrevolution‹, die Bahro intendierte, musste noch radikaler, grundlegender sein, als dies in China geschehen war. Dort ging es um eine Entwicklungsdiktatur. In der bereits industrialisierten Welt war anderes angesagt: der Bruch mit einer Wirtschaftsdynamik, die das Naturgleichgewicht nachhaltig stört. Mit Bahro weitete sich der marxistische Blick für die ökologische Frage. Das stellte ein Novum dar.«

Schon mit seiner ersten Pressekonferenz nach der Übersiedlung, am 22. Oktober 1979 in Bonn, griff Bahro in den grünen Parteibildungsprozess ein. Schon damals verkündete er wirksam seine Botschaft: Rot und Grün sollten sich zusammenschließen, denn beide verbinde die Aufmerksamkeit für die Gefahr der ökologischen Krise. Danach suchten nicht nur Rudi Dutschke und andere Pioniere der Grünen das Gespräch mit ihm, sondern auch Vertreter unserer Partei. Am 12. November erhielt das Zentralkomitee der »KPD« einen wohlwollenden Brief Bahros mit der Zusage für ein Treffen im Kölner »Panorama-Hotel«:

»Liebe Genossen! Ich danke Euch für den Brief, den mir einer von Euch auf jener Pressekonferenz zur Begrüßung übergeben hat. Selbstverständlich bin ich bereit, mit Euch zusammenzukommen. Und nach der Art, wie Ihr mir geschrieben habt, werden wir uns bei dieser Gelegenheit sicherlich nicht nur streiten. In den letzten Wochen habe ich verschiedentlich schon Bemerkungen über Eure Partei gehört, die insgesamt darauf hinausliefen, daß es da seit längerem einen interessanten Entwicklungsprozeß in den Anschauungen gibt. Ich wäre Euch dankbar, wenn Ihr mir eine nicht zu umfangreiche Publikation schicken könntet, die mir einen Eindruck von Euern besonderen Intentionen und von Eurer gegenwärtigen Lage vermittelt. Damit will ich zugleich andeuten, daß ich momentan keine Zeit mehr frei habe für eine größere Diskussion. Andererseits bin ich nur noch die nächsten Wochen so geographisch günstig für Euch in Köln. Also kommt bitte, wenn Ihr könnt, diesen Donnerstag gegen 17 Uhr zu der obigen Adresse. Seid aber bitte nicht mehr als drei oder vier. Und vielleicht seid Ihr nicht nur Männer. Für gute zwei Stunden. Zur Beschleunigung der Diskussion: Kennt Ihr den Wortlaut meiner Rede in Offenbach? Sie stand Montag oder Dienstag voriger Woche in der Frankfurter Rundschau. Mit herzlichem Gruß Rudolf Bahro«.

In der Diskussion mit Bahro ging es nicht in erster Linie um die konkreten organisatorischen Fragen der Parteiauflösung und der »grünen« Neugründung, sondern um die Inhalte einer von ihm geplanten »Sozialistischen Konferenz«. Im Vordergrund standen dabei Definitionsschwierigkeiten, die bei seiner Verwendung des Begriffs »Block« auftauchten. Bahro hatte mit seinen Strategiebegriffen vom »Block an der Macht« beziehungsweise des »neuen historischen Blocks« die aktuelle Diskussion der Linken verunsichert. Vor dem Hintergrund des ökologischen Engpasses, der alle Gesellschaftssysteme bedrohe, verliefen für Bahro die »Blockgrenzen« zwischen den »beharrenden« und den »reformatorischen« Kräften quer durch die politischen Lager und auch »quer durch die Menschen«. Mir erschien vor allem die Kurzfassung seiner Blockdefinition »als Kombination sozialer Interessen im Hinblick auf das politisch-psychologische Kräfteverhältnis« zu abstrakt. Dennoch war aus damaliger Sicht seine Initiative für eine »Sozialistische Konferenz« der »unabhängigen« westdeutschen Linken berechtigt. Er wollte den linken Gruppen die Geborgenheit ihrer Sektenkollektivität nehmen und die beginnende rot-grün-bunte Diskussion mit den »großen Fragen« einer langfristigen Strategie und eines neuen Politikverständnisses konfrontieren.

Obwohl Rudi Dutschke ihm ein immer noch »Verhaftetsein im Leninismus« und eine zu geringe Beachtung der Frage der Menschenrechte vorwarf, war er in seiner letzten Lebensphase Bahros wichtigster Partner bei der Abwerbung von K-Gruppen-Mitgliedern und Mitinitiator des Auflösungsprozesses der »KPD«. Gretchen Dutschke schreibt dazu in ihrer Biografie: »Einmal diskutierte Rudi im Hinterzimmer einer Westberliner Kneipe zwei Stunden lang mit KPD-Kadern über die Auflösung ihrer Partei. Es war eine offene Debatte. Ein junger Mann, vielleicht 22 oder 23 Jahre alt, fing an zu weinen. Er sagte: ›Ich habe mein ganzes politisches Leben für die KPD gegeben. Ich habe jeden Tag zwölf Stunden für die Partei gearbeitet. Und jetzt soll sie einfach aufgelöst werden. Das will ich nicht.‹

Rudi nahm ihn in die Arme und sagte: ›Genosse, du mußt dich nicht sorgen. Du kommst mit zu den Grünen und kannst politische Arbeit machen, viel effizienter und tragfähiger.‹ Auf einem geheimen Parteitag im März 1980 beschloß die KPD, sich aufzulösen.«

Wenige Wochen zuvor hatte sich in Karlsruhe der Bundesverband der »Grünen« konstituiert – Rudi Dutschke hat beides nicht mehr erlebt. Seine letzten politischen Aktionen fanden 1979 in Bremen und Westberlin durch die Wahlkampfunterstützung der »Grünen Liste« und der »Alternativen Liste für Demokratie und Umweltschutz« (AL) statt. Rudolf Bahro hingegen versuchte noch bis Ende 1984 im Bundesvorstand »die Fahne des ökologischen Humanismus« hochzuhalten. Doch dann verließ er die Partei mit der resignativen Bemerkung: »Die Grünen sind fast noch schlimmer als nutzlos. Sie sind so durch und durch Teil des Systems geworden, daß der Kapitalismus sie erfinden müßte, wenn es sie nicht schon gäbe.« Bahro wurde Gastdozent an der FU in Westberlin, zog sich in ein esoterisches Tagungszentrum in der Eifel zurück, förderte Landkommunen, besuchte Bhagwan in Oregon und gründete nach dem Fall der Mauer an der Humboldt-Universität ein Institut für Sozialökologie. Er hatte bei seinen Vorlesungen zwar noch regelmäßig Hunderte von Zuhörern, doch seine Themen waren nicht mehr wissenschaftlich, sondern mystisch überhöht. Seine Schwärmereien von einer »unsichtbaren Kirche« und vom »Fürsten der ökologischen Wende« ließen ihn zum Guru einer kleinen Minderheit werden.

»Partei kaputt« – und die Krise der Linken

Der Auflösung der Partei 1980 wurde in der *Roten Fahne* von dem illusionslosen Fazit orchestriert: »Heute, wo sich nur einige hundert Genossen zur KPD bekennen, liegt deutlich eigentlich auf der Hand, daß uns die Gebilde unseres Kopfes über den Kopf gewachsen sind«. Der Auflösung waren bereits einige schonungslose Diskussionen über die Welt der »K-Gruppen« vorausgegangen, besonders große Verbreitung fand das 1977 im Rotbuch Verlag erschienene Buch *Wir waren die stärksten der Parteien. Erfahrungsberichte aus der Welt der K-Gruppen.* Als ehemalige »Betroffene« hatten Karl Schlögel, Bernd Ziesemer und ich jedoch das Gefühl, dass es in den darin veröffentlichten »Erfahrungsberichten« kaum um politische Themen, Irrtümer und Utopien wie die »Kulturrevolution« oder die »Befreiung der Arbeiterklasse« ging, sondern fast ausschließlich um den Versuch, »die psychischen Kosten« der sektiererischen K-Gruppen »sichtbar zu machen«. Als eine Art Gegenaufarbeitung verfassten wir deshalb das Buch *Partei kaputt*, das als Fazit hatte, dass das »Scheitern der KPD« auch ein Signal für die generelle »Krise« der Linken und des Marxismus sei. So traten wir dem Versuch entgegen, das Entstehen und Scheitern der »K-Gruppen-Unternehmungen« als »Verfallsform der Intellektuellenbewegung« zu beschreiben, deren Ursache allein in der sozialen Psychologie der Beteiligten zu suchen sei. Eine derart einseitige Kritik sei, so Karl

Schlögel, kaum von Vergleichen mit faschistoiden Elitekonzeptionen abzugrenzen. Was solche Kritik und entsprechende denunziatorische Vergleiche nicht erfass(t)en, war und ist der Umstand, dass sie unser emanzipatorisches Interesse an einer Umwälzung der Gesellschaft ausklammern. Unsere Selbststilisierung als »proletarische Avantgarde« war kein psychologisch geprägtes Elitekonzept, sondern basierte auf Selbstverleugnung und Distanzierung des Intellektuellen von sich selbst. Indem man sich von seiner Existenz als Intellektueller distanzierte und die Studentenbewegung für überwunden erklärte, wurde gerade die Einsicht in die – freilich begrenzten – Wirkungsmöglichkeiten von Intellektuellen »verdunkelt.«

Mir ging es in der damaligen Diskussion vor allem darum, auch unsere spezielle K-Gruppen-Mentalität jenen »APO Bewußtseinsformen« zuzuordnen, die die Nachkriegsgesellschaft »mehr beeinflußt hatten als alle anderen emanzipatorischen Ansätze vorher und nachher«. Für mich war es »ein Verdrängungsversuch« zu behaupten, dass eine positive Kontinuität der 68er-Bewegung dann möglich gewesen wäre, wenn sich nicht unsere »konservativen« maoistischen Politikformen gegen die »Modernisierungsideologien« der übrigen Linken gestemmt hätten. Ich wandte mich gegen die Behauptung, »es gäbe zwar die Krise einiger Gruppen, aber nicht die Krise der Gesamtlinken«, und fragte, wie man die dogmatische Scheinherrschaft kritisieren könne, ohne zuzugestehen, dass man selbst die Wahrheit verloren habe. Die quantitative Ausbreitung »alternativer Lebensformen« werde von der bürgerlichen Verwertungsgesellschaft »zu Recht« als bedrohlich empfunden – wenn sich aber eine linksalternative Bewegung »nicht in erster Linie gegen Herrschaftsverhältnisse« richte, »sondern grundsätzlich gegen reale Lebensprozesse«, dann habe sie auch ihren emanzipatorischen Anspruch verloren. Die »eigentliche Misere« der Linken liege nicht im »elitären Intellektuellenklüngel« und in »spezifischen negativen sozialpsychologischen«

Organisationsmechanismen der deutschen Maoisten, sondern generell an dem Substanzverlust der marxistischen Dogmen. Das »Stichwort von der ›Krise des Marxismus‹ kam schließlich aus Frankreich«. Dort sei schon früher »deutlich« geworden, dass »die revolutionär-emanzipatorischen Prozesse nicht mehr mittels tradierter Kategorien zu erfassen« seien. Nicht nur die Fundamentalkritik Bahros schlug sich in solchen Befragungen der Grundlagen linken Denkens nieder, sondern auch das Festhalten am »Prinzip Hoffnung«.

So zitierte ich auch eine Aussage Jean-Paul Sartres aus seiner Diskussion mit dem Journalisten und Philosophen Bernard-Henri Lévy im *Nouvel Observateur* vom April 1980: »Die Linke ist meiner Meinung nach tot«, hieß es da. »Die Parteien, die sich ›links‹ genannt haben, sind es nicht mehr.« Es komme »darauf an, zu erklären zu versuchen, warum die jetzige Welt, die schrecklich« sei, »nur einen Augenblick in der langen historischen Entwicklung« darstelle, »warum die Hoffnung immer eine der dominierenden Kräfte der Revolutionen und Aufstände gewesen« sei, denn, wie er postulierte, »unser Handeln muß sich immer in einer Realisierung des als zukünftig gesetzten Zieles darstellen«.

Auch Bernd Ziesemer thematisierte die Frage nach der Krise und Zukunft des Marxismus, die »nach einer kurzen Konjunktur und einigen klugen, phänomenologischen Aufsätzen schnell wieder erledigt« schien, denn »man machte in den alten Bahnen weiter«. Insofern sei »das Scheitern der ML-Bewegung nur die Spitze des Eisbergs«; die Linke werde »gezwungen sein«, das wahrzunehmen. Fraktionsmentalität und Äußerlichkeit gegenüber realen Interessen und Bewegungen würden alle Anstrengungen der Linken immer wieder zum Scheitern verurteilen, weil man die zugrundeliegenden emanzipatorischen Interessen »mißverstehe«: »›Das ist ja die verrückte Welt, wir gehen auf den Köpfen!‹« Diese umgekehrte Gangart beherrschte Ziesemer allerdings selbst so glänzend, dass es ihm gelang, nach kurzer Zeit und

»Weiterbildung« die Verantwortung für die maoistische Zeitschrift *Kämpfende Jugend* mit der Chefredaktion des finanzkapitalistischen *Handelsblatts* zu tauschen. Aufstieg oder (Ver-)Fall?

Kulturrevolution und Kulturreform

Die Erkenntnis, dass das Scheitern der maoistischen »KPD« etwas mit der Gesamtkrise der Linken zu tun habe, entsprach dem Pathos der Ernüchterung, das auch die kurz zuvor erschienenen *Stichworte zur »Geistigen Situation der Zeit«* prägte. Jürgen Habermas, der Herausgeber der beiden Sammelbände, hatte 1979 aus Anlass eines Jubiläums der »edition suhrkamp« über dreißig prominente Wissenschaftler, Publizisten und Schriftsteller dazu motiviert, eine Zeitdiagnose aus politisch-intellektueller Sicht zu wagen. Zu den Autoren gehörten u. a. Karl-Heinz Bohrer, Urs Jaeggi, Uwe Johnson, Karl Markus Michel, Hans und Wolfgang J. Mommsen, Oskar Negt, Alexander Kluge, Fritz J. Raddatz, Martin Walser und Hans-Ulrich Wehler. Nicht allen erschien dabei die thematische Orientierung an Karl Jaspers' kulturkritischem Text des Jahres 1931 (der den gleichen Titel trägt) verständlich. Habermas begründete in der Einleitung die Berufung auf das historische Stichwort von Jaspers als »Stimulus«, um mit der »Aufgabe von Intellektuellen, auf Sprünge, Entwicklungstendenzen, Gefahren, auf kritische Augenblicke mit Parteinahme und Sachlichkeit, mit Sensibilität und Unbestechlichkeit zu reagieren«. Doch mit dieser Aufgabe, so der überwiegende Tenor der Zeitdiagnosen, seien die linken Intellektuellen überfordert. Nicht nur die dogmatischen Ausläufer der »1968er« stünden vor gescheiterten Projekten, sondern auch die reformistisch orientierte Linke.

»Es erwies sich«, so der Historiker Wolfgang J. Mommsen, »daß aller strukturverändernden Politik durch die realen ökonomischen Gegebenheiten drastische Grenzen gezogen und daß die

Möglichkeiten, auf kurze Frist tiefgreifende Reformen der Gesellschaft durchzusetzen, ohne den Boden unter den Füßen zu verlieren, überschätzt worden waren. Was eben noch als Aufbruch in eine neue Periode fortschrittlicher Politik bejubelt worden war, stellte sich nun dem breiten Publikum als teilweise wirklichkeitsfremde Fehlrechnung dar. Politik erschien nun wieder, mehr denn je zuvor, als ›Kunst des Möglichen‹ innerhalb eines Rahmenwerks von zunehmend unbeeinflussbaren Rahmenbedingungen.« Für den Schweizer Soziologen und Künstler Urs Jaeggi manifestierte sich das Ende der sozialliberalen Reformepoche durch eine »neue Unübersichtlichkeit«. Der Literaturwissenschaftler Karl-Heinz Bohrer konstatierte, dass die deutsche Version von »Maos Kulturrevolution« und die »kulturreformistischen Programme« der Sozialliberalen gleichermaßen »unter dem Druck der konservativen Mehrheit der Bevölkerung revidiert« werden mussten. »Der Tod Adornos und Horkheimers hinterließ für die radikale Kulturkritik ein Vakuum, das von ihren Erben nicht mehr ausgefüllt und durch andere, strikt materialistische Exegese ersetzt wurde.« Und nach dem »skandalumwitterten Rücktritt Willy Brandts als charismatische Figur« habe sich mit »Helmut Schmidt als neuem sozialdemokratischen Kanzler« auch »personell eine Wende« angekündigt, »in der ordnungsstaatliche und pragmatische Kategorien gegenüber den reformistischen vorherrschen«. Ob »Kulturrevolution« oder »Kulturreform« – in beiden Fällen habe es sich nur um einen »Kopfaufruhr« gehandelt, der, auch wenn »er sich um eine politische und ökonomische Semantik bemühte, eigentlich nie eine wirkliche, reale Basis gehabt« habe. Für Bohrer war es nicht nur ein deutsches, sondern ein westeuropäisches Phänomen, dass der »aggressiven Kulturkritik« der Sechziger- und Siebzigerjahre »keine politischen Taten« folgten. Der »riesige Ideenvorrat an Reform und Utopie«, der sich angesammelt hatte, wurde »bis auf wenige Reste aufgezehrt«. Das Versprechen auf die Zukunft erschien nicht mehr glaubwürdig. »Der Zauber eschatologischer Sprache« sei »in Mißkredit gekommen«, die »Rache des ›Alltagslebens‹« habe sich »gegen die Revolution als bloße Literatur gewandt.« Erstaunlich ist, dass heute dieser »lange Sommer der Theorie« in Nacherzählungen kritiklos als erfolgreiche »Geschichte einer Revolte« bejubelt wird. Im Klappentext der Theoriegeschichte der BRD von Philipp Felsch heißt es: »Je schwieriger die Texte, desto intensiver die Lektüre, je abstrakter die Argumente, desto relevanter für die Wirklichkeit«. Die Erkenntnis der Betroffenen lautete Ende der Siebzigerjahre hingegen: »Die Verunsicherung der linken Intelligenz ist deshalb dramatisch, weil sie nicht bloß die emotionelle und moralische, sondern auch die theoretische Herkunft erfasst.«

Ein erstaunliches Phänomen nach dem Scheitern der 68er – nicht nur der Maoisten – waren die schnellen neuen politischen und gesellschaftlichen Karrieren zahlreicher Führungskader. Sie wirkten bei der Gründung der Grünen mit, wurden Minister oder erfolgreiche Manager, Publizisten und Wissenschaftler. Bahman Nirumand, der eine besondere Rolle bei den Anti-Schah-Protesten im Juni 1967 spielte, hält im Rückblick seinen ehemaligen »deutschen Kampfgefährten« vor Augen, dass sie statt der »ersehnten Solidargemeinschaft von autonomen, freien Menschen« eine brutale »Ellbogengesellschaft« erreicht hätten.

Was sich mit »1968« als historisches Novum innerhalb der deutschen Geistesgeschichte herausbildete, ist längst wieder vergangen. Mit der Revolte der Sechzigerjahre gewann zum ersten Mal eine subversive Lust am Widerspruch, ein Prinzip der Negativität etwas an Raum, ohne in kürzester Zeit wieder weggesperrt zu werden. Damit war in der kulturellen Geschichte Deutschlands die Stellung des sakrosankten Nationalheiligen und elitären Geistes Faust bedroht und dem ewigen Nörgler Mephisto wurde die Rolle des produktiv-intellektuellen Gesellschaftskritikers angeboten.

Faust oder Mephisto?
Verfallsform der Intellektuellenbewegung

Obwohl wir uns als Studenten gegen die faustischen Traditionen der Väter aufgelehnt hatten, war in unserer maoistischen Kaderpartei und der angestrebten Theaterrevolution kein Platz für einen intellektuellen Mephisto. Wir hatten uns von Marcuses Ideen gelöst und folgten ohne eigene Gedankenanstrengungen Maos »Theorie der drei Welten«. Zweifellos hatte sich in den Siebzigerjahren die globale Situation verändert und die Frage der sozialen Emanzipation musste im Zusammenhang mit der Verteidigung nationaler Unabhängigkeit und internationalen Freiheitsrechten neu diskutiert werden. Doch gerade in diesem Epochenwandel fehlten die Stimmen unabhängiger Intellektueller, die die weitreichenden Folgen dieser Ereignisse interpretiert und unkonventionelle Lösungen vorgeschlagen hätten. Doch wir versteckten uns in unseren sektiererischen Kostümen und hinter dogmatischen Positionen. Das war eine Distanzierung der Intellektuellen von sich selbst, die nicht ohne Widersprüche bleiben konnte. So edierten wir zum Beispiel in »unserem« Oberbaum Verlag Texte des amerikanischen Querdenkers Noam Chomsky, obwohl dieser nachdrücklich »die Verantwortlichkeit der Intellektuellen« angemahnt hatte. Und wir verweigerten uns der Erkenntnis von Hannah Arendt, dass der intellektuelle »Sinn von Revolution« die »Verwirklichung eines der größten und grundlegendsten menschlichen Potentiale« sei, »nämlich die unvergleichliche Erfahrung, frei zu sein für einen Neuanfang«.

Der Typus des »politischen Intellektuellen«, der im öffentlichen kulturellen Diskurs, auch dann, wenn sich Lücken und Widersprüche zeigen, den Mut zum fortschrittlichen und praxisorientierten Weiterdenken nicht aufgibt, war hierzulande nie heimisch gewesen.

Auch Goethes Teufel passt eigentlich mehr zur französischen

als zur deutschen Tradition. Während sich zum Beispiel im Frankreich des 19. Jahrhunderts eine salonfähige und einflussreiche intellektuelle Elite etablieren konnte, war in Deutschland das Rollenstereotyp des Intellektuellen immer negativ besetzt. Besonders drastisch dokumentiert durch den noch im ersten Drittel des 20. Jahrhunderts populären Vers: »Hinweg mit diesem Wort! / Wie kann ein Mann von deutschem Wesen / Ein Intellektueller sein!« Die Geschichte des »bösen Wortes« führt nur über einen Umweg zurück nach Goethes Weimar und in das gotische Studierzimmer von Faust. Sie beginnt eigentlich erst in der Dritten Republik Frankreichs mit Émile Zola und der Dreyfus-Affäre. Im Jahre 1898 sammelte Zola Unterschriften für seinen berühmten offenen Brief an den Präsidenten der Republik mit der leidenschaftlichen Anklage, dass Militär und Justiz den jüdischen Hauptmann Dreyfus zu Unrecht der Spionage bezichtigt und verurteilt hätten. Zolas Appell, unterzeichnet von mehr als hundert prominenten Schriftstellern und Wissenschaftlern, wurde bekannt als »Manifeste des intellectuels«. In Frankreich »degenerierte« der Intellektuelle erst im 20. Jahrhundert zum Mandarin, während Deutschland von Anfang an das »Land der Mandarine« war und blieb. Universitätsprofessoren und verbeamtete Hofschriftsteller begründeten jene elitäre Dynastie des Geistes, in der unabhängige Intellektuelle keinen Platz fanden. Wenn sich heute eine antisolidarische, nationalistische und »marktfundamentalistische« Politik nahezu widerspruchslos durchsetzen lässt, erfolgt das nach bewährter Tradition einer antiintellektuellen Funktionalisierung der Macht.

Inhaltslose Parolen wie »Wir schaffen das« verschleiern das Problem der weltweiten sozialen Ungleichheit und lösen bei den ärmeren Schichten der Bevölkerung zu Recht die Sorge aus, dass auch sie die Hauptlastenträger von Kriegsfolgen, ökologischen Katastrophen und Flüchtlingskrisen sein werden. Menschenrechtsorganisationen weisen jedes Jahr neu darauf hin, dass sich die Krisensituationen immer mehr verschärfen, weil der weltweite Wohlstand auf eine kleine Elite konzentriert ist. Daher brauchen die neuen Gesellschaften der Zukunft für ihre humanen Projekte und Entwürfe mehr denn je den freien und einklagenden Geist der kritischen Intellektuellen, der zu Kultur und Politik gehört, wie Mephisto zu Faust.

Dieses dialektische Bild hat auch der tschechische Wirtschaftswissenschaftler Tomáš Sedláček in seinem Buch über *Die Ökonomie von Gut und Böse* anschaulich aktualisiert. Es sei besser, so Sedláček, »den Teufel vor den Pflug zu spannen, als ihn auszugrenzen«. Um den riesigen faustischen Acker durchzupflügen, würde allerdings *ein* Mephisto nicht reichen. Schon im 16. Jahrhundert hat der humanistische Arzt Johann Weyer versucht, die notwendige Mitarbeiterzahl einer logistisch strukturierten intellektuellen Gegenmacht zu errechnen und kam auf mehr als sieben Millionen teuflischer Wesen »in Gestalt von Hexen, Juden und Ketzern«. Nun, ganz so viele wären gar nicht nötig, um ein antiintellektuelles Durchregieren zu erschweren. Vielleicht sind noch nicht alle aufklärerischen Ideale im Mausoleum vermodert, sondern können – wie in Grimms Märchen – aus dem gläsernen Sarg befreit werden. Schließlich trägt ja auch Herbert Marcuses Grabstein auf dem Dorotheenstädtischen Friedhof in Berlin die Inschrift »Weitermachen!«

Quellen und Literatur

Archive und Forschungsinstitute
Allensbacher Institut für Demoskopie.
Archiv »Apo und soziale Bewegungen« (Freie Universität Berlin).
Online-Datenbank *Materialien zur Analyse von Opposition (MAO)*, {www.maoprojekt.de}.
Forschungsstelle für Zeitgeschichte, Hamburg (FZH).
Institut für Zeitgeschichte, München/Berlin (IfZ).
Staatsbibliothek zu Berlin.

Zeitschriften (historische Jahrgänge und themenbezogene Ausgaben)
Alternative: Zeitschrift für Literatur und Diskussion, hrsg. von Hildegard Brenner, Berlin: Jahrgänge 1964–1980.
Ästhetik und Kommunikation. Beiträge zur politischen Erziehung, hrsg. vom Institut für Kultur und Ästhetik, Berlin: Jahrgänge 1970–1985 und Heft 140/141 (2008/9): *Die Revolte: Themen und Motive der Studentenbewegung.*
Befreiung. Zeitschrift für Politik und Wissenschaft, hrsg. von Rudolf G. Wagner, Berlin: Jahrgänge 1973–1980.
Berliner Hefte. Zeitschrift für Kultur und Politik, hrsg. u. a. von Walter Aschmoneit, Volkmar Braunbehrens, Horst Domdey, Erhard Grosskopf, Antonio Grunenberg, Manfred Lefèvre, Helmuth Lethen, Detlef Michel, Hildegard Müller-Kohlenberg, Friedrich Rothe, Rüdiger Safranski, Bernd Weyergraf, Berlin: Jahrgänge 1976–1981.
La cause du peuple, hrsg. von »Gauche prolétarienne« und Jean Paul Sartre, Paris: Jahrgänge 1968–1972.
Freibeuter. Vierteljahreszeitschrift für Literatur und Politik (Heft 1–6), hrsg. von Klaus Wagenbach und Barbara Herzbruch, Berlin: Jahrgänge 1979–1980.
H/SOZ/KULT – Kommentation und Fachinformation für die Geschichtswissenschaften, {www.hsozkult.de}.
L'Humanité Rouge. Hebdomadaire (journal) d'informations et études marxisteléniniste au service des ouvriers, paysans et intellectuels, Paris: Jahrgänge 1969–1980.
konkret. Zeitschrift für Politik und Kultur: Jahrgänge 1957–1974.
Kursbuch, hrsg. von Hans-Magnus Enzensberger und Karl Markus Michel, Berlin: Jahrgänge 1965–1979.

Peking Rundschau (Beijing Rundschau). Wochenzeitung (deutschsprachige Ausgabe), Peking: Jahrgänge 1964–1980.
RC-Bulletin. Diskussions- und Informationsblatt des Republikanischen Clubs, Berlin: VIII/1969.
Die Rote Fahne. Organ der Antirevisionistischen Kommunisten Österreichs, Wien: Jahrgänge 1963–1968.
Rote Fahne. Organ der Stadtteilkomitees der KPD-Aufbauorganisation (1970–1971), dann *Zentralorgan der KPD* (1971–1980), Berlin/Dortmund/Köln.
Rote Presse-Korrespondenz (RPK) der Studenten, Schüler- und Arbeiterbewegung (1969–1970), dann *Zentralorgan des Kommunistischen Studentenverbandes* (Juni 1971 – Dezember 1972), dann *Presse-Korrespondenz der KPD, des KJV und KOV* (Dezember 1972 – Januar 1974), dann *Pressedienst der KPD* (Januar 1974 – November 1975), dann *Rote Fahne-Pressedienst* (November 1975 – Januar 1977), Berlin/Dortmund/Köln.
Sozialistische Zeitschrift für Kunst und Gesellschaft, seit 1975 hrsg. von der Vereinigung sozialistischer Kulturschaffender, Berlin/Köln: Jahrgänge 1970–1977.
Der Spiegel: Jahrgänge 1967–1982.
Der Spiegel Spezial. Die wilden 68er. Spiegel-Serie über die Studentenrevolution, mit Beiträgen u. a. von Wilhelm Bittorf, Peter Brügge, Jürgen Leinemann, Rolf Rietzler, Harald Wieser, 1988.
THEORIE UND PRAXIS des Marxismus-Leninismus. Theoretisches Organ der Kommunistischen Partei Deutschlands, Köln: Jahrgänge 1976–1979.
Dem Volke dienen. Zentralorgan des Kommunistischen Studentenverbandes (KSV), Berlin/Köln: Jahrgänge 1972–1978.
Die Zeit: Jahrgänge 1967–1981.
Zentralorgan der Marxistisch-Leninistischen Partei Österreichs (MLPÖ), Wien: Jahrgänge 1968–1980.

Literatur

Aahus, Rainer, Carl Amery u. a. (Hg.), *Der Fall Somoskeoy. Victor Henry gegen alle. Eine Dokumentation mit einem Vorwort Gerhard Mauz*, Köln 1979.
Adorno, Theodor W., *Negative Dialektik*, Frankfurt/Main 1966.
Ders., *Kulturkritik und Gesellschaft, Band I und II*, Frankfurt/Main 2003.
Arendt, Hannah, *Die Freiheit, frei zu sein*, München 2018.
Dies., *Walter Benjamin/Bertolt Brecht. Zwei Essays*, München 1994.
Arnold, Heinz Ludwig, *Tagebuch einer Chinareise*, Zürich 1978.
Badiou, Alain, *Platons »Staat«*, Zürich 2013.
Bahro, Rudolf, *Die Alternative. Zur Kritik des real existierenden Sozialismus*, Köln/Frankfurt/Main 1977.

Baran, Paul A., Erich Fried und Gaston Salvatore, *Intellektuelle und Sozialismus*, Berlin 1968.

Benjamin, Walter, *Gesammelte Schriften*, unter Mitwirkung von Theodor W. Adorno und Gershom Scholem, hrsg. von Rolf Tiedemann und Hermann Schweppenhäuser, Frankfurt/Main 1991.

Bergmann, Uwe, Rudi Dutschke, Wolfgang Lefèvre und Bernd Rabehl, *Die Rebellion der Studenten oder Die neue Opposition. Eine Analyse.* Reinbek bei Hamburg 1968.

1898 Bertolt Brecht 1998. »*... und mein Werk ist der Abgesang des Jahrtausends. 22 Versuche, eine Arbeit zu beschreiben*«, zusammengestellt und kommentiert von Erdmut Wizisla (Ausstellungskatalog der Akademie der Künste Berlin), Berlin 1998.

Bettelheim, Charles, *Die Klassenkämpfe in der UdSSR*, Berlin 1975.

Ders., *Fragen über China nach Mao Tse-tungs Tod*, Berlin 1978.

Blanchot, Maurice, *Écrits Politiques (1958–1993)*, Paris 2008.

Ders., *Das Prinzip Hoffnung*, Band 1–3, Frankfurt/Main 1985.

Bloch, Ernst, »Vorwort«, in: *Berufsverbote in Baden-Württemberg. Hexenprozesse des 20. Jahrhunderts?*, Stuttgart 1975.

Klara Blum. Kommentierte Auswahledition, hrsg. von Zhidong Yang, Köln/Weimar 2001.

Brandt, Willy, »Karl Marx und die Sozialdemokratie«, in: *L 76. Demokratie und Sozialismus/Politische und literarische Beiträge*, Heft Nr. 5, Köln 1976.

Brecht, Bertolt, *Gesammelte Werke*, Frankfurt/Main 1982.

Brentzel, Marianne, *Rote Fahnen – Rote Lippen*, Berlin 2011.

Celan, Paul, *Die Gedichte, Kommentierte Gesamtausgabe*, hrsg. und kommentiert von Barbara Wiedemann, Frankfurt/Main 2000.

Celan, Paul und Peter Szondi, *Briefwechsel*, hrsg. von Christoph König, Frankfurt/Main 2005.

Chomsky, Noam, *Die Verantwortlichkeit der Intellektuellen. Zentrale Schriften zur Politik*, München 2008.

Cohn-Bendit, Daniel, *Wir haben sie so geliebt, die Revolution*, Frankfurt/Main 1987.

Cohn-Bendit, Daniel und Rüdiger Dammann (Hg.), *1968. Die Revolte*, Frankfurt/Main 2007.

Dalos, György, »Wir Paradiesvögel«, in: *die tageszeitung* vom 18. April 2013.

Derrida, Jacques, *Die Schrift und die Differenz*, Frankfurt/Main 2000.

Dikötter, Frank, »*Maos Großer Hunger*«. *Massenmord und Menschenexperiment in China*, Stuttgart 2014.

Dimitroff, Georgi, *Ausgewählte Schriften 1933–1945*, Köln 1976.

Dolph, Werner, »Der Berliner Senat im Unrecht. Germanistik und Politik: ein überflüssiger Prozess«, in: *Die Zeit* vom 26. März 1971.

Dutschke, Gretchen, *Wir hatten ein barbarisches, schönes Leben. Rudi Dutschke. Eine Biographie*, Köln 1996.

Dutschke, Rudi, *Zur Literatur des revolutionären Sozialismus von K. Marx bis in die Gegenwart* (SDS-Korrespondenz, Sondernummer), Berlin 1966.

Ders., *Mein langer Marsch. Reden, Schriften und Tagebücher aus zwanzig Jahren*, hrsg. von Gretchen Dutschke-Klotz (u. a.), Reinbek bei Hamburg 1980.

Ebermann, Thomas, Andreas Spechtl, Kristof Schreuf und Robert Stadlober, *Der eindimensionale Mensch wird fünfzig* (Theaterprogrammheft), 2014.

Eichler, Kurt, »Die Maoisten an der Kulturfront«, in: *Kürbiskern – Zeitschrift für Literatur und Kritik*, Heft 3, München 1977.

Emrich, Wilhelm, *Polemik. Streitschriften, Pressefehden und kritische Essays um Prinzipien, Methoden und Maßstäbe der Literaturkritik*, Frankfurt/Main 1968.

Enzensberger, Hans Magnus, *Deutschland, Deutschland unter anderm. Äußerungen zur Politik*, Frankfurt/Main 1968.

Ders., »Nachruf Gaston Salvatore. ›Wir waren unzertrennlich‹«, in: *Die Zeit* vom 17. November 2015.

Ders., *Tumult*, Frankfurt/Main 2014.

Felsch, Philipp, *Der lange Sommer der Theorie. Geschichte einer Revolte 1960–1990*, München 2015.

Feuerbach, Leonie, »Zeitzeugin wider Willen«, in: *Frankfurter Allgemeine Zeitung* vom 2. Juni 2017.

Fichter, Tilman und Siegward Lönnendonker, *Kleine Geschichte des SDS. Der Sozialistische Deutsche Studentenbund von 1946 bis zur Selbstauflösung*, Berlin 1977.

Foucault, Michel, »Wir fühlten uns als schmutzige Spezies«, in: *Der Spiegel* 52 (1977).

Fromm, Erich, *Anatomie der menschlichen Destruktivität*, Reinbek bei Hamburg 1977.

Fuhr, Eckhard, »Alles Achtundsechziger«, in: *Frankfurter Allgemeine Zeitung* vom 27. März 1993.

Gehrig, Sebastian, Barbara Mittler und Felix Wemheuer, *Kulturrevolution als Vorbild? Maoismen im deutschsprachigen Raum*, Frankfurt/Main 2008.

Glaubitz, Joachim, »Kein Stillstand im Paradies. Maos Kritik an Stalins Lehrbuch«, in: *Die Zeit* vom 8. Oktober 1976.

Glucksmann, André, *Die Meisterdenker*, Reinbek bei Hamburg 1978.

Götze, Lutz, »Bertolt Brecht in Ost- und Westdeutschland«, in: *GlobKult Magazin* vom 7. September 2012, {www.globkult.de/kultur/l-iteratur/802-lutz-goetze}, letzter Zugriff 03. 11. 2017.

Goldhagen, Daniel Jonah, *Hitlers willige Vollstrecker. Ganz gewöhnliche Deutsche und der Holocaust*, Berlin 1996.

Grimm, Jacob und Wilhelm, *Grimms Märchen. Gesamtausgabe*, Eggolsheim 2000.

Grimm, Tilemann, *Mao Tse-tung in Selbstzeugnissen und Bilddokumenten*, Reinbek bei Hamburg 1968.
Ders. (Hg.), *Das Rote Buch. Worte des Vorsitzenden Mao Tse-tung*, Frankfurt/Main 1967.
Habermas, Jürgen, *Protest und Hochschulreform*, Frankfurt/Main 1969.
Ders., »Die Scheinrevolution und ihre Kinder«, in: *Frankfurter Rundschau* vom 5. Juni 1968.
Ders. (Hg.), *Stichworte zur »Geistigen Situation der Zeit«*, 2 Bände, Frankfurt/Main 1979.
Ders., *Strukturwandel der Öffentlichkeit. Untersuchungen zu einer Kategorie der bürgerlichen Gesellschaft*, Frankfurt/Main 1962.
Ders., »Zum Tode von Rudi Dutschke. Ein wahrhaftiger Sozialist«, in: *Die Zeit* vom 4. Januar 1980.
Haag, Antje, »Die Seelenkulturrevolution« (aufgezeichnet von Elisabeth von Thadden), in: *Die Zeit* vom 27. April 2006.
Hartung, Klaus, »1968. Das große Gefühl«, in: *Tagesspiegel* vom 11. April 2008.
Ders., »4. November 1868. Der Tag, an dem die Bewegung siegte«, in: *Tagesspiegel* vom 4. November 2008.
Hegel, Georg Friedrich Wilhelm, *Phänomenologie des Geistes,* Frankfurt/Main 1986.
Heilmann, Sebastian, *Sozialer Protest in der VR China. Die Bewegung vom 5. April 1976 und die Gegen-Kulturrevolution der siebziger Jahre*, Hamburg 1994.
Heit, Helmut, »›Rebellion ist berechtigt‹. Zur politischen Moral der 68er«, in: Bartmann, Sylke u. a. (Hg.), *Kollektives Handeln. Politische Mobilisierung zwischen Struktur und Identität*, Düsseldorf 2002.
Hinck, Gunnar, *Wir waren wie Maschinen. Die bundesdeutsche Linke der siebziger Jahre*, Berlin 2012.
Hochhuth, Rolf, »Hort nicht auf Marcuse!«, in: *konkret* 20 (1969).
Hofmann, Werner, *Ideengeschichte der sozialen Bewegung im 19. und 20. Jahrhundert*, Berlin 1968.
Holl, Kurt und Claudia Glunz (Hg.), *Satisfaction und Ruhender Verkehr. 1968 am Rhein*, Köln 2008.
Horlemann, Jürgen, »Von Pol Pot reden sie nicht mehr«, in: *Die Zeit* vom 24. Juli 1981.
Horlemann, Jürgen und Peter Gäng, *Vietnam. Genesis eines Konfliktes*, Frankfurt/Main 1967.
Horkheimer, Max und Theodor W. Adorno, *Dialektik der Aufklärung. Philosophische Fragmente*, Frankfurt/Main 1968.
Hu Jie, *... nicht der Rede wert? Der Tod der Lehrerin Bian Zhongyun am Beginn der Kulturrevolution. Berichte*, Neckargemünd 2009.
Immendorff, Jörg, »Ich habe einen Traum« (aufgezeichnet von Andrea Thilo), in: *Die Zeit* vom 6. Oktober 2005.

Jäger, Ludwig, *Seitenwechsel. Der Fall Schneider/Schwerte und die Diskretion der Germanisten*, München 1998.
Janßen, Karl-Heinz, *Das Zeitalter Maos. Chinas Aufstieg zur Weltmacht*, Düsseldorf/Köln 1976.
Jasper, Willi, *Hotel Lutetia. Ein deutsches Exil in Paris*, München 1994.
Ders., *Faust und die Deutschen*, Berlin 1998.
Jasper, Willi, Karl Schlögel und Bernd Ziesemer, *Partei kaputt. Das Scheitern der KPD und die Krise der Linken*, Berlin 1981.
Ji Xianlin, *The Cowshed. Memories of the Chinese Cultural Revolution*, New York 2016.
Johnson, Chalmers, *Revolutionstheorie*, Köln 1971.
Jung Chang and Jon Halliday, *Mao. Das Leben eines Mannes, das Schicksal eines Volkes*, München 2005.
Jungk, Robert, *Der Atomstaat*, München 1977.
Jurquet, Jacques, *Mai 68. Der revolutionäre Frühling*, Zürich 1978.
Karasek, Hellmuth, »Brecht ist tot«, in: *Der Spiegel* 9 (1978).
Katzmarzik, Anja und Uli Kreikebaum, »Nachruf auf Kurt Holl ›Ein toller Mensch und Kämpfer ist gestorben‹«, in: *Kölner Stadtanzeiger* vom 12./13. Dezember 2015.
Kesting, Marianne, *Bertolt Brecht in Selbstzeugnissen und Bilddokumenten*, Reinbek bei Hamburg 1959.
Killy, Walther, »Der Durchschnitts-Student. Die Universität tut, als ob es die funktionierende Gesellschaft noch gäbe«, in: *Die Zeit* vom 11. Januar 1963.
Koebner, Thomas, Gert Sautermeister und Sigrid Schneider, *Deutschland nach Hitler. Zukunftspläne im Exil und aus der Besatzungszeit 1939–1949*, Opladen 1987.
Koenen, Gerd, *Das rote Jahrzehnt. Unsere kleine deutsche Kulturrevolution von 1967–1977*, Köln 2001.
Kofman, Sarah, *Erstickte Worte*, Wien 1988.
Kolbe, Uwe, *Brecht. Rollenmodell eines Dichters*, Frankfurt/Main 2016.
Die KPD informiert. Politische Unterdrückung in der BRD und Westberlin: Politische Justiz, Unterdrückung der kommunistischen Presse, Berufsverbote und Gewerkschaftsausschlüsse, Opfer des Polizeiterrors. Eine Dokumentation, Köln 1976.
Krahl, Hans-Jürgen, *Konstitution und Klassenkampf. Zur historischen Dialektik von bürgerlicher Emanzipation und proletarischer Revolution. Schriften, Reden und Entwürfe aus den Jahren 1966–1970*, Frankfurt/Main 1971.
Kräuter, Uwe, »So ist die Revolution mein Freund«. Wie ich vom deutschen Maoisten zum Liebling der Chinesen wurde, Freiburg 2012.
Kraushaar, Wolfgang, *1968. Das Jahr, das alles verändert hat*, München 1998.
Krechel, Ursula, *Shanghai fern von wo*, München 2010.
Kreimeier, Klaus, »Gegenöffentlichkeit? Achtundsechzig: die wilden Anfänge«,

in: Hans-Michael Bock, Jan Distelmeyer und Jörg Schöning (Hg.) *Protest/Film/Bewegung. Neue Wege im Dokumentarischen*, München 2015.

Kuhn, Hermann, *Bruch mit dem Kommunismus. Über autobiographische Schriften von Ex-Kommunisten im geteilten Deutschland*, Münster 1990.

Lange, Thomas, »Emigration nach China. Wie aus Klara Blum Dshu Bailan wurde«, in: *Exilforschung. Ein internationales Jahrbuch*, Band 3, München 1985.

Leese, Daniel, *Die chinesische Kulturrevolution 1966–1976*, München 2016.

Lenzi, Antonio, »Die Entstehung der italienischen revolutionären Linken: Das Beispiel ›Il Manifesto‹ und ›Lotta Continua‹«, in: *Arbeit-Bewegung-Geschichte. Zeitschrift für historische Studien*, Heft I, Berlin 2016.

Lepenies, Wolf, »Ein Karneval der Revolution in Paris«, in: *Die Welt* vom 9. Januar 2008.

Lethen, Helmut, *Suche nach dem Handorakel. Ein Bericht*, Göttingen 2012.

Die Linke antwortet Jürgen Habermas, mit Beiträgen u.a. von Wolfgang Abendroth, Peter Brückner, Ekkehard Krippendorff, Wolfgang Lefèvre, Klaus Meschkat, Oskar Negt, Frank Wolf, Frankfurt/Main 1968.

Li Zhisui mit F. Anne Thurston, *Ich war Maos Leibarzt. Die persönlichen Erinnerungen des Dr. Li Zhisui an den großen Vorsitzenden*, Bergisch-Gladbach 1994.

Ludwig, Detlef Michel Volker, *Eine Linke Geschichte. Textbuch*, hrsg. vom Grips Theater, Berlin 1980.

Mandel, Ernest, *Marxistische Wirtschaftstheorie*, Band 1 und 2, Frankfurt/Main 1972.

»Maoisten. Nieder mit Deng«, in: *Der Spiegel* vom 17. Januar 1977.

Mao Tse-tung, *Ausgewählte Werke. Band I–IV (V)*, Peking 1968/69, 1977.

Ders., *Das machen wir anders als Moskau! Kritik an der sowjetischen Politökonomie*, hrsg. von Helmut Martin, Reinbek bei Hamburg 1975.

Martin, Helmut (Hrsg.), *Mao intern. Unveröffentlichte Schriften, Reden und Gespräche Mao Tse-tungs 1949–1971*, München 1974.

Marcuse, Herbert, *Der eindimensionale Mensch. Studien zur Ideologie der fortgeschrittenen Industriegesellschaft*, Neuausgabe hrsg. von Peter-Erwin Jansen, Springe 2014.

Ders., *Ethik und Revolution*, Frankfurt/Main 1967.

Marx, Karl und Friedrich Engels, *Werke (MEW)*, Band 1–42, Berlin 1956–1990.

»Materialien zur 1. Sozialistischen Konferenz. 2.–4. Mai 1980 Kassel«, hrsg. von der Berliner Vorbereitungsgruppe (mit Beiträgen u.a. von Elmar Altvater, Rudolf Bahro, Jospeh Beuys, Ossip K. Flechtheim, Wilfried Maier, Jens Scheer, Ulrich Schreiber, Johanno Strasser, Bernd Ziesemer), Berlin 1980.

McGregor, Richard, *Der rote Apparat. Chinas Kommunisten*, Berlin 2013.

Mehnert, Klaus, *China nach dem Sturm*, Stuttgart 1971.

Ders., *Peking und die Neue Linke*, Stuttgart 1969.

Ders., *Peking und Moskau*, Stuttgart 1962.

Merleau-Ponty, Maurice, *Die Abenteuer der Dialektik*, Frankfurt/Main 1968.
Meyer, Fritjof, »Die Dämonen kommen zurück«, in: *Der Spiegel* 12 (1974).
Middell, Eike et al., »Schanghai. Eine Emigration am Rande«, in: *Exil in den USA. Kunst und Literatur im antifaschistischen Exil 1933–1945*, Band 3, Frankfurt/Main 1980.
Müntzer, Thomas, *Schriften und Briefe. Kritische Gesamtausgabe*, hrsg. von Günther Franz und Paul Kim, Gütersloh 1968.
Myrdal, Jan, *Bericht aus einem chinesischen Dorf*, München 1969.
Negt, Oskar und Alexander Kluge, *Öffentlichkeit und Erfahrung. Zur Organisationsanalyse von bürgerlicher und proletarischer Öffentlichkeit*, Frankfurt/Main 1972.
Neitzke, Peter, *Morelli verschwindet*, Lohmar 2015.
Offe, Claus, *Strukturprobleme des kapitalistischen Staates*, Frankfurt/Main 1973.
Petersen, Julius, *Die Sehnsucht nach dem Dritten Reich in deutscher Sage und Dichtung*, Stuttgart 1934.
Piketty, Thomas, *Das Kapital im 21. Jahrhundert*, München 2014.
Ponchaud, François, *Cambodge – année zero*, Paris 1977.
Posener, Alan, »Was ich der KPD verdanke« (Teil 1 und 2), in: Autoren-Blog *starke-meinungen.de*, {https://starke-meinungen.de/blog/2013/07/02/was-ich-der-kpd-verdanke-2/}, letzter Zugriff 06.11.2017.
Radkau, Joachim, *Geschichte der Zukunft, Prognosen, Visionen, Irrungen in Deutschland von 1945 bis heute*, München 2017.
Raulff, Ulrich (Hg.), *Vom Künstlerstaat. Ästhetische und politische Utopien*, München 2006.
Reich, Wilhelm, *Die Massenpsychologie des Faschismus*, Köln 1971.
Reiche, Reimut, *Sexualität und Klassenkampf. Zur Abwehr repressiver Entsublimierung*, Frankfurt/Main 1968.
Reichert, Klaus, »Zum Bilde Szondis«, in: *Neue Zürcher Zeitung* vom 19. Februar 2005.
Rigoll, Dominik, *Staatsschutz in Westdeutschland. Von der Entnazifizierung zur Extremistenabwehr*, Göttingen 2013.
Röhrs, Christine-Félice, »Geb. 1943. Yvonne Stangos«, in: *Tagespiegel* vom 20. November 2002.
Rossade, Klaus Dieter, »*Dem Zeitgeist erlegen*«. *Benno von Wiese und der Nationalsozialismus*, Heidelberg 2007.
Said, Edward W., *Kultur und Imperialismus. Einbildungskraft und Politik im Zeitalter der Macht*, Frankfurt/Main 1994.
Salvatore, Gaston, *Büchners Tod*, Frankfurt/Main 1972.
Sartre, Jean-Paul, *Brüderlichkeit und Gewalt. Ein Gespräch mit Benny Lévy*, Berlin 1993.
Scharloth, Joachim, *1968. Eine Kommunikationsgeschichte*, München 2011.
Scharping, Thomas, »Chinas Militär in der Kulturrevolution. Ye Jianying und

der Sturz der ›Viererbande‹«, in: *Kölner China-Studien Online. Arbeitspapiere zu Politik, Wirtschaft und Gesellschaft Chinas*, 1 (2001), {http://chinastudien.phil-fak.uni-koeln.de/fileadmin/chinastudien/papers/No_2001-1.pdf}, letzter Zugriff 06.11.2017.

Schell, Orville, *Lieber reich als gleich. Das neue Bewußtsein der Chinesen*, Frankfurt/Main/Berlin 1986.

Schmierer, Joscha, »Es gibt keinen Mao ohne Mao. Jung Chang und Jon Halliday versuchen, den Mythos zu zerstören«, in: *Die Welt* vom 1. Oktober 2005.

Schneider, Peter, *Rebellion und Wahn. Mein '68*, Köln 2008.

Schueler, Hans, »Der Fall des Richters Somoskeoy«, in: *Die Zeit* vom 15. August 1980.

Semler, Christian, *Kein Kommunismus ist auch keine Lösung. Texte und Essays*, Berlin 2013.

Die Septemberstreiks 1969, Darstellung – Analyse – Dokumentation der Streiks in der Stahlindustrie, im Bergbau, in der metallverarbeitenden Industrie und anderen Bereichen, Köln 1969.

Siegfried, Detlef, »›1968‹ – eine Kulturrevolution?«, in: *Sozial.Geschichte Online* 2 (2010), {https://duepublico.uni-duisburg-essen.de/servlets/DerivateServlet/Derivate-24040/03_siegfried_1968.pdf}, letzter Zugriff 06.11.2017.

Snow, Edgar, *Roter Stern über China*, Frankfurt/Main 1969.

Sontheimer, Kurt, *Deutschland zwischen Demokratie und Antidemokratie*, München 1971.

Speer, Albert, *Erinnerungen*, Berlin 1970.

Spengler, Tilmann, »Wenn China nicht klappt«, in: *Kursbuch* 57 (1979).

Stalin, J.W., *Ökonomische Probleme des Sozialismus in der UdSSR*, Berlin 1952.

Stern, Carola, »Der Sänger vom roten Paradies. Das Propagandagenie Willi Münzenberg«, in: *Die Zeit* vom 29. September 1967.

Stockhammer, Robert, *1967. Pop, Grammatologie und Politik*, Paderborn 2017.

Szondi, Peter, *Briefe*, hrsg. von Christoph König und Thomas Sparr, Frankfurt/Main 1993.

Völker, Klaus, *Bertolt Brecht. Eine Biographie*, München 1976.

Walther, Rudolf, »Eine reine Freude«, in: *Die Zeit* vom 6. März 2008.

Weiss, Peter, *Die Ästhetik des Widerstandes*. 3 Bände, Frankfurt/Main 1975–1981.

Ders., *Diskurs über die Vorgeschichte und den Verlauf des lang andauernden Befreiungskrieges in Viet Nam als Beispiel für die Notwendigkeit des bewaffneten Kampfes der Unterdrückten gegen ihre Unterdrücker – sowie über die Versuche der Vereinigten Staaten von Amerika die Grundlagen der Revolution zu vernichten*, unter Mitarbeit von Jürgen Horlemann, Frankfurt/Main 1968.

Weitbrecht, Dorothee, *Aufbruch in die Dritte Welt. Der Internationalismus der Studentenbewegung von 1968 in der Bundesrepublik Deutschland*, Göttingen 2012.

Wenz, Dieter, »Die Schwierigkeiten der alten ›Neuen Linken‹. Auf den Niedergang der K-Gruppen folgt ein zäher ›Aufarbeitungsprozess‹«, in: *Frankfurter Allgemeine Zeitung* vom 30. Juli 1981.

Wesel, Uwe, »Der komplette Text: Wie aus Schutzrechten für Bürger Staatsschutzrechte wurden«, in: *Die Zeit* vom 17. Oktober 1997.

Wetterau, Karin, *68. Täterkinder und Rebellen. Familienroman einer Revolte*, Bielefeld 2016.

Wir war'n die stärkste der Partein ... Erfahrungsberichte aus der Welt der K-Gruppen, Berlin 1978.

Witke, Roxane, *Genossin Tschiang Tsching. Die Gefährtin Maos erzählt ihr Leben*, München 1977.

Wolter, Ulf (Hg.), *Antworten auf Bahros Herausforderung des »realen Sozialismus«*, Berlin 1978.

Zola, Émile, »Manifeste des intellectuels«, in: *L'Aurore* vom 14. Januar 1898.

Bildnachweise

S. 24   © Ludwig Binder, CC BY-SA 2.0
S. 35   © Ludwig Binder, CC BY-SA 2.0
S. 37   © Ludwig Binder, CC BY-SA 2.0
S. 41   © Marcuse family, represented by Harold Marcuse, CC-BY-SA
S. 42   Fotograf: Jeremy J. Shapiro, CC BY-SA 3.0
S. 57   © Ludwig Binder, CC BY-SA 2.0
S. 77   Fotograf: Jörg Kolbe, © Bundesarchiv, CC-BY-SA
S. 81   Fotograf: Andreas Praefcke, CC-BY-SA
S. 93   © Ludwig Binder, CC BY-SA 2.0
S. 105 © privat
S. 136 © privat
S. 173 © privat
S. 183 © Xinhua
S. 202 © privat
S. 219 © privat

Namensregister

Adenauer, Konrad 119f., 161
Adorno, Theodor W. 21, 39ff., 46f., 56, 58ff., 61ff., 72, 142, 156, 233
Agnoli, Johannes 112
Ai Weiwei 197
Althusser, Louis 98
Améry, Carl 125, 149
Antonioni, Michelangelo 23
Aragon, Louis 109
Arendt, Hannah 54f., 73, 235
Arnold, Heinz Ludwig 192f.
Albertz, Heinrich 35, 37, 139
Bachmann, Ingeborg 59
Bachmann, Josef E. 8, 92
Badiou, Alain 98
Bahro, Rudolf 224–229, 231
Barth, Karl 16
Bauer, Gerhard 65, 123, 125, 172
Baum, Gerhart 20, 140
Baumann, Michael 139
Bebel, August 109
Beckenbauer, Franz 194ff.
Behrendt, Dirk 34
Benjamin, Walter 42, 56, 65, 72, 183
Bettelheim, Charles 98, 154f.
Beuys, Joseph 128, 130
Biermann, Wolf 75, 224
Blanchot, Maurice 44
Bloch, Ernst 177f., 184
Blum, Klara (Zhu Bai-lan) 208ff.
Blum, Léon 109
Böll, Heinrich 124f., 174, 225
Börne, Ludwig 65
Bohrer, Karl Heinz 232f.

Brandt, Willy 71, 107ff., 118, 120, 138, 174, 233
Brecht, Bertolt 13, 65, 73ff., 121
Breitner, Paul 194f., 197
Breitscheid, Rudolf 71
Brentzel, Marianne 29f.
Breschnew, Leonid 118, 129, 150, 200
Broder, Henryk M. 122ff.
Brückner, Peter 48, 49, 112
Celan, Paul 58ff.
Chiang Kai-shek 159f., 189, 204f.
Chomsky, Noam 27, 235
Chotjewitz, Peter O. 138
Chruschtschow, Nikita 69, 171, 189
Churchill, Winston 45, 70
Clever, Edith 82
Cohn-Bendit, Daniel 46, 96f., 99f.
Dalos, György 14
Danton 96
De Gaulle, Charles 96f., 101
Delius, F. C. 125
Demnig, Gunter 19
Deng Xiaoping 151ff., 162, 169ff., 180f., 194, 199, 201f., 214, 221
Derrida, Jacques 58, 65
De Gaulle, Charles 95
de Somoskeoy, Henry 20, 122ff.
Dimitroff, Georgi 71
Domdey, Horst 65
Dreifuß, Alfred 206f.
Drewitz, Ingeborg 125, 149
Dreyfus, Alfred 236
Dutschke, Gretchen 92, 228

Dutschke, Rudi 8, 17, 22 f., 40, 46 f.,
    62, 90, 92, 94, 112, 143, 226 ff.
Dylan, Bob 91
Ebermann, Thomas 41
Eisler, Hanns 73 f.
Emrich, Wilhelm 56, 58
Engels, Friedrich 67, 129, 176
Engelmann, Bernt 115
Enzensberger, Hans Magnus 10, 17 f.
Farocki, Harun 144
Felsch, Philipp 234
Feltrinelli, Giangiacomo 66, 103
Fest, Joachim 108
Feuchtwanger, Lion 71, 210
Fichter, Tilmann 112
Fischer, Ulrike 20
Fitz, Peter 82 f.
Foucault, Michel 98, 127
Freud, Sigmund 7
Fried, Erich 125
Friedler, Eric 202
Fromm, Erich 70, 145
Gäng, Peter 22, 25
Ganz, Bruno 82 f.
Gauck, Joachim 20, 123, 213
Geng Biao (Keng Piao) 151
Genscher, Hans-Dietrich 180, 201 f.
Giehse, Therese 74
Giordano, Ralph 125 f.
Glucksmann, André 98
Godard, Jean-Luc 97
Goebbels, Joseph 54
Goethe, Johann Wolfgang von 44,
    53 ff., 56, 59, 192 f., 236
Götze, Lutz 75
Goldhagen, Daniel Jonah 54
Gorki, Maxim 74
Graf, Oskar-Maria 72
Grigorenko, Pjotr 224
Grimm, Gebrüder 7, 237
Grimm, Tilemann 157 ff.
Gross, Babette 146 ff.

Gründgens, Gustaf 75
Guevara, Ernesto Che 18, 38, 96
Habermas, Jürgen 8 f., 143, 232
Handke, Peter 82
Hannover, Heinrich 61, 125
Hartman, Geoffrey 58
Hartung, Klaus 94 f., 110
Hausmann, Friederike 36–38
Hegel, Georg Wilhelm Friedrich
    64, 140–143
Heidegger, Martin 55, 60, 66, 72, 188
Heine, Heinrich 65, 177
Heinemann, Gustav 17
Heinrich, Christian 110, 121, 140
Henning, Ruth 15
Herking, Ursula 14
Hermlin, Stephan 184
Hirsch, Helga 123
Hitler, Adolf 54, 61, 69 ff., 129 f., 145
Hobsbawm, Eric J. 23
Hochhuth, Rolf 45
Ho Chi Minh 22, 26, 96, 181
Hofmann, Werner 67
Holl, Kurt 18 ff.
Hölderlin, Friedrich 60
Höllerer, Walter 60
Hoelz, Max 84
Holthusen, Hans-Egon 60
Honecker, Erich 130, 150
Horkheimer, Max 21, 40, 71, 183,
    233
Horlemann, Jürgen 21 ff., 48, 110
Hsia, Adrian 208
Hua Guofeng 149 ff., 170 f., 181,
    199, 212
Huxley, Aldous 205
Immendorff, Jörg 126–131
Ieng Sary 27 f.
Jaeggi, Urs 232
Janßen, Karl-Heinz 157, 163 ff.,
    181, 193
Jaspers, Karl 232 f.

251

Jiang Quing (Tschiang-Tsching) 32, 33, 167 f., 197
Ji Xianlin 185
Johnson, Chalmers 216
Johnson, Uwe 232
Joplin, Janis 91
Jünger, Ernst 13
Jungk, Robert 175
Jurquet, Jacques 98 ff.
Käsemann, Elisabeth 201 f.
Kafka, Franz 56, 184
Kant, Immanuel 143 f.
Karasek, Hellmuth 76
Kesting, Marianne 80
Khieu Samphan 28
Hrdlicka, Alfred 34
Kielmansegg, Johann Adolf Graf von 200
Kiesinger, Kurt Georg 107 ff.
Kim Il-sung 22
Kisch, Egon Erwin 71
Kissinger, Henry 168
Kittner, Dietrich 50
Klarsfeld, Beate 108, 123 ff.
Klaus der Geiger 21
Klaußner, Burghart 82 f.
Kluge, Alexander 146, 232
Koenen, Gerd 9 f., 28, 47
König, Michael 82 f., 86, 133
Kofman, Sarah 65 f.
Kolneder, Wolfgang 87
Komorowski, Bronislaw 15
Konfuzius 78, 158
Korff, Hermann August 54 f.
Kräuter, Uwe 211 ff.
Krahl, Hans-Jürgen 46–52
Kreibich, Rolf 69
Kreidt, Dietrich 65, 116
Kreimeier, Klaus 144 f.
Kretschmann, Winfried 28
Krüger, Horst 149
Kunzelmann, Dieter 45, 62, 133

Kurras, Karl-Heinz 36 ff.
Lämmert, Eberhard 56, 66
Lampe, Jutta 82 f.
Landshoff, Fritz H. 70
Langhans, Rainer 44 f.
Lask, Berta 83 ff.
Leese, Daniel 187 f., 190
Lehmann, Ines 30
Lenin, Wladimir Iljitsch 31, 70, 110, 129, 146, 158, 181
Lepenies, Wolf 102
Lethen, Helmut 13, 65, 81, 116
Lefèvre, Manfred 65, 68
Lefèvre, Wolfgang 112
Lévy, Bernard-Henri 231
Liebknecht, Karl 61, 70, 176
Li Keqiang 197
Li Hsien-nien (Li Xiannian) 151
Li Zhisui 181, 187
Löwenthal, Leo 40
Lohse-Jasper, Renate 20
Lorenz, Peter 138 f.
Lukács, Georg 183
Ludwig, Volker 87 ff.
Lu Hsün (Lu Xun) 193
Lumumba, Patrice 92
Luther, Martin 85, 177
Luxemburg, Rosa 61, 70, 176
Mahler, Horst 23, 94, 112, 138 ff.
Mandel, Ernest 67
Mann, Heinrich 65, 70 ff., 109, 207
Mann, Klaus 71 f.
Mann, Thomas 12, 59, 65, 72, 146
Mao Zedong (Mao Tse-tung) 8, 13, 19, 67, 71, 75, 78 f., 91 f., 110 f., 149–183
Marcuse, Herbert 23, 39–46, 99, 114, 225, 237
Martin, Helmut 157, 164 ff.
Marx, Karl 31, 40, 46, 67, 87, 110, 129, 141 f., 167, 223
Mattenklott, Gert 57

Mayer, Hans 181 ff.
McGregor, Richard 222
Mehnert, Klaus 157 ff.
Meins, Holger 144
Meinhof, Ulrike 116
Merkel, Angela 132, 197, 213
Merleau-Ponty, Maurice 51
Michel, Detlef 88, 90
Michel, Karl Markus 232
Minow, Rüdiger 144
Mitterand, François 101, 121
Mittler, Barbara 190 ff.
Mommsen, Hans und
    Wolfgang M. 232
Moorse, Georg 86
Müntzer, Thomas 85, 175 ff.
Münzenberg, Willi 71, 145–148
Myrdal, Jan 27, 157
Negt, Oskar 39, 146, 232
Neitzke, Peter 12 ff., 14, 21, 110, 125
Neuss, Wolfgang 24, 54
Neven DuMont, Hedwig 18
Nietzsche, Friedrich 66
Nirumand, Bahman 34 f., 234
Nono, Luigi 23
Ohnesorg, Benno 34 ff., 55, 91, 94,
    139, 143
Pahlewi, Mohammed Resa
    (Schah von Persien) 34, 35
Palitzsch, Peter 75
Pasolini, Pier Paolo 23
Pelé 194, 196
Penck, A. R. 129 f.
Petersen, Julius 53
Petri, Elke 82 f.
Peymann, Claus 75, 82
Pfeiffer, Albert 106
Pieck, Wilhelm 71
Pietsch, Gina 15
Piketty, Thomas 43
Pinelli, Guiseppe 103
Piscator, Erwin 132 f.

Plato, Alexander von 68
Pol Pot 26 ff., 199
Ponchaud, François 27
Posener, Alan 116 f.
Prahl, Axel 87
Prückner, Tilo 83
Rabehl, Bernd 112 f.
Radkau, Joachim 174
Reding, Josef 149
Rehse, Hans Joachim 15
Reich, Wilhelm 69, 145
Riechmann, Udo 48, 51
Roosevelt, Franklin D. 70
Rosenberg, Alfred 54
Rothe, Friedrich 65, 69, 84, 172 f.
Russell, Betrand 23, 121
Saalfeld, Lerke von 116
Safranski, Rüdiger 116
Salvatore, Gaston 17 f.
Sander, Helke 48, 144
Sander, Otto 82
Sartre, Jean-Paul 23, 51, 98 f., 121, 225,
    231
Scheer, Jens 175 f.
Schell, Orville 221
Schiller, Karl 107
Schily, Otto 125, 140
Schirrmacher, Frank 54
Schitthelm, Jürgen 75, 79
Schleyer, Hanns Martin 77
Schlingensief, Christoph 90
Schlögel, Karl 8, 229 f.
Schmidt, Helmut 120, 130, 139, 161,
    163, 233
Schmierer, Joscha 28, 48, 189 f.
Schneider, Hans Ernst
    (Hans Schwerte) 53, 55
Schneider, Peter 10, 53, 92, 113, 184
Scholem, Gershom 58, 63
Scholz, Heinz 137
Schram, Stuart R. 157 ff.
Schröder, Gerhard 130 f., 140

Schwarzschild, Leopold 71
Schwiedrzik, Wolfgang 74, 79 ff., 86
Seifert, Kurt 225
Semler, Christian 10, 14, 16, 21, 48, 66, 78, 110, 112, 118, 134, 141, 151 f.
Semler, Johannes 14
Sedláček, Tomáš 237
Severing, Carl 83
Shizong (Jin-Dynastie) 199
Sickert, Walter 137
Sihanouk, Prinz Norodom 16, 162
Sinclair, Upton 74
Snow, Edgar 26, 157 ff., 187
Song Meiling 205
Song Qingling 204
Speer, Albert 108
Spengler, Tilman 153 ff.
Springer, Axel 123, 148
Staeck, Klaus 125
Stalin, Josef 13, 69 f., 110, 129 f., 153, 159 f., 165, 182 189
Stangos, Petros 31
Stangos, Yvonne 30 f.
Stein, Peter 24, 73 ff., 79 f., 82
Stern, Carola 148
Strauß, Franz Josef 107, 174, 194
Ströbele, Hans-Christian 140
Sturm, Dieter 80
Sun Yat-sen 204 f., 211
Szondi, Peter 57 ff.
Targün, Baha 123
Taubes, Jacob 60
Teufel, Fritz 44 f., 62, 139
Thälmann, Ernst 176
Theobaldy, Jürgen 181 ff.

Thieu, Nguyen Van 118
Toller, Ernst 71
Trotzki, Leo 183
Tschombé, Moise 92
Ulbricht, Walter 71 f., 146
Unger, Oswald Matthias 12
Vetter, Reinhold 15
Viett, Inge 139
Völker, Klaus 75
Vollmer, Antje 31 f.
Wagenbach, Klaus 125
Wallraff, Günter 115
Walser, Martin 232
Wang Jinxi 217
Weber, Elisabeth 15, 116
Wehler, Hans-Ulrich 232
Wehner, Herbert 71
Weiss, Peter 23 ff., 156
Wellek, René 58
Wellershoff, Dieter 149
Wesel, Uwe 119
Wiese, Benno von 54 f.
Witke, Roxane 157, 167 ff.
Wolter, Ulf 8
Wörner, Manfred 199 f.
Xi Jinping 197
Yao Wenyuan 168
Zetkin, Clara 32
Zhang Chunqiao 213 f.
Zhou Enlai (Tschou En-Lai) 151 f., 162, 168 ff.
Zhu Xiangcheng 209
Ziesemer, Bernd 8, 229 ff.
Zörgiebel, Karl 85
Zola, Émile 236
Zweig, Arnold 71

Erste Auflage Berlin 2018
Copyright © 2018
MSB Matthes & Seitz Berlin Verlagsgesellschaft mbH
Göhrener Str. 7, 10437 Berlin
info@matthes-seitz-berlin.de
Alle Rechte vorbehalten
Einbandgestaltung: Dirk Lebahn, Berlin
Satz und Gestaltung: Gaby Michel, Hamburg
Druck und Bindung: Pustet, Regensburg
Printed in Germany
ISBN 978-3-95757-530-2
www.matthes-seitz-berlin.de

Dank

Ohne die solidarische Unterstützung von Renate Lohse-Jasper sowie dem Engagement des Verlegers Andreas Rötzer und des Lektors Tilman Vogt wäre dieses Buch nicht entstanden. Ein besonderer Dank für Diskussionsanregungen und Manuskripthinweise gilt Rüdiger Dammann, Matthias Dose, Axel Haase, Kurt Holl (verstorben im Dezember 2015), Detlef Michel, Klaus Kreimeier und Friedrich (Fedor) Rothe.